十住毘婆沙論

十住毗婆沙論

目錄

戒報品第三十六

十住毗婆沙論卷一

龍樹菩薩造
姚秦三藏法師鳩摩羅什譯

序品第一

敬禮一切佛　無上之大道
及諸菩薩衆　堅心住十地
聲聞辟支佛　無我我所者
今解十地義　隨順佛所說

問曰汝欲解菩薩十地義．以何因緣故說．

答曰地獄畜生餓鬼人天阿修羅．六趣險難恐怖大畏．是衆生生死大海旋流洄澓．隨業往來是其濤波．涕淚乳汁流汗膿血是惡水聚．瘡癩乾枯嘔血淋瀝．上氣熱病瘭疽癰漏吐逆脹滿．如是等種種惡病爲惡羅剎。憂悲苦惱爲水。嬈動啼哭悲號爲波浪聲。苦惱諸受以爲沃燋。死爲崖岸無能越者。諸結煩惱有漏業風鼓扇不定。諸四顚倒以爲欺誑。愚癡無明爲大黑闇。隨愛凡夫無始已來常行其中。如是往來生死大海。未曾有得到於彼岸。或有到者兼能濟渡無量衆生。以是因緣。說菩薩十住義。

問曰。若人不能修行菩薩十地。不得度生死大海耶。

答曰。有。若人行聲聞辟支佛乘者。是人得度生死大海。若人欲以無上大乘度生死大海者。是人必當具足修行十地。

問曰。行聲聞辟支佛乘者。幾時得度生死大海。

答曰。行聲聞乘者。或以一世得度。或以二世。或過是數。隨根利鈍。又以先世宿行因緣。行辟支佛乘者。或以七世得度。或以八世。若行大乘者。或一恆河沙大劫。或二三四五十百千萬世。或過是數。

然後乃得具足修行菩薩十地而成佛道。亦隨根之利鈍。又以先世宿行因緣。

問曰聲聞辟支佛佛。俱到彼岸。於解脫中有差別不。

答曰是事應當分別。於諸煩惱得解脫是中無差別。因是解脫入無餘涅槃。是中亦無差別。無有相故。但諸佛甚深禪定障解脫。一切法障解脫。於諸聲聞辟支佛。有差別非說所盡。亦不可以譬喻爲比。

問曰三乘所學皆爲無餘涅槃。若無餘涅槃中無差別者。我等何用於恆河沙等大劫。往來生死具足十地。不如以聲聞辟支佛乘速滅諸苦。

答曰是語弱劣。非是大悲有益之言。若諸菩薩效汝小心無慈愍意。不能精勤修十地者。諸聲聞辟支佛何由得度。亦復無有二乘差別。所以者何。一切聲聞辟支佛皆由佛出。若無諸佛何由而出。若不修十地何有諸佛。若無諸佛亦無法僧。是故汝所說者則斷三寶種。非是大人有智之言。不可聽察。所以者何。世間有四種人。一者自利。二者利彼。三者共利。四者不共利。是中共利者。能行慈悲饒益於他。名爲上人。如說。

世間可愍傷　常背於自利　一心求富樂　墮於邪見網
常懷於死畏　流轉六道中　大悲諸菩薩　能拯爲希有
衆生死至時　無能救護者　沒在深黑闇　煩惱網所縛
若有能發行　大悲之心者　荷負衆生故　爲之作重任
若人決定心　獨受諸勤苦　所獲安隱果　而與一切共
諸佛所稱歎　第一最上人　亦是希有者　功德之大藏
世間有常言　家不生惡子　但能成己利　不能利於人

若生於善子　能利於人者　是則如滿月　照明於其家
有諸福德人　以種種因緣　饒益如大海　又亦如大地
無求於世間　以慈愍故住　此人生爲貴　壽命第一最

如是聲聞辟支佛佛。煩惱解脫雖無差別。以度無量衆生久住生死多所利益。具足菩薩十地故。有大差別。

問曰佛有大悲。汝爲弟子種種稱讚。慈愍衆生誠如所說。汝以種種因緣。明了分別開悟引導。行慈悲者聞則心淨我甚欣悅。汝先偈說十地之義。願爲解釋。

答曰敬名恭敬心。禮名曲身接足。一切諸佛者。三世十方佛。無上大道者。一切諸法。如實知見通達無餘。更無勝者。故曰無上。大人所行故曰大道。菩薩衆者。爲無上道發心。名曰菩薩。

問曰但發心便是菩薩耶。

答曰何有但發心而爲菩薩。若人發心必能成無上道。乃名菩薩。或有但發心亦名菩薩。何以故。若離初發心。則不成無上道。如大經說。新發意者名爲菩薩。猶如比丘雖未得道亦名道人。是名字菩薩。漸漸修習轉成實法。後釋歡喜地中。當廣說如實菩薩相。衆者從初發心。至金剛無礙解脫道。於其中間。過去未來現在菩薩。名之爲衆。堅心者。心如須彌山王不可沮壞。亦如大地不可傾動。住十地者。歡喜等十地。後當廣說。

問曰若菩薩更有殊勝功德。何故但稱堅心。

答曰菩薩有堅心功德能成大業。不墮二乘。輭心者怖畏生死。自念何爲久在生死受諸苦惱。不如疾以聲聞辟支佛乘速滅諸苦。又輭心者。於活地獄。黑繩地獄。衆合地獄。叫喚地獄。大叫喚地獄。燒炙地獄。大燒炙地獄。無間大地獄。及眷屬炭火地獄。沸屎地獄。

燒林地獄。劍樹地獄。刀道地獄。銅橛地獄。刺棘地獄。鹹河地獄。其中斧鉞刀矟矛戟弓箭鐵剗椎棒鐵槍蒺蔾刀劍鐵網鐵杵鐵輪。以如是等治罪器物。斬斫割刺打棒剝裂繫縛枷鎖燒煮拷掠。磨碎其身擣令爛熟。狐狗虎狼師子惡獸。競來齟掣食噉其身。烏鵄鵰鷲鐵觜所啄。惡鬼驅逼令緣劍樹。上下火山以鐵火車加其頸領。以熱鐵杖而隨捶之。千釘釘身。剗刀刮削入黑闇中熢㶿臭處熱鐵鍱身。臠割其肉剝其身皮還繫手足。鑊湯涌沸炮煮其身。鐵棒棒頭腦壞眼出。貫著鐵鏟舉體火然血流澆地。或沒屎河。行於刀劍槍刺惡道。自然刀劍從空而下。猶如駛雨割截支體。辛酸苦臭穢惡之河浸漬其身。肌肉爛壞舉身墮落唯有骨在。獄卒牽扯蹴蹹搥撲。有如是等無量苦毒。壽命極長求死不得。若見若聞如是之事何得不怖。求聲聞辟支佛乘。又於寒冰地獄。頞浮陀地獄。

尼羅浮陀地獄。阿波波地獄。阿羅羅地獄。阿睺睺地獄。青蓮華地獄。白蓮華地獄。雜色蓮華地獄。紅蓮華地獄。赤蓮華地獄。常在幽闇大怖畏處。謗毀賢聖生在其中。形如屋舍山陵塠阜。麤惡冷風聲猛可畏。悲激吹身如轉枯草。肌肉墮落猶如冬葉。凍剅瘡痍膿血流出。身體不淨臭處難忍。寒風切冽苦毒辛酸。唯有憂悲啼哭更無餘心。號咷煢獨無所依恃。斯罪皆由誹謗賢聖。其輭心者見聞此事。何得不怖。求聲聞辟支佛乘。又於畜生猪狗野干貓狸狖鼠獼猴猳玃虎狼師子兕豹熊羆象馬牛羊蜈蚣蚰蜒蚖蛇蝮蠍黿龜魚鼈蛟虬螺蜂鳥鵲鵄梟鷹鷂之類。如是鳥獸共相殘害。又弶網伺捕屠割不一。生則羈絆穿鼻絡首。負重捶杖鉤刺其身。皮肉破裂痛不可忍。煙熏火燒苦毒萬端。死則剝皮食噉其肉。有如是等無量苦痛。其輭心者聞見此事。何得不怖。求聲聞辟支佛乘。

又於鍼頸餓鬼。火口餓鬼。大癭餓鬼。食吐餓鬼。食盪滌餓鬼。食膿餓鬼。食屎尿餓鬼。浮陀鬼。鳩槃茶鬼。夜叉鬼。羅刹鬼。毗舍闍鬼。富單那鬼。迦羅富單那鬼等諸鬼。鬚髮蓬亂長爪大鼻。身中多蟲臭穢可畏衆惱所切。常有慳嫉飢渴苦患。未曾得食得不能咽。常求膿血屎尿洟唾盪滌不淨。有力者奪而不得食。裸形無衣寒熱倍甚。惡風吹身宛轉苦痛。蚊蝱毒蟲唼食其體。腹中飢熱常如火然。其輭心者見聞此事。何得不怖。求聲聞辟支佛乘。又於人中恩愛別苦。怨憎會苦。老病死苦。貧窮求苦。有如是等無量衆苦。及諸天阿修羅退沒時苦。其輭心者見此諸苦。何得不怖。求聲聞辟支佛乘。若堅心者見地獄畜生餓鬼天人阿修羅中受諸苦惱。生大悲心無有怖畏。作是願言。是諸衆生深入衰惱。無有救護無所歸依。我得滅度當度此等。以大悲心勤行精進。不久得成所願。是故我說。菩薩諸功德中堅心第一。復次。菩薩有八法。能集一切功德。一者大悲。二者堅心。三者智慧。四者方便。五者不放逸。六者勤精進。七者常攝念。八者善知識。是故初發心者。疾行八法如救頭然。然後當修諸餘功德。又依此八法。故有一切聲聞衆四雙八輩。所謂須陀洹向須陀洹等。辟支佛無我我所者。世間無佛無佛法時。有得道者名辟支佛。諸賢聖離我我所貪著故。名爲無我我所者。今解十住地義隨順佛所說者。十地經中次第說。今當隨次具解。

問曰汝所說者不異於經。經義已成何須更說。爲欲自現所能求名利耶。

答曰我不爲自現　莊嚴於文辭　亦不貪利養　而造於此論

問曰若不爾者。何以造此論。

答曰我爲欲慈悲　饒益於衆生　不以餘因緣　而造於此論

見衆生於六道受苦無有救護。爲欲度此等故。以智慧力而造此論。不爲自現智力求於名利。亦無嫉妬自高之心求於供養。

問曰慈愍饒益衆生事。經中已說。何須復解。徒自疲苦。

答曰有但見佛經　通達第一義　有得善解釋　而解實義者

有利根深智之人。聞佛所說諸深經。即能通達第一義。所謂深經者。即是菩薩十地。第一義者即是十地如實義。有諸論師有慈悲心。隨佛所說造作論議莊校辭句。有人因是而得通達十地義者。如說。

有人好文飾　莊嚴章句者　有好於偈頌　有好雜句者

有好於譬喻　因緣而得解　所好各不同　我隨而不捨

章句名莊嚴句義。不爲偈頌。偈名義趣。言辭在諸句中。或四言五言七言等。偈有二種。一者四句偈。名爲波蔗。二者六句偈。名祇夜。

雜句者。名直說語言。譬喻者。以人不解深義故。假喻令解。喻有或實或假。因緣者。推尋所由隨其所好而不捨之。

問曰眾生自所樂不同於汝何事。

答曰我發無上道心故。不捨一切隨力饒益。或以財或以法。如說

若有大智人　得聞如是經　不復須解釋　則解十地義

若有福德利根者。但直聞是十地經。即解其義不須解釋。不爲是人而造此論。

問曰云何爲善人。

答曰若聞佛語即能自解。如丈夫能服苦藥。小兒則以蜜和。善人者。略說有十法。何等爲十。一者信。二者精進。三者念。四者定。五者善身業。六者善口業。七者善意業。八者無貪。九者無恚。十者無癡。如說。

若人以經文　難可得讀誦　若作毗婆沙　於此人大益

若人鈍根懈慢。以經文難故。不能讀誦。難者。文多難誦難說難諳。若有好樂莊嚴語言雜飾譬喻諸偈頌等。爲利益此等。故造此論。是故汝先說。但佛經便足利益衆生。何須解釋者。是語不然。如說。

思惟造此論　深發於善心　以然此法故　無比供養佛

我造此論時。思惟分別。多念三寶及菩薩衆。又念布施持戒忍辱精進禪定智慧故。深發善心則是自利。又演說照明此正法故。名爲無比供養諸佛。則是利他。如說。

說法然法燈　建立於法幢　此幢是賢聖　妙法之印相

我今造此論　諦捨及滅慧　是四功德處　自然而修集

今造此論。是四種功德自然修集。是故心無有倦。諦者一切眞實名之爲諦。一切實中佛語爲眞實。不變壞故。我解說此佛法即集諦處。捨名布施。施有二種。法施財施。二種施中法施爲勝。如佛告諸比丘。一當法施。二當財施。二施之中法施爲勝。是故我法施時即集捨處。我若說十地義時。無有身口意惡業。又亦不起欲恚癡念及諸餘結。障此罪故即名集滅處。爲他解說法得大智報。以是說法故即集慧處。如是造此論。集此四功德處。復次。

我說十地論　其心得清淨　深貪是心故　精勤而不倦
若人聞受持　心又清淨者　我亦深樂此　一心造此論

此二偈其義已顯不須復說。但以自心他心清淨故。造此十地義。清淨心至所應至處。得大果報。如佛語迦留陀夷。勿恨阿難。若我不記阿難。於我滅後作阿羅漢者。以是清淨心業因緣故。當於他化自在天七返爲王。如經中廣說。

入初地品第二

問曰汝說此語開悟我心甚以欣悅。今解十地必多所利益。何等爲十。

答曰此中十地法　去來今諸佛　爲諸佛子故　已說今當說
初地名歡喜　第二離垢地　三名爲明地　第四名燄地
五名難勝地　六名現前地　第七深遠地　第八不動地
九名善慧地　十名法雲地　分別十地相　次後當廣說

此中者大乘義中。十者數法。地者菩薩善根階級住處。諸佛者。十方三世諸如來。說者。開示解釋。諸佛子者。諸佛眞實子諸菩薩是。是故菩薩名爲佛子。過去未來現在諸佛。皆說此十地。是故言已說今說當說。菩薩在初地。始得善法味。心多歡喜。名歡喜地。第二地中。行十善道離諸垢故。名離垢地。第三地中。廣博多學爲衆說法能作照明故。名爲明地。第四地中。布施持戒多聞轉增。威德熾盛故。名爲燄地。第五地中。功德力盛。一切諸魔不能壞故。名難勝地。第六地中。障魔事已。諸菩薩道法皆現在前故。名現前地。第七地中。去三界遠近法王位故。名深遠地。第八地中。若天魔梵沙門婆羅門。無能動其願故。名不動地。第九地中。其慧轉明調柔增上故。名善慧地。第十地中。菩薩於十方無量世界。能一時雨法雨。如劫燒已普澍大雨。名法雲地。

問曰已聞十地名。今云何入初地。得地相貌及修習地。

答曰若厚種善根　善行於諸行　善集諸資用　善供養諸佛
善知識所護　具足於深心　悲心念衆生　信解無上法
具此八法已　當自發願言　我得自度已　當復度衆生
爲得十力故　入於必定聚　則生如來家　無有諸過咎

即轉世間道　入出世上道　是以得初地　此地名歡喜

厚種善根者，如法修集諸功德，名爲厚種善根，善根者不貪不恚不癡，一切善法從此三生故，名爲善根，如一切惡法，皆從貪恚癡生，是故此三名不善根，阿毗曇中種種分別，欲界繫，色界繫，無色界繫，不繫，合爲十二有心相應有心不相應合二十四，此中無漏善根，得阿耨多羅三藐三菩提時修集，餘九菩薩地中修集，又未發心時亦修集，或一心中有三，或一心中有六，或一心中有九，或一心中有十二，或但集心相應不集心不相應，或集心不相應不集心相應，或集心相應亦心不相應，或不集心相應心不相應，是諸善根分別，如阿毗曇中廣說，此中善根爲衆生求無上道故，所行諸善法皆名善根，能生薩婆若智故，名爲善根，行於諸行者，善行名清淨，諸行名持戒，清淨持戒次第而行，是持戒與七法和合故爲善行。何等爲七。一慚二愧三多聞四精進五念六慧七淨命淨身口業。行此七法具持諸戒。是名善行諸行。又經說諸禪爲行處。是故得禪者。名爲善行諸行。此論中不必以禪乃得發心。所以者何。佛在世時無量衆生皆亦發心不必有禪。又白衣在家。亦名爲善行。善集資用者。上偈中所說。厚種善根善行諸行。多供養佛善知識護。具足深心。悲念衆生信解上法。是名資用。又本行善法必應修行善根。亦名資用。所謂布施忍辱質直不諂。心柔和同止。樂無惱恨性殫盡。不隱過。不偏執。不很戾。不諍訟。不自恃。不放逸。捨憍慢。離矯異。不讚身。堪忍事。決定心。能果敢。受不捨。易教授。少欲知足樂於獨處。如是等諸法隨行已。漸能具足殊勝功德。是法未堅牢故名爲本行。若離是法不能進得勝妙功德。是故此本行法。與八法和合故。爲初地資用。善供養諸佛者。若菩薩世世如法。

常多供養諸佛。供養有二種。一者善聽大乘正法若廣若略。二者四事供養恭敬禮侍等。具此二法供養諸佛。名爲善供養諸佛。善知識者。菩薩雖有四種善知識。此中所說能教入大乘。具諸波羅蜜。能令住十地者。所謂諸佛菩薩及諸聲聞。能示教利喜大乘之法令不退轉。守護者。常能慈愍教誨。令得增長善根。是名守護。具足深心者。深樂佛乘無上大乘一切智乘。名爲具足深心。

問曰無盡意菩薩。於和合品中。告舍利弗。諸菩薩所有發心皆名深心。從一地至一地。故名爲趣。心增益功德故名爲過心。得無上事故名爲頂心。攝取上法故名爲上心。現前得諸佛法故。名爲現前心。集利益法故名爲緣心。通達一切法故。名爲度心。所願不倦故名爲決定心。滿所願故名爲喜心。身自成辦故名無侶心。離敗壞相故名調和心。無諸惡故名爲善心。遠離惡人故名不雜心。以頭施故名難捨心。救破戒人故名持難戒心。能受下劣加惡故名難忍心。得涅槃能捨故名難精進心。不貪禪故名難禪定心。助道善根無厭足故名難慧心。能成一切事故名度諸行心。智慧善思惟故。名離慢大慢我慢心。不望報故。是一切衆生福田心。觀諸佛深法故名無畏心。不障礙故名增功德心。常發精進故名無盡心。能荷受重擔故名不悶心。又深心義者。等念衆生普慈一切。供養賢善悲念惡人尊敬師長。救無救者無歸作歸。無洲作洲。無究竟者爲作究竟。無有侶者能爲作侶。於曲人中行質直心。敗壞人中行眞正心。諛諂人中行無諂心。不知恩中行於知恩。不知作中而行知作。無利益中能行利益。邪衆生中行於正行。憍慢人中行無慢行。不隨教中而不惱恚。罪衆生中常作守護。衆生所有過不見其失。供養福田隨順教誨受化不難。阿練若處一心精進。不求利養不惜身命。復次。內心清淨故。無有誑惑。善口業故不自稱歎。知止足故不行威迫。心無垢故行於柔和。集善根故能入生死。爲衆生故忍一切苦。菩薩有如是等深心相不可窮盡。汝今但說深心相何得不少。

答曰不少也。無盡意。總一切深心相在一處說。而此中分布諸地。此十住經。地地別說深心相。是故菩薩隨諸地中皆得深心。深心之義即在其地。今初地中說二深心。一者發大願。二者在必定地。是故當知隨在十地善說深心。汝說何得不少。是事不然。悲心於衆生者。成就悲故名爲悲者。何謂爲悲。悼愍衆生救濟苦難。信解諸上法者。於諸佛法信力通達。發願我得自度已當度衆生者。一切諸佛法願爲其本。離願則不成。是故發願。

問曰何故不言我當度衆生。而言自得度已當度衆生。

答曰自未得度不能度彼。如人自沒於泥。何能拯拔餘人。又如爲水所漂不能濟溺。是故說我度已當度彼。如說。

若人自度畏　能度歸依者　自未度疑悔　何能度所歸
若人自不善　不能令人善　若不自寂滅　安能令人寂

是故先自善寂而後化人。又如法句偈說。

若能自安身　在於善處者　然後安餘人　自同於所利

凡物皆先自利後能利人。何以故。如說。

若自成己利　乃能利於彼　自捨欲利他　失利後憂悔

是故說自度已當度衆生。

問曰得何利故能成此事入必定地。又以何心能發是願。

答曰得佛十力能成此事。入必定地能發是願。

問曰何等是佛十力。

答曰佛悉了達一切法因果。名爲初力。如實知去來今所起業果報處。名爲二力。如實知諸禪定三昧。分別垢淨入出相。名爲三力。如實知衆生諸根利鈍。名爲四力。如實知衆生所樂不同。名爲五力。如實知世間種種異性。名爲六力。如實知至一切處道名爲七力。如實知宿命事。名爲八力。如實知生死事。名爲九力。如實知漏盡事。名爲十力。爲得是佛十力故。大心發願即入必定聚。

問曰凡初發心皆有如是相耶。

答曰或有人說。初發心便有如是相。而實不爾。何以故。是事應分別不應定答。所以者何。一切菩薩初發心時。不應悉入於必定。或有初發心時。即入必定。或有漸修功德。如釋迦牟尼佛。初發心時不入必定。後修集功德値然燈佛得入必定。是故汝說。一切菩薩初發心便入必定是爲邪論。

問曰若是邪論者。何故汝說以是心入必定。

答曰有菩薩初發心即入必定。以是心能得初地。因是人故說初發心入必定中。

問曰是菩薩初心。釋迦牟尼佛初發心。是心云何。

答曰是心不雜一切煩惱。是心相續不貪異乘。是心堅牢一切外道無能勝者。是心一切眾魔不能破壞。是心爲常。能集善根。是心能知有爲無爲。是心無動。能攝佛法。是心無覆。離諸邪行。是心安住。不可動故。是心無比。無相違故。是心如金剛。通達諸法故。是心不盡。集無量福德故。是心平等。等一切眾生故。是心無高下。無差別故。是心清淨。性無垢故。是心離垢。慧照明故。是心無垢。不捨深心故。是心爲廣。慈如虛空故。是心爲大。受一切眾生故。是心無礙。至無障智故。是心偏到。不斷大悲故。是心不斷。能正迴向故。是心衆所趣向。智者所讚故。是心可觀。小乘瞻仰故。是心難見。一切衆生不能覩故。是心難破。能善入佛法故。是心爲住。一切樂具所住處故。是心莊嚴。福德資用故。是心選擇。智慧資用故。是心渲厚以布施爲資用故。是心大願。持戒資用故。是心難沮。忍辱資用故。是心難勝。精進資用故。是心寂滅。禪定資用故。是心無惱害。智慧資用故。是心無瞋礙。慈心深故。是心根深。悲心厚故。是心悅樂。喜心厚故。是心苦樂不動。捨心厚故。是心護念。諸佛神力故。是心相續。三寶不斷故。如是等無量功德莊嚴初必定心。如無盡意品中廣說。是心不雜一切煩惱者。見諦思惟所斷。二百九十四煩惱。不與心和合故。名爲不雜。是心相續不貪異乘者。從初心相續來。不貪聲聞辟支佛乘。但爲阿耨多羅三藐三菩提故。名爲相續不貪異乘。如是等四十句論。應如是知。

問曰汝說是心常。一切有爲法皆無常。如法印經中說。行者觀世間空無有常。而不變壞。是事何得不相違耶。

答曰汝於是義不得正理故作此難。是中不說心爲常。此中雖口說常。常義名必定初心生。必能常集諸善根不休不息故名爲常。生如來家者。如來家則是佛家。如來者。如名爲實。來名爲至。至眞實中故名爲如來。何等眞實。所謂涅槃。不虛誑故是名如實。如經中說。佛告比丘。第一聖諦無有虛誑涅槃是也。復次。如名不壞相。所謂諸法實相是。來名智慧。到實相中通達其義故。名爲如來。復次。空無相無作名爲如。諸佛來至三解脫門。亦令衆生到此門故。名爲如來。復次。如名四諦。以一切種見四諦故。名爲如來。復次。如名六波羅蜜。所謂布施持戒忍辱精進禪定智慧。以是六法來至佛地故。名爲如來。復次。諦捨滅慧四功德處。名爲如。以是四法來至佛地故。名爲如來。復次。一切佛法名爲如。以是來至諸佛故。名爲如來。復次。一切菩薩地。喜淨明燄難勝現前深遠不動善慧法雲。名爲如。諸菩薩以是十地來至阿耨多羅三藐三菩提故。名爲如來。又以如實八聖道分來故。名爲如來。復次。權智二足來至佛故。名爲如來。如去不還故名爲如來。如來者。所謂十方三世諸佛是。是諸佛家名爲如來家。今是菩薩行如來道。相續不斷。故名爲生如來家。又是菩薩必成如來故。名爲生如來家。譬如生轉輪聖王家有轉輪聖王相。是人必作轉輪聖王。是菩薩亦如是。生如來家。發是心故必成如來。是名生如來家。如來家者。有人言。是四功德處。所謂諦捨滅慧。諸如來從此中生故。名爲如來家。有人言。般若波羅蜜。及方便。是如來家。如助道經中說。

智度無極母　善權方便父　生故名爲父　養育故名母

一切世間以父母爲家。是二似父母故名之爲家。有人言。善慧名諸佛家。從是二法出生諸佛。是二則是一切善法之根本。如經中說。是二法俱行能成正法。善是父慧是母。是二和合名爲諸佛家。如說。

菩薩善法父　智慧以爲母　一切諸如來　皆從是二生

有人言。般舟三昧。及大悲名諸佛家。從此二法生諸如來。此中般舟三昧爲父。大悲爲母。復次。般舟三昧是父。無生法忍是母。如助菩提中說。

般舟三昧父　大悲無生母　一切諸如來　從是二法生

家無過咎者家清淨故。清淨者。六波羅蜜四功德處方便般若波羅蜜善慧般舟三昧。大悲諸忍是諸法清淨無有過故。名家清淨。是菩薩以此諸法爲家。故無有過咎。轉於過咎轉於世間道。入出世上道者。世間道名即是凡夫所行道。轉名休息。凡夫道者不能究竟至涅槃。常往來生死。是名凡夫道。出世間者。因是道得出三界故。名出世間道。上者妙。故名爲上。入者正行道。故名爲入。以是心入初地。名歡喜地。

問曰初地何故名爲歡喜。

答曰如得於初果　究竟至涅槃　菩薩得是地　心常多歡喜
　自然得增長　諸佛如來種　是故如此人　得名賢善者

如得初果者。如人得須陀洹。善閉三惡道門。見法入法得法。住堅牢法。不可傾動。究竟至涅槃。斷見諦所斷法故。心大歡喜。設使睡眠嬾惰不至二十九有如以一毛爲百分。以一分毛分取大海水。若二三滴苦已滅者。如大海水。餘未滅者如二三滴。心大歡喜菩薩如是得初地已。名生如來家。一切天龍夜叉乾闥婆阿修羅迦樓羅緊那羅摩睺羅伽天王梵王沙門婆羅門一切聲聞辟支佛等．所共供養恭敬．何以故．是家無有過咎故．轉世間道入出世間道．但樂敬佛得四功德處．得六波羅蜜果報滋味．不斷諸佛種故心大歡喜．是菩薩所有餘苦．如二三水滴．雖百千億劫得阿耨多羅三藐三菩提．於無始生死苦．如二三水滴．所可滅苦如大海水．是故此地名爲歡喜．

十住毗婆沙論卷一

十住毗婆沙論卷二

龍樹菩薩造
姚秦三藏法師鳩摩羅什譯

地相品第三

問曰：得初地菩薩有何相貌。

答曰：菩薩在初地　多所能堪受　不好於諍訟　其心多喜悅
常樂於清淨　悲心愍衆生　無有瞋恚心　多行是七事

菩薩若得初地，即有是七相。能堪受者，能爲難事，修集無量福德善根，於無量恆河沙劫往來生死，教堅心難化惡衆生，心不退沒，能堪受如是等事故，名爲堪忍。無諍訟者，雖能成大事而不與人諍競，共相違返。喜者，能令身得柔輭，心得安隱。悅者，於轉上法中心得踊悅。清淨者，離諸煩惱垢濁。有人言，信解名爲清淨。有人言，堅固信名爲清淨。是清淨心於佛法僧寶。於苦集滅道諦。於六波羅蜜。於菩薩十地。於空無相無作法。略而言之。一切深經諸菩薩及其所行一切佛法。悉皆心信清淨。悲者。於衆生憐愍救護。是悲漸漸增長而成大悲。有人言。在菩薩心名爲悲。悲及衆生名爲大悲。大悲以十因緣生。如第三地中廣說。不瞋者。菩薩結未斷故。多行善心少於瞋恨。如是菩薩在於初地。心不畏沒故。名爲能有堪忍。樂寂滅故。名爲不好諍訟。得順阿耨多羅三藐三菩提。大悲故。名爲心多喜。離諸煩惱垢濁故。於佛法僧寶諸菩薩所心常清淨。心安隱無患故。名爲心悅。深愍衆生故。名爲悲。心常樂慈行故。名爲不瞋。是菩薩在初地相貌。

問曰。何故不說菩薩於初地中有此七事。而言多。

答曰。是菩薩漏未盡故。或時懈怠。於此七事中暫有廢退。以其多行故說爲多。於初地中已得是法。後諸地中轉轉增益。
問曰初歡喜地菩薩。在此地中名多歡喜。爲得諸功德故歡喜爲地。法應歡喜。以何而歡喜。

答曰常念於諸佛　及諸佛大法　必定希有行　是故多歡喜

如是等歡喜因緣故。菩薩在初地中心多歡喜。念諸佛者。念然燈等。過去諸佛。阿彌陀等。現在諸佛。彌勒等。將來諸佛。常念如是諸佛世尊。如現在前。三界第一無能勝者。是故多歡喜。念諸佛大法者。略說諸佛四十不共法。一自在飛行隨意。二自在變化無邊。三自在所聞無礙。四自在以無量種門。知一切衆生心。如是等法後當廣說。念必定諸菩薩者。若菩薩得阿耨多羅三藐三菩提記。入法位。得無生法忍。千萬億數魔之軍衆不能壞亂。得大悲心成大人法。不惜身命爲得菩提勤行精進。是名念必定菩薩。念希有行者。念必定菩薩第一希有行。令心歡喜。一切凡夫所不能及。一切聲聞辟支佛所不能行。開示佛法無礙解脫及薩婆若智。又念十地諸所行法。名爲心多歡喜。是故菩薩得入初地名爲歡喜。

問曰有凡夫人未發無上道心。或有發心者未得歡喜地。是人念諸佛及諸佛大法。念必定菩薩及希有行。亦得歡喜。得初地菩薩歡喜。與此人有何差別。

答曰菩薩得初地　其心多歡喜　諸佛無量德　我亦定當得

得初地必定菩薩。念諸佛有無量功德。我當必得如是之事。何以故。我已得此初地入必定中。餘者無有是心。是故初地菩薩多生歡喜。餘者不爾。何以故。餘者雖念諸佛。不能作是念。我必當作佛。譬如轉輪聖子生轉輪王家。成就轉輪王相。念過去轉輪王功德尊貴。作是念。我今亦有是相。亦當得是豪富尊貴。心大歡喜。若無轉輪王相者無如是喜。必定菩薩若念諸佛及諸佛大功德威儀尊貴。我有是相必當作佛。即大歡喜。餘者無有是事。定心者。深入佛法心不可動。復次。菩薩在初地念諸佛時。作是思惟。我亦不久當作利益諸世間者。及念佛法。我亦當得相好嚴身。成就諸佛不共法。隨諸衆生所種善根心力大小。而爲說法。又我已得善法滋味。不久當如必定菩薩遊諸神通。又念必定菩薩所行之道。一切世間所不能信。我亦當行。如是念已心多歡喜。餘者不爾。何以故。是菩薩入初地故。其心決定願不移動。求所應求。譬如香象所作。唯有香象能作。餘獸不能。是故汝所說者。是事不然。復次。菩薩得初地無諸怖畏故心多歡喜。若怖畏者心則不喜。

問曰菩薩無何等怖畏。

答曰無有不活畏　死畏惡道畏　大衆威德畏　惡名毀呰畏

繫閉桎梏畏　拷掠刑戮畏　無我我所畏　何有是諸畏

問曰菩薩何故住初地無不活畏。

答曰有大威德故。能堪受故。大智慧故。知止足故。作是念。我多修福德。有福之人衣服飲食。所須之物。自然即至。如昔劫初大人群臣士民請以爲王。若薄福德者。雖生王家以身力自營。衣食尚不充足。何況國土。菩薩作是念。我多修福德。如劫初王自然登位。我亦如是。亦當復得如是事故。不應有不活畏。復次人雖薄福有堪受力。勤修方便能生衣食。如經說。以三因緣得有財物。一者現世自作方便。二者他力作與。三者福德因緣。我能堪受難成之事。現世亦有方便力故。不應有不活畏。有智之人少設方便能得自活。能求佛道。佛智慧分今已有之。是智慧利能得自活也。不應有不活畏。復次。菩薩作是念。我住世間。世間有利衰毀譽稱譏苦樂。如是八事何得無也。不應以不得故有不活畏。復次。是菩薩以知足故。好醜美惡隨得而安。不應有不活畏。若不知足者。設得滿世間財物。意猶不足。如說。

若有貧窮者　但求於衣食　既得衣食已　復求美好者
既得美好者　復求於尊貴　既得尊貴已　求王一切地
設得盡王地　復求爲天王　世間貪欲者　不可以財滿

若知足之人。得少財物。今世後世能成其利。是菩薩樂布施故。具足智慧故。多能發起不貪善根。若不樂施者多作衆惡。以慳貪愚癡因緣故。增益慳貪不善根。無厭足法屬於慳貪。是故菩薩多發不貪善根故知足。知足故無不活畏。復次。無死畏者。多作福德故。念念死故。不得免故。無始世界習受死法故。多修習空故。菩薩作是念。若人不修福德。則畏於死。自恐後世墮惡道故。我多集諸福德。死便生於勝處。是故不應畏死。如說。

待死如愛客　去如至大會　多集福德故　捨命時無畏

復作是念。死名隨所受身。末後心滅爲死。若心滅爲死者。心念念滅故皆應是死。若畏死者。心念念滅皆應有畏。非但畏末後心滅。亦應當畏前心盡滅。何以故。前後心滅無有差別故。若謂畏墮惡道故。畏末後心滅者。福德之人不應畏墮惡道。如先說。我當受念念滅故。於末後心滅。不應有死畏。復作是念。我於無始世界。往來生死受無量無邊阿僧祇死法。無有處所能免死者。佛說生死無始。若人於一劫中。死已積骨高於雪山。如是諸死不爲自利不爲利他。我今發無上道願。爲欲自利亦爲利他故。勤心行道有大利故。云何驚畏。如是菩薩即捨死畏。復次作是念。今此死法。必當應受無有免者。何以故。劫初諸大王。頂生喜見照明王等。有三十二大人相莊嚴其身。七寶導從天人敬愛。王四天下常行十善道。是諸大王皆歸於死。復有蛇提羅諸小轉輪王。自以威力王閻浮提。身色端正猶如天人。於色聲香味觸自恣無乏。所向皆伏。無有退卻善通射術。是諸王等霸王天下。人民眷屬皆不免死。又諸仙聖迦葉憍瞿摩等。行諸苦行得五神通。造作經書皆不免死。又諸佛辟支佛阿羅漢。心得自在離垢得道。皆爲死法之所磨滅。一切衆生無能過者。我發無上道心。不應畏死。又爲破死畏故。發心精進自除死畏亦除於他。是故發心行道。云何於死而生驚畏。菩薩如是思惟無常即除死畏。復次菩薩常修習空法故。不應畏死。如說。

離死者無死　離死無死者　因死有死者　因死者有死
死成成死者　死先未成時　無有決定相　無死無成者
離死有死者　死者應自成　而實離於死　無有死者成

而世間分別　是死是死者　不知死去來　是故終不免
以是等因緣　觀於諸法相　其心無有異　終不畏於死

無惡道畏者。菩薩常修福德故。不畏墮惡道。作是念。罪人墮惡道。非是福德者。我乃至一念中。不令諸惡得入而於身口意常起清淨業。是故我得無量無邊功德。成就如是大功德聚。云何畏墮惡道。復次。菩薩一發心爲利安一切衆生故。大慈悲所護故。住四功德處。得無量功德。度一切惡道。何以故。是心勝一切聲聞辟支佛。如淨毗尼經中。迦葉白佛言。希有世尊。善說菩薩以是薩婆若心能勝一切聲聞辟支佛。我成就如是大功德。住如是大法。云何當畏墮惡道。復作是念。我無始已來。往來生死墮諸惡道受無量苦。不爲自利亦不利他。我今發無上大願。爲欲自利亦爲利他。先來墮惡道無所利益。今爲利益衆生故。設墮惡道不應有畏。復次。實行菩薩發如是心。假令我於阿鼻地獄一劫受苦然後得出。能令一人生一善心。積集如是無量善心。堪任受化令發三乘。如是教恆河沙等衆生聲聞乘。恆河沙等衆生辟支佛乘。恆河沙等衆生發大乘。然後我當得阿耨多羅三藐三菩提心。尚不應退沒。何況我今修集無量無邊功德遠離惡道。菩薩如是思惟。何得有惡道畏。復次。如叫喚地獄經中說。菩薩答魔言。

我以布施故　墮在叫喚獄　所受我施者　皆生於天上
若爾猶尚應　常行於布施　衆生在天上　我受叫喚苦

菩薩如是等種種因緣。能遮惡道畏。無有大衆畏者。成就聞慧思慧修慧故。又離諸論過咎故。是菩薩建立語端所說無失。能以因緣譬喻結句。不多不少無有疑惑。言無非義無有諂誑。質直柔和種種莊嚴。易解易持義趣次序。能顯己事能破他論。離四邪因具四大因。如是等莊嚴言辭。大衆中說無有所畏。無惡名畏訶罵畏者。不貪利養故。身口意行清淨故。無有繫閉桎梏拷掠畏者。無有罪故。慈愍一切衆生故。忍受一切衆苦惱故。依止業果報故。我先自作今還受報。是菩薩以如是等因緣故。無有不活等畏。復次。樂觀一切法無我。是故無一切怖畏。一切怖畏皆從我見生。我見皆是諸衰憂苦之根本相。是菩薩利智慧故。如實深入諸法實相故。則無有我。我無故。何從有怖畏。

問曰。是菩薩云何無有我心。

答曰。樂空法故。菩薩觀身離我我所故。如說。

我心因我所　我所因我生　是故我我所　二性俱是空
我則是主義　我所是主物　若無有主者　主所物亦無
若無主所物　則亦無有主　我即是我見　我物我所見

實觀故無我　我無無非我　因受生受者　無受無受者
離受者無受　云何因受成　若受者成受　受則爲不成
以受不成故　不能成受者　以受者空故　不得言是我
以受是空故　不得言我所　是故我非我　亦我亦非我
非我非無我　是皆爲邪論　我所非我所　亦我非我所
非我非我所　是亦爲邪論

菩薩如是常樂修空無我故。離諸怖畏。所以者何。空無我法能離諸怖畏。是故菩薩在歡喜地。有如是等相貌。

淨地品第四

問曰菩薩已得初地。應云何修治。

答曰信力轉增上　深行大悲心　慈愍衆生類　修善心無倦
喜樂諸妙法　常近善知識　慚愧及恭敬　柔輭和其心

樂觀法無著　一心求多聞　不貪於利養　離奸欺諂誑
不汙諸佛家　不毀戒欺佛　深樂薩婆若　不動如大山
常樂修習行　轉上之妙法　樂出世間法　不樂世間法
即治歡喜地　難治而能治　是故常一心　勤行此諸法
菩薩能成就　如是上妙法　是則爲安住　菩薩初地中

菩薩以是二十七法淨治初地。信力轉增上者。信名有所聞見。必受無疑。增上名殊勝。

問曰。有二種增上。一者多。二者勝。今說何者。

答曰。此中二事俱說。菩薩入初地。得諸功德味故。信力轉增。以是信力籌量諸佛功德無量深妙能信受。是故此心亦多亦勝。深行大悲者。愍念衆生徹入骨髓故。名爲深。爲一切衆生求佛道故。名爲大。慈心者。常求利事安隱衆生。慈有三種。後當廣說。修善心無倦者。善法名可親近。修習能與愛果。修如是法時心不懈惰。善法因緣。名四攝法。十善道。六波羅蜜。菩薩十地等。及諸功德。喜樂妙法者。常思惟修習深得法味久則生樂。如人在華林與愛色相娛樂。常近善知識者。菩薩有四種善知識。後當廣說。此中善知識者。諸佛菩薩是。常以正心親近能令歡悅慚愧名爲喜羞恥。恭敬名。念其功德尊重其人。柔輭名其心和悅。同止安樂。樂觀法者。法名五陰十二入十八界空無相無作等。以正憶念常觀此法。無著者。著名心歸趣三有。是衆生所歸。有人言。五欲諸邪見是所歸趣。何以故。衆生心常繫著故。菩薩利智心無貪著。一心名貴重佛法心無餘想。求多聞者。佛說九部經。能盡推尋修學明了。若少不盡。不貪利養者。利名得飲食財物等。養名恭敬禮拜施設牀座迎來送去。菩薩應以是事施與衆生不自貪著。奸欺名斗秤邪僞衣物不眞。諂名心不端直。誑名五邪命法。一名矯異。二名自親。三名激動。四名抑揚。五名因利求利。矯異者。有人貪求利養故。若作阿練若著納衣。若常乞食。若一坐食。若常坐。若中後不飮漿。受如是等頭陀行。作是念。他作是行得供養恭敬。我作是行或亦得之。爲利養故改易威儀名爲矯異。自親者。有人貪利養故。詣檀越家語言。如我父母兄弟姊妹親戚無異。若有所須我能相與。欲有所作我能爲作。我不計遠近能來問訊。我住此者正相爲耳。爲求供養貪著檀越。能以口辭牽引人心。如是等名爲自親。激動者。有人不計貪罪欲得財物。作得物相。如是言。是鉢好若衣好若戶鉤好若尼師壇好。若我得者則能受用。又言。隨意能施。此人難得。又至檀越家作是言。汝家羹飯餠肉香美。衣服復好。常供養我。以親舊必當見與。如是示現貪相。是名激動。抑揚者。有人貪利養故語檀越言。汝極慳惜。尙不能與父母兄弟姊妹妻子親戚。誰能得汝物者。檀越媿恥俛仰施與。又至餘家作是言。汝有福德受人身不空。阿羅漢常入出汝家。汝與坐起語言作是念想。檀越或生是心。更無餘人入出我家。必謂我是。名爲抑揚。因利求利者。有人以衣若鉢若僧伽梨若尼師壇等資生之物。持示人言。若王王等及餘貴人與我是物。作是念。檀越或能生心。彼諸王貴人尙能供養。況我不與是人。因以此利更求餘利。故名因利求利。是故應當遠離如此諂僞。不汙諸佛家者。何等爲汙諸佛家。有人言。若人發求無上道心已。後迴向聲聞辟支佛道。不能住世繼三寶種。是名汙諸佛家。是義不然。何以故。是人能度生死。又得諸無漏根力覺道。亦是佛子。云何言汙諸佛家。如經說。佛告比丘。汝是我子。從我心生口生得法分者。又聲聞人言諦捨滅慧處。名諸佛家。何以故。從是四事出生諸佛故。若汙此四法名汙諸佛家。是故若人虛妄慳貪狂亂愚癡。是汙佛家。若正行此四。則不汙諸佛家。有人言。六波羅蜜是諸佛家。從此生諸佛故。若違此六事。是汙佛家。有人言。般若波羅蜜是諸佛母方便爲父。是名諸佛家。以此二法出生諸佛。若違此法。是汙佛家。復次。偈中自說。汙不汙相。所謂不毀戒不欺佛。若受佛戒不能護持。則欺諸佛。是汙佛家。何以故。受戒時生佛家中。破戒則欺諸佛。名汙佛家。

問曰。必定菩薩有破戒耶。

答曰。不斷煩惱是事可畏。未久入必定菩薩。或有破戒。如大勝佛法中謗難陀故破戒。我說此事猶以爲畏。但以經有此說。信佛語故心則信受。若受戒不破不欺諸佛。名爲不汙佛家。復次。戒名三學。戒學心學慧學。破此學名汙佛家。如法受戒而後毀破。名爲欺佛。如是二句。各有義趣。欺佛者。空自發願不如說行。欺誑衆生是名欺佛。復次。一切法中不如說行。名爲欺佛。堅住薩婆若不動如太山者。是菩薩一切發願。求薩婆若種種因緣。乃至大地獄苦心不移動。如須彌山王。吹不可動。常修轉上法者。從初發心常求索勝法。入初地中更修上法。如是展轉心無厭足。樂出世間法不樂世間法者。世間法。名隨順世事增長生死。六趣三有五陰十二入十八界十二因緣諸煩惱有漏業等。出世間法。名隨所用法。能出三界。所謂五根五力七覺八道四念處四正勤四如意足。空無相無作解脫門。戒律儀多聞。無貪恚癡根。善厭離心不放逸等。是菩薩利根故。不樂世間虛妄法。但樂出世間眞實法。即治歡喜地。難治而能治者。治名通達無礙。如人破竹。初節爲難。餘者皆易。初地難治。治已。餘皆自易。何以故。菩薩在初地。勢力未足。善根未厚。修習善法未久故。眼等諸根猶隨諸塵心未調伏。是故諸煩惱猶能爲患。如人勢力未足逆水則難。又此地中魔及魔民多爲障礙故。以方便力勤行精進。是故此地名爲難治。如是信力轉增上爲首。不樂世間法爲後。修此二十七法。治菩薩初歡喜地。是故說菩薩應常修行此法。修行名一心不放逸。常行常觀除諸過惡。故名爲治。如人所行道路治令清淨。是諸法不但修治初地。一切諸地皆以此法。

問曰汝已說初地方便及淨治法。菩薩云何安住而不退失。

答曰常行成就。如是信力轉增上等法。名爲安住初地。菩提名上道。薩埵名深心。深樂菩提故名爲菩提薩埵。復次衆生名薩埵。爲衆生修集菩提故。名菩提薩埵。上法者。信等法能令人成佛故名爲上法。

釋願品第五

已說入初地方便及淨治法。菩薩因願故得入諸地。又成就信力增上等功德。故安住其地。今當分別此願。

願供養奉給　恭敬一切佛　願皆守護持　一切諸佛法

此是諸菩薩初願。從初發心乃至得阿耨多羅三藐三菩提。於其中間所有諸佛。盡當供養奉給恭敬。供養名華香瓔珞旛蓋燈明起塔廟等。奉給名衣服臥具所須之物。恭敬稱名尊重禮拜迎來送去合掌親侍。復次以小乘法教化衆生。名爲供養。以辟支佛法教化衆生。名爲奉給。以大乘法教化衆生。名爲恭敬。是第一願。護持一切諸佛法者。菩薩作是念。一切過去未來現在十方三世諸佛法。我應守護。

問曰過去諸佛已滅。法亦隨滅。未來諸佛未出。法亦未有。尙無初轉法輪。何況餘法。云何當得守護。正可守護現在諸佛法。以諸佛現在故。

答曰。過去未來現在諸佛法。皆是一體一相。是故若守護一佛法。則爲守護三世諸佛法。如經說。佛告諸比丘。毗婆尸佛法出家受戒著衣持鉢禪定智慧說法教化亦如我也。是故汝難不然。是第二願也。復次。

諸佛從兜率　退來在世間　乃至教化訖　永入無餘界
處胎及生時　出家趣道場　降魔成佛道　初轉妙法輪
奉迎諸如來　又於餘時中　願我悉當得　盡心而供養

諸佛始從兜率天上退下世間。終至無餘涅槃。於其中間入胎中時大設供養。乃至生時出家趣道場。降魔王成佛道轉法輪奉迎如來。餘時者。現大神通人天大會廣度衆生。爾時當以華香旛蓋妓樂歌頌稱讚．出家受法如說修行．以第一供養之具．供養諸佛．是第三願．復次．

願教化衆生　令悉入諸道

教名教化他以善法．化名遠離惡法．我當以此二法令無量阿僧祇衆生．住聲聞辟支佛道．是第四願．復次．

願一切衆生　成就佛菩提　有人向聲聞　辟支佛道者

是人修集聲聞辟支佛法未入法位．我當教化令趣佛道．有人不向聲聞辟支佛道．我當教化令向無上佛道．有人向無上佛道者．我當示教利喜令其功德轉更增益．如是教化一切衆生．是第五願．復次．

願使一切法　信解入平等

一切法者．凡所有法．度法非度法．攝覺意法．非攝覺意法．助道法非助道法。聖道所攝法。非聖道所攝法。應修法不應修法。應近法不應近法。應生法不應生法。生法不生法。現在法非現在法。因緣生法。非因緣生法。因緣法非因緣法。從思惟生法。不從思惟生法。麤法細法。受法不受法。內法外法。內入所攝法。非內入所攝法。外入所攝法。非外入所攝法。五陰所攝法。非五陰所攝法。五受陰所攝法。非五受陰所攝法。四諦所攝法。非四諦所攝法。助世法非助世法。依貪法依出法。顛倒法非顛倒法。變法非變法。悔法非悔法。大法小法。受處法非受處法。可斷法不可斷法。知見法非知見法。有漏法無漏法。有繫法無繫法。有淨法無淨法。有上法無上法。有覺法無覺法。有觀法無觀法。可喜法非可喜法。相應法不相應法。有分別法無分別法。行法無行法。有緣法無緣法。有次第法無次第法。可見法不可見法。有對法無對法。可見有對法。不可見無對法。有相法無相法。可行法不可行法。有為法無為法。險法非險法。有本法無本法。有出法無出法。衆生法非衆生法。苦者法非苦者法。惱法非惱法。有法非有法。逆法非逆法。樂報法非樂報法。苦報法非苦報法。憶生法非憶生法。智首行法非智首行法。信首行法。非信首行法。思惟首行法非思惟首行法。願首行法非願首行法。色法非色法。教法非教法。變化法非變化法。如意遊行法非如意遊行法。欲本法非欲本法。因善法非因善法。因善根法非因善根法。定法非定法。身法非身法。口法非口法。意法非意法。有對觸生法非有對觸生法。意觸生法非意觸生法。惡法非惡法。善法非善法。能生法非能生法。念念滅法非念念滅法。攝聚法非攝聚法。明分法非明分法。因法非因法。緣法非緣法。因緣法非因緣法。因生法非因生法。有因法非有因法。一法異法。滅法非滅法。攝根法非攝根法，共心法非共心法，心法非心法，心數法非心數法，共觸五法非共觸五法，共得十六法非共得十六法，細法麤法，迴向法非迴向法，善法不善法，無記法，見諦所斷法，思惟所斷法，不斷法，學法無學法，非學非無學法等，無量千萬種諸法，皆令入空無相無作門，平等無二，以信解力故，是第六願。

十住毗婆沙論卷二

十住毗婆沙論卷三

龍樹菩薩造
姚秦三藏法師鳩摩羅什譯

釋願品第五之餘

復次。願淨佛土故　滅除諸雜惡

殺生偷盜邪婬。妄語兩舌惡口綺語。貪恚邪命飲酒等。有如是惡名爲不淨。復次。國土中有地獄畜生餓鬼等諸惡道。名爲不淨。復次。衆生無信。懈怠亂心。愚癡諂曲慳嫉忿恨重邪。見慢憍慢大慢我慢邪慢。矯異自親。激動抑揚。因利求利貴於世樂。放逸自恣多欲惡欲邪貪邪婬。不識父母沙門婆羅門。不忍辱。破威儀。難與語。邪覺觀。貪欲瞋恚睡眠調戲疑悔所覆蔽名爲不淨。復次。惡鳥獸多怨賊。無水漿飢饉灾疫人畏非人畏。內反逆外多賊寇。若多雨若亢旱諸衰惱小劫盡諸苦惱等。名爲不淨。復次。衆生短命惡色無力多諸憂苦。少膽幹多疾病少威力少眷屬惡眷屬易壞眷屬。小居家儜劣邪出家名爲不淨。復次。僧佉榆伽優樓迦王。那波羅他毗佉那瓶沙王。那吉略仙人象仙人斷婬人上弟子行者。放羊者。大心者。忍辱者。喬曇摩鳩蘭陀磨活人者。度人者。緣水者。婆羅沙伽那頗羅墮闍。著衣者。無衣者。韋索衣者。皮衣者。草衣者。著下衣者。角鵄毛衣者。木皮衣者。三洗者。隨順者。事梵王者。事究摩羅者。事毗舍闍者。事金翅鳥者。事乾闥婆者。事閻羅王者。事毗沙門王者。事密迹神者。事浮陀神者。事龍者。裸形沙門。白衣沙門。染衣沙門。末迦梨沙門。毗羅哆子者。迦旃延尼犍子者。薩耆遮子者。持牛戒者。鹿戒者。狗戒者。馬戒者。象戒者。乞戒者。究摩羅戒者。諸天戒者。上戒者。婬欲戒者。淨潔戒者。火戒者。說色滅涅槃者。說聲滅涅槃者。說香滅涅槃者。說味滅涅槃者。說觸滅涅槃者。說覺觀滅涅槃者。說苦滅涅槃者。說苦樂滅涅槃者。水衣爲鬘者。水淨者。食淨者。生淨者。執杵臼者。打石者。喜洗者。浮沒者。空地住者。臥刺棘者。世性者。大者我者。色等者。聲等者。香等者。味等者。觸等者。地知者。水知者。火知者。風知者。虛空知者。和合知者。變知者。眼知者。耳知者。鼻知者。舌知者。身知者。意知者。神知者。如是等在家出家種種邪見邪行。名爲不淨。復次。其地高下坑坎塠阜榛叢刺棘多所妨礙。塵土坌穢泥潦臼陷。惡山巉巖屈曲隈障。重嶺隔塞峻峭難上。鹹鹵乾燥沙礫瓦石。衆果少味色香不具藥草不良。勢力薄少。有妙色聲香味觸。園林樓閣流水浴池小山土嶺。登緣遠望娛樂之處皆悉尠少。郡縣聚落不相接近。地多丘荒人民希少。多見無福。貧窮下劣諸城。宰牧大官貴人諸賈客主巧匠工師學讀之人。

亦復甚少．飲食衣服臥具醫藥便身之具．甚爲難得．雖得非妙名爲不淨．不淨略說有二種．一以衆生因緣．二以行業因緣．衆生因緣者．衆生過惡故．行業因緣者．諸行過惡故．此二事上已說．轉此二事則有衆生功德行業功德．此二功德名爲淨土．是淨國土當知隨諸菩薩本願因緣．諸菩薩能行種種大精進故．所願無量不可說盡．是故今但略說開示事端．其餘諸事應如是知．略說淨土相．所謂善得阿耨多羅三藐三菩提．佛功德力．法具足．聲聞具足．菩提樹具足．世界莊嚴衆生善利．可度者多．大衆集會佛力具足．善得菩提者．以十事莊嚴．一離諸苦行．二無厭劣心．三速疾得．四無求外道師．五菩薩具足．六無有魔怨．七無諸留難．八諸天大會．九希有事具足．十時具足．離諸苦行者．若菩薩爲阿耨多羅三藐三菩提出家．不行諸苦行．所謂若四日若六日若八日．若半月若一月。乃至食一麻一米一果或但飲水或但服氣。不以如是苦行求道。安坐道場。而成佛道。無厭劣心者。若菩薩少得厭離心即時出家。速疾得者。若菩薩出家已即得阿耨多羅三藐三菩提。不求外道師者。若菩薩出家已。時有外道大師。有名稱者。不往諮求。汝等說何法論何事以何爲利。亦不於四方求索。菩薩具足者。菩薩欲成佛道時。三千大千世界中諸菩薩。及他方諸菩薩。各持供養具來圍遶已。待佛成道放大光明各共供養。從佛聞法皆是不退轉一生補處。無魔怨者。若菩薩垂成佛時。無有魔軍能來破者。無諸留難者。菩薩垂成佛時。乃至無有毫釐煩惱來入其心。於大衆集會者。若菩薩垂成佛時。四天王諸天。忉利諸天。夜摩天。兜率陀天。化樂天。他化自在天。梵天。乃至阿迦膩吒天。諸龍神。夜叉。乾闥婆。阿修羅。迦樓羅。緊那羅。摩睺羅伽等。一切諸神十方無量世界。

各持第一上妙供養之具。來供養菩薩。名爲大衆集會。又聲聞人言。十世界諸天盡來。名爲諸天大會。希有行具足者若菩薩得佛時。地六種震動。十方無量三千大千世界諸魔王宮殿。皆變壞無色。光不復現。無量須彌山皆悉動搖。無量大海皆悉振蕩。一切世界出非時華。雨栴檀末香及諸天名華等。諸希有事。時具足者。時無疾疫飢饉刀兵流離逃迸。雨澤隨時無諸灾蝗。諸國王等如法治化。人民安樂壽命延長。無有怨賊諸惡鳥獸毒蟲鬼神惱害衆生。佛功德力者。一切去來今佛威力。功德智慧無量深法。等無差別。但隨諸佛本願因緣。或有壽命無量。或有見者即得必定。聞名者亦得必定。女人見者即成男子身。若聞名者亦轉女身。或有聞名者即得往生。或有無量光明。衆生遇者離諸障蓋。或以光明即入必定。或以光明滅一切苦惱。無量壽命者。壽命無量劫過諸筭數。一劫百劫千劫萬劫億劫百千萬億那由他阿僧祇劫。如是久住爲利益憐愍衆生故。一切諸佛雖力能無量壽。以本願故有久住世者。有不久住者。見時得入必定者。有衆生見佛。即住阿耨多羅三藐三菩提阿惟越致地。何以故。是諸衆生見佛身者。心大歡喜清淨悅樂。其心即攝得如是菩薩三昧。以是三昧力。通達諸法實相。能直入阿耨多羅三藐三菩提必定地。是諸衆生長夜深心。種見佛入必定善根。以大悲心爲首。善妙清淨。爲通達一切佛法故。爲度一切衆生故。是善根成就時至。是故得値此佛。又以諸佛本願因緣。二事和合故。此事得成聞佛名入必定者。佛有本願。若聞我名者。即入必定。如見佛。聞亦如是。女人見佛得轉女形者。若有一心求轉女形。深自厭患。有信解力誓願男身。如是女人得見佛者。即轉女形。若女人無有如是業因緣。又女身業未盡。不得値如是佛。女人聞佛名轉女形者。此事因緣。如見佛經中說。聞佛名得往生者。若人信解力多。諸善根成就。業障礙已盡。如是之人得聞佛名。又是諸佛本願因緣便得往生。無量光明者。一切佛光明所照。隨意遠近。此說無量者是其常光。常光明不可以由旬里數以爲限量。徧滿東方若干百千萬億由旬。不可得量。南西北方四維上下亦復如是。但知其無量而莫知邊際。遇光明得除諸蓋者。是諸佛本願力所致。貪欲瞋恚睡眠調悔疑。除此障蓋。衆生遇光即能念佛。念佛因緣故念法。念法故諸蓋得除。光明觸身苦惱皆滅者。若衆生墮地獄畜生餓鬼非人趣中。多諸苦惱。以佛本願神通之力。光觸其身即得離苦。法具足者。一切諸佛法悉皆具足。無有具足不具足者。諸佛說法同故。法俱具足。但以本願因緣故。差別不同。或有久住不久住耳。何謂法具足。法有略說有廣說。有略廣說。有具足聲聞乘。有具足辟支佛乘。有具足大乘。以諸神通力守護。令不爲外道所壞。不爲諸魔所破。久住於世。略說者。以少言辭包含多義。利根之人聞則開悟。廣說者。於一事一義種種因緣。爲諸鈍根樂分別者。敷演解說。若略廣說者。亦以一言包舉廣義。又亦種種演散一義。有具足聲聞乘。具足辟支佛乘。具足大乘者。此義後當說。神力護法者。以佛神力護念是法。以諸佛印印之。諸佛印者。所謂四大因。離四黑因。不爲外道所壞者。一切沙門婆羅門外道論師。所有邪見。說生滅味患出。又覺一切善。說破壞因緣。不爲一切魔所壞者。諸佛有無量無邊功德智慧方便神通力故。魔雖有力而不能壞。又諸菩薩力故。魔不能壞。法久住者。若一劫若滅一劫。若過是數。百劫千劫萬劫十萬劫。百萬劫千萬劫萬萬劫。無量千萬億那由他阿僧祇劫。乃至無量無邊劫。聲聞具足者。

一切諸佛悉皆具足聲聞僧。但諸佛本願因緣故。有少多差別。何謂具足。所謂如來聲聞衆。具足持戒禪定智慧解脫解脫知見。同等清淨悉是利根。利益者。諸菩薩形色嚴淨。具足持戒者。遠離殺生偷盜邪婬妄語兩舌惡口綺語飲酒邪命等諸惡法。又毗尼所制皆悉遠離。又能成就無漏戒故。具足禪定者。四禪四無量心四無色定。八解脫八背捨八勝處十一切入等。及得無漏諸禪定故。具足智慧者。成就四種智慧。從多聞生。從思惟生。從修集生。從先世業因緣果報生。具足解脫者。於一切煩惱得解脫。又於一切障礙得解脫。具足解脫知見者。知名識其事。見名明了其事。於解脫中了了知見無疑。又知名盡智。見名見四諦。同等者。諸入須陀洹果悉皆同等。乃至阿羅漢亦如是。清淨者。成就三種清淨。身清淨口清淨意清淨。利智者。但聞少語能廣解了通達義趣。略能作廣廣能作略。義理微隱能令易解。利益菩薩者。念諸菩薩乃至初發心者。亦不輕慢。深愛敬故。常開示善惡。爲說佛道方便因緣。形色嚴淨者。身體姝美姿容具足兼有相好。見者歡悅。如辟支佛。行來進止坐臥寤寐。飲食澡浴著衣持鉢。威儀庠序無所闕少。若人見者心則清淨。菩提樹具足者。所有大樹娑羅樹多羅樹提羅迦樹多摩羅樹婆求羅樹瞻蔔樹阿輸迦樹娑訶迦羅樹分那摩樹那迦樹尸梨沙樹涅劬陀樹阿輸陀樹波勒叉樹優曇鉢羅樹等。於此諸大樹中隨取一樹。在平地者高廣具足。根莖枝葉滋潤茂盛。華色鮮明無有傷缺。其樹舉高五十由旬。端直平澤無有盤節。皮膚細輭色白鮮淨。無有刺礙內不朽腐。又不空中。不爲蟲蠍之所傷齧。其根深固連編相次。其華嚴飾如鬘瓔珞。枝葉鬱茂猶如圓蓋。次第分布功殊人造。其葉青鮮猶如寶色。枝無絞戾萎黃枯葉。

無有蟲蛾。蚊蚋蝱蟻。其下清淨布諸金沙。種種光明周帀照曜。栴檀香水以灑其地。平坦柔輭清涼快樂。牛頭栴檀細末布上。諸天常雨曼陀羅華。燒黑沈香芬馨流溢。五色天繒參羅垂列。清風微動猗靡隨順。鳥獸遊側寂然無聲。其樹左右天常雨華。衆妙雜色。自然間錯垂以爲纓。猶如龍身。身上往往懸以金色華貫。四面大枝垂寶羅網。衆寶莊嚴猶紫金山。巍巍殊妙如帝釋幢。斯由菩薩百千萬億阿僧祇劫。修集善行功德所致。種種妙寶化爲師子王。四師子頂上。有廣大寶牀敷諸天繒。四天王天忉利諸天夜摩天兜率陀天化樂天他化自在天梵天。乃至阿迦膩吒天。乘瑠璃硨磲碼碯大青寶帝青寶金剛玻瓈衆寶宮殿。其色無比光明遠照。倶集寶樹圍遶供養。又十方無量世界諸菩薩衆。倶隨本所願備諸供具。雨衆寶物華香旛蓋。種種伎樂等。是名具足菩提樹。世間莊嚴者。菩薩觀察十方清淨國土。最上妙者而發大願。我當修集功德所得國土。復勝於此第一無比。衆生善利者。衆生端正。無諸疾患無有老病。壽命無量阿僧祇劫。悉皆化生。身無衆穢。具足三十二相。光明無量煩惱微薄易可化度。可度具足者。一坐說法恆河沙衆生同時得度。自有餘佛演說法時度一人二人。是諸衆生宿種善根。結使微薄聞說即悟。大衆集會者。有佛大會滿一由旬。或十由旬。有百千萬億由旬。有滿三千大千世界。此中大集會者。十方恆河沙世界以爲大會。又其會中但是福德之人。及諸天八部。初地菩薩乃至十住悉共集會。唯除諸佛。佛力具足者。諸佛所行四十不共法。是一一法所行處。一切無量無邊。是第七願。復次。

　　俱行於一是　願無有怨競

若菩薩所作福德。若布施持戒忍辱精進禪定智慧。若諦捨滅慧四功德處。若因諸大願求佛道時應作是願。若有餘人同我行此六波羅蜜四功德處求佛道者。願我以此福德因緣。不於餘人而生怨競。何以故。同行一事。諸有智者說有怨相。世間亦復現有此事。除此過故發是大願。是第八願。復次。

願行菩薩道　轉不退轉輪　令除諸煩惱　得入信清淨

輪者法輪。不退轉者無人能壞。菩薩應如是發願。我當如說行道。必轉不退法輪。轉此法輪除諸眾生三毒煩惱。轉捨生死入佛法眾。苦集滅道中使得清淨。是第九願。復次。

願一切世界　皆示成菩提

隨諸世界應有佛事處。盡於其中示得阿耨多羅三藐三菩提。安樂一切眾生故。滅度一切眾生故。以阿耨多羅三藐三菩提大故獨說。其餘入胎出胎生長在家出家受戒苦行。降伏魔眾梵王勸請及轉法輪。大衆集會廣度衆生。現大神力示大滅度。如此諸事悉皆如是應作。是知有如是無量力。能利無量無邊衆生。不應但於一國示成佛道。有人言。於一佛國所有四天下。諸閻浮提是一佛土。過此以外唯佛能知。而實不爾。是第十願。復次。

如是諸菩薩　十大願爲首　廣大如虛空

盡於未來際　及餘無量願　亦各分別說

願名心所貪樂。求欲必成。十者。有十種門。廣大如虛空者。願所緣方。如所有虛空處。願亦如是。盡未來際者。願時所住盡一切衆生未來生死際。有人言。阿耨多羅三藐三菩提。是未來世生死際。若諸佛入無餘涅槃。是生死後際。菩薩志願無盡。而實成佛則止。一切十方世界諸大菩薩。皆有是願。餘無量願者。諸菩薩成就無量希有功德故。諸所有願不可盡說。復次。

　菩薩發如是　十大願究竟

是十大願。有十究竟事。何等爲十。

答曰衆生性世性　虛空性法性　涅槃佛生性　諸佛智性竟

　一切心所緣　諸佛行處智　世間法智轉　是名十究竟

初衆生性竟。二世間性竟。三虛空性竟。四法性竟。五涅槃性竟。六佛生性竟。七諸佛智性竟。八一切心所緣竟。九諸佛行處智竟。十世間法智轉竟。是名十究竟。

問曰汝言竟何者爲竟。此義應分別。

答曰衆生性若竟　我願亦復竟　如衆生等竟

　如是諸願竟　竟義名無竟　我善根無竟

衆生性竟者。若衆生都盡滅。我願便應息。隨世間性盡。虛空性盡。諸法性盡。涅槃性盡。諸佛生性盡。諸佛智性盡。一切衆生心所緣性盡。入佛法智性盡。世間轉法轉智轉盡。我此十願爾乃盡息。但是衆生性等十事實不盡。我是福德善根亦不盡不息。不息義者。無量無邊不可思議。過諸筭數名爲不息。如此三千大千世界。十方無量無邊過諸筭數。故名爲世間無邊。是諸世界中三界六趣衆生無邊故。名爲衆生性無邊。是一切世界中。內外二種虛空性無邊故。名爲虛空性無邊。是諸世界中。欲色無色無漏性所攝。有爲法無邊故。名爲法性無邊。若一切衆生滅度涅槃性不增不減。是故涅槃性無邊。若過去十方諸佛無量無邊。今現在十方諸佛亦無量無邊。未來十方世界諸佛亦無量無邊。是故佛生性無邊。諸佛智無量。不可稱不可量。無等。無等等。無對無比故。諸佛智性亦無量無邊。如佛告阿難。是聲聞人諸佛智無量。是故諸佛智性無量無邊。於過去世一一衆生無量無邊心。是諸心皆有緣生。未來世亦如是。現在世一切衆生心。亦無量無邊皆有緣生。是故心所緣亦無量無邊。諸佛力略說有四十不共法。是四十不共法。一一法行處無量無邊。行處無量無邊故。智亦無量無邊。是故說佛行處智無量無邊。世間轉法轉智轉者。轉名以此法有所轉。世間者。世間有二種。國土世間。衆生世間。此中說衆生世間。諸佛及諸菩薩。以無量無邊方便力引導衆生。法轉者。以無量無邊善根福德。攝取諸佛法。智轉者。無量諸善法六波羅蜜十地等攝取佛智。是故智轉無量無邊。此三同轉故合爲一願。是菩薩一一願牢堅故。成是十無盡願。方如虛空時如未來際。如是以略說廣說。解是十願究竟。

發菩提心品第六

問曰初發心是諸願根本。云何爲初發心。

答曰初發菩提心　或三四因緣

衆生初發菩提心。或以三因緣。或以四因緣。如是和合有七因緣。發阿耨多羅三藐三菩提心。

問曰何等爲七。

答曰一者諸如來　令發菩提心　二見法欲壞　守護故發心
三於衆生中　大悲而發心　四或有菩薩　教發菩提心
五見菩薩行　亦隨而發心　或因布施已　而發菩提行
或見佛身相　歡喜而發心　以是七因緣　而發菩提心

佛令發心者。佛以佛眼觀衆生。知其善根淳熟。堪任能得阿耨多羅三藐三菩提。如是人者。佛教令發心作是言。善男子來。今可發心。當度苦惱衆生。或復有人生在惡世。見法欲壞。爲守護故。發心作是念。咄哉。從無量無邊百千萬億阿僧祇劫來。唯有一人。二處行出三界．四聖諦大導師．知五種法藏．脫於六道．有七種正法大寶．深行八解脫．以九部經教化．有十大力說十一種功德．善轉十二因緣相續．說十三助聖道法．有十四覺意大寶．除十五種貪欲．并得十六心無礙解脫．出十六地獄衆生．及身十七．具足十八不共法．善分別十九住果人．善知分別學人阿羅漢辟支佛諸佛二十根．是大悲心者．是大將主大衆主大醫王大導師大船師．久乃得是法．行難行苦行．乃得是法而今欲壞．我當發阿耨多羅三藐三菩提心．厚種善根得成佛道．令法久住無數阿僧祇劫．又行菩薩道時．護持無量諸佛法故勤行精進．或復有人見衆生苦惱可愍．無救無歸無所依止．流轉生死險難惡道．有大怨賊諸惡蟲獸．生死恐怖諸惡鬼等．常有憂悲苦惱刺棘．恩愛別離怨會深坑．喜樂之水甚爲難得．大寒大熱獨行其中．曠絕無蔭難得度脫．衆生於中多諸怖畏。無有救護將導之者。見如是衆生。入此生死險惡道中受諸苦惱。以大悲故。發阿耨多羅三藐三菩提心。作是言。我當爲無救作救。無歸作歸。無依作依。我得度已當度衆生。我得脫已當脫衆生。我得安已當安衆生。復有人但從人間以信樂心等。發無上道心。作是念。我常修善法不斷絕故。或墮必定得無生法忍。集諸功德善根湻熟故。或値諸佛或値大菩薩。能知衆生諸根利鈍深心。本末性欲差別。善知方便爲般若波羅蜜所護。能作佛事者。知我發願。善根成熟故令住必定。若無生忍法。是諸菩薩。在第七第八第九第十地。如佛善知衆生心力。教令發心。不以但有信樂力等教令發心。復有人見餘菩薩行道修諸善根大悲所護。具足方便教化衆生。不惜身命多所利益。廣博多聞世間奇特人中標勝。疲苦衆生爲作蔭覆。安住布施持戒忍辱精進禪定智慧。

慚愧質直柔軟調和。其心清淨深樂善法。見如是人而作是念。是人所行我亦應行。所修願行我亦應修。我爲得是法故當發是願。作是念已發無上道心。復有人行大布施。施佛及僧或但施佛。以飲食衣服等。是人因是布施。念過去諸菩薩能行施者。韋藍摩韋首多羅薩婆檀尸毗王等。即發菩提心。以此施福。迴向阿耨多羅三藐三菩提。復有人若見若聞。佛三十二相。足下平。手足輪。指網縵。手足柔軟。七處滿。纖長指。足跟廣。身牖直。足趺高平。毛上旋。伊泥蹲臂長過膝。陰馬藏。身金色。皮軟薄。一一孔一毛生。眉間白毫。上身如師子。肩圓大。腋下滿。得知妙味。身方如尼拘樓陀樹。頂有肉髻。廣長舌。梵音聲。師子頰。四十齒。齊白密緻。眼睛紺青色。睫如牛王等相。心則歡喜作是念。我亦當得如是相。如是相人所得諸法我亦當得。即發阿耨多羅三藐三菩提心。以是七因緣發菩提心。

問曰：汝說七因緣發菩提心，爲皆當成、有成有不成。

答曰：是不必盡成，或有成有不成。

問曰：若爾者應解說。

答曰：於七發心中　佛教令發心　護法故發心　憐愍故發心

如是三心者　必定得成就　其餘四心者　不必皆成就

是七心中，佛觀其根本，教令發心必得成，以不空言故。若爲尊重佛法爲欲守護，若於眾生有大悲心，如是三心必得成就，根本深故。餘菩薩教令發心，見菩薩所行發心，因大布施發心，若見若聞佛相發心，是四心多不成，或有成者，根本微弱故。

調伏心品第七

問曰：如上品說，三發心必成，餘四不必成。云何爲成，云何不成。

答曰若菩薩發菩提心行。失菩提心法。是則不成。若行不失菩提心法。是則必成。是故偈說。

菩薩應遠離　失菩提心法　應一心修行　不失菩提法

遠離名除滅惡法不令入心。若入疾滅。失名若今世若後世忘菩提心。不復隨順修行。應遠離如是法。若不失菩提法。不忘菩提心。應常一心勤行。

問曰何等法失菩提心。

答曰一不敬重法　二有憍慢心　三妄語無實　四不敬知識

有是四法者。若於今世死時。若次後世。則忘失菩提心。不能自知我是菩薩。不復願菩薩行法不復在前。不恭敬法者。法名諸佛所說上中下乘。取要言之。是諸佛如來所用教法。於此法中。不恭敬供養尊重讚歎。不生希有想。難得想。寶物想。滿願想。是法能失菩提心。慢心者。自高其心。未得謂得未證謂證。空無相無願。若無生忍法。若六波羅蜜。若菩薩十地。如是等及諸餘從修生者。於此法中未得謂得。妄語者。有屬突吉羅。有屬波夜提。有屬偷蘭遮。有屬僧伽婆尸沙。有屬波羅夷。或有人言。有第六妄語。是妄語心生懺悔。上五妄語初輕後重。第六者最輕。屬波羅夷者。自無過人法。若口言若形示。趣以方便現有此德。屬僧伽婆尸沙者。若口言若形示。於彼比丘四事中。以一一有根無根事謗。屬偷蘭遮者。欲以有根無根事謗。而說不成。屬波夜提者。以無根僧伽婆尸沙事謗。屬突吉羅者。除入四種罪餘妄語是。自心除滅者。若說戒時自知有小罪。不得向他說。即自心悔。

問曰是妄語者。但在比丘不在白衣。而此論通在家出家。

答曰凡知事實爾。而異知說者。此論中說是總相妄語。以有衆生分別故。事分別故。時分別故。五衆罪分別故。住處分別故。則有輕重。雖輕妄語習久則重。重能失菩提心。衆生分別者。斷善根邪見者。及餘深煩惱者。是則爲重。事分別者。若說過人法破僧。是時分別者。出家人妄語則重。五衆罪分別者。如波羅夷僧伽婆尸沙罪則重。住處分別者。僧中妄語若證時則重。不恭敬善知識者。不生恭敬畏難想。多行此四法。則失菩提心。

問曰。但是四法能失菩提心。更有餘法。

答曰。悋惜最要法　貪樂於小乘　謗毀諸菩薩　輕賤坐禪者

悋惜要法者。師所知甚深難得之義。多所利者。貪著利養恐與己等故。祕惜不說。貪樂小乘者。不得大乘滋味故。貪樂二乘。謗諸菩薩者。無罪而言有罪名爲謗。菩薩義先已說。此人無過。而妄加其罪。若實有罪而論說者。此雖有罪比前爲輕。何以故。經說諸菩薩

若實有罪若無有罪。皆不應說。輕賤坐禪者。若在家出家爲斷諸煩惱故。勤行精進。若遮一切煩惱。集助佛道法。此人或不善論議。或無才辯。或無重威德。無知之人而輕賤之。則得重罪。復次。

若於善知識　其心懷結恨　亦有諂曲心　貪諸利養等

善知識義先已說。於此教化說法者生嫌恨心。如嫌父母得重罪。諂者心佞媚。曲者身口業現有所作。貪利養等者。貪著利樂稱譽。以此法壞質直心故。不能深起善根。如惡色染衣更不受好色。復次。

不覺諸魔事　菩提心劣弱　業障及法障　亦失菩提心

不覺魔事者。若不知諸魔事。則不能制伏。若不制伏。則失菩提心。

問曰。何等是諸魔事。

答曰。說應布施持戒忍辱精進禪定智慧波羅蜜時。及說大乘所

攝深義時。不疾樂說。若樂說。於其中間餘緣散亂。若書讀解說論
議聽受等。傲慢自大其心散亂。緣想餘事妄念戲笑。互相譏論兩
不和合。不能通達實義。從座而去作是念。我於此中無有受記心
不清淨。亦不說我城邑聚落居家生處。是故不欲聞法不得滋味
從座而去。捨大乘所說諸波羅蜜。及於聲聞辟支佛自調度經中。
求薩婆若。若書讀解脫聽受等時。欲樂說餘種種事。破散般若波
羅蜜。所謂說方國聚落城邑園林。師事賊事。兵甲器仗。憎愛苦樂
父母兄弟男女妻子衣服飲食臥具醫藥資生之物。心則散亂失
般若波羅蜜。又說貪恚癡怨家親屬好時惡時歌舞伎樂憂愁戲
笑經書文頌往世古事國主帝王地水火風五欲富貴及利養等
世間諸事。令心喜悅。若魔化作比丘比丘尼形。以聲聞辟支佛經
因緣令得。而作是言。汝應習學是經捨本所習。聽法之人不樂聽

受。說法者其心懈怠各有餘緣。聽者須法。而說者欲至餘方。說者樂說。而聽者欲至餘方。說者多欲貪諸利養。聽者無有與心。聽者信心樂欲聞法。而說者不樂爲說。說者樂說聽者不樂。或時有說地獄諸苦。不如此身盡苦早取涅槃是最爲利。說畜生無量苦惱。餓鬼阿修羅種種過惡。說諸生死多有憂患。汝於此身早取涅槃是最爲利。又稱讚世間尊貴富樂。稱讚色無色界功德快善。生此中者是爲大利。稱讚須陀洹乃至阿羅漢果功德之利。汝於此身證此諸果。是汝大利。或說法者樂於眷屬。聽法者不欲隨從。說法者欲至飢亂不安隱國土。語聽者言。汝今何用隨我至此諸國。即生厭懈而不隨逐。說法者貴敬檀越數行問訊。使聽法者不得聽受。於深法中令生疑惑。此非諸佛所說經法。我所說者是佛經法。若菩薩能行是法得證實際。如是等種種因緣兩不和合。當知是等悉是魔事。取要言之於一切善法。有障礙者皆是魔事。菩提心劣弱者。諸煩惱有力故。道心劣弱無有勢力。於阿耨多羅三藐三菩提志願永絕。業障者。雖有種種業障。此中說能令求大乘人退轉者是。法障者。樂行不善法。惡空無相無願及諸波羅蜜等諸深妙法。如是四法能失菩提心。復次。

許施師而誑　其罪甚深重　人無有疑悔　強令生疑悔
信樂大乘者　深加重瞋恚　訶罵說惡名　處處廣流布
於諸共事中　心多行諂曲　如此四黑法　則失菩提心

施師不與者。應施師物。若許若未許而後不與。若與非時與非處與不如法與。此是世間外道法。佛法中從師得經法。若有財物。供養法故則以與師。若無無咎。無有疑悔。令生疑悔者。此人實不破戒。有少罪相而言大罪。若破正命威儀。若破正見皆令生疑悔。瞋大乘人者。有人乘大乘無上乘如來乘大人乘一切智人乘乃至初發心者。於此人中深生瞋恚。訶罵譏謗說其惡名令廣流布。共事諂曲心者。於和尚阿闍梨諸善知識所。不以直心親近。習行曲心故。乃至未曾所識亦行諂曲。四黑法者。黑名垢穢不淨。能失菩提心。如說。

　轉此五四法　世世善修行　如是則不失　無上菩提心

五四合爲二十法。是失菩提心。轉此法修習行。世世不忘阿耨多羅三藐三菩提心。轉者。轉上五四法。所謂恭敬法。破慢心。遠離妄語。深尊重善知識。餘應如是知。

問曰以何等法。世世增長菩提願。又後復能更發大願。

答曰乃至失身命　轉輪聖王位　於此尚不應　妄語行諂曲

　能令諸世間　一切衆生類　於諸菩薩衆　而生恭敬心

若有人能行　如是之善法　世世得增長　無上菩提願

菩薩以是法。世世增長菩提願。又後能生清淨大願。若以實語故。死失轉輪王位。及失天王位。猶應實說不應妄語。況小因緣而不實語。又於眷屬及諸外人。離於諂曲。又從初發心已來。一切菩薩生恭敬心。尊重稱讚如佛無異。又當隨力令作大乘。

十住毗婆沙論卷三

十住毗婆沙論卷四

龍樹菩薩造
姚秦三藏法師鳩摩羅什譯

阿惟越致相品第八

問曰。是諸菩薩有二種。一惟越致。二阿惟越致。應說其相。是惟越致。是阿惟越致。

答曰
等心於衆生　不嫉他利養　乃致失身命　不說法師過
信樂深妙法　不貪於恭敬　具足此五法　是阿惟越致

等心衆生者。衆生六道所攝。於上中下心無差別。是名阿惟越致。

問曰。如說於諸佛菩薩。應生第一敬心。餘則不爾。又言親近諸佛菩薩。恭敬供養餘亦不爾。云何言於一切衆生等心無二。

答曰。說各有義。不應疑難。於衆生等心者。若有衆生視菩薩如怨賊。有視如父母。有視如中人。於此三種衆生中。等心利益欲度脫故無有差別。是故汝不應致難。不嫉他利養者。若他得衣服飲食臥具醫藥房舍產業金銀珍寶。村邑聚落國城男女等。於此施中不生嫉妬。又不懷恨而心欣悅。不說法師過失。若有人說應大乘空無相無作法。若六波羅蜜。若四功德處。若菩薩十地等諸大乘法。乃至失命因緣。尚不出其過惡。何況加諸惡事。信樂深妙法者。深法者。空無相無願及諸深經。如般若波羅蜜菩薩藏等。於此法一心信樂無所疑惑。於餘事中無如是樂。於深經中得滋味故。不貪恭敬者。通達諸法實相故。於名譽毀辱利與不利等無有異。具此五法者。如上所說。於阿耨多羅三藐三菩提不退轉不懈廢。是名阿惟越致。與此相違名惟越致。是惟越致菩薩有二種。或敗壞者。或漸漸轉進得阿惟越致。

問曰所說敗壞者。其相云何。

答曰若無有志幹　好樂下劣法　深著名利養　其心不端直
悋護於他家　不信樂空法　但貴諸言說　是名敗壞相

無有志幹者。顏貌無色威德淺薄。

問曰非以身相威德是阿惟越致相。而作是說是何謂耶。

答曰斯言有謂。不應致疑。我說內有功德。故身有威德。不但說身色顏貌端正而已。志幹者。所謂威德勢力。若有人能修集善法除滅惡法。於此事中有力名爲志幹。雖復身若天王光如日月。若不能修集善法除滅惡法者。名爲無志幹也。雖復身色醜陋形如餓鬼。能修善除惡乃名有志幹耳。是故汝難非也。好樂下劣法者。除佛乘已。餘乘比於佛乘。小劣不如。故名爲下。非以惡也。其餘惡事亦名爲下。二乘所得於佛爲下耳。但出世間入無餘涅槃故。不名爲惡。是故若人遠離佛乘信樂二乘。是爲樂下法。是人雖樂上事。以信樂二乘遠離大乘故。亦名樂下法。復次下名惡事。所謂五欲。又斷常等六十二見。一切外道論議。一切增長生死。是爲下法。行此法故名爲樂下法。深著名利者。於布施財利供養稱讚事中。深心繫念善爲方便。不得清淨法味故貪樂此事。心不端直者。其性諂曲喜行欺誑。悋護他家者。是人隨所入家。見有餘人得利養恭敬讚歎。即生嫉妬憂愁不悅。心不清淨計我深故貪著利養生嫉妬心嫌恨檀越。不信樂空法者。諸佛三種說空法。所謂三解脫門。於此空法不信不樂不以爲貴。心不通達故。但貴言說者。但樂言辭不能如說修行。但有口說不能信解諸法得其趣味。是名敗壞相。若人發菩提心。有如是相者。當知是敗壞菩薩。敗壞名不調順。譬如最弊惡馬名爲敗壞。但有馬名無有馬用。敗壞菩薩亦如是。

但有空名無有實行。若人不欲作敗壞菩薩者。當除惡法隨法受名。

問曰汝說在惟越致地中。有二種菩薩。一者敗壞菩薩。二者漸漸精進後得阿惟越致。敗壞菩薩已解說。漸漸精進後得阿惟越致者。今可解說。

答曰菩薩不得我　亦不得衆生　不分別說法　亦不得菩提
　不以相見佛　以此五功德　得名大菩薩　成阿惟越致

菩薩行此五功德。直至阿惟越致。不得我者。離我著故。是菩薩於內外五陰十二入十八界中。求我不可得。作是念。

　若陰是我者　我即生滅相　云何當以受　而即作受者
　若離陰有我　陰外應可得　云何當以受　而異於受者
　若我有五陰　我即離五陰　如世間常言　牛異於牛主

異物共合故　此事名爲有　是故我有陰　我即異於陰
若陰中有我　如房中有人　如牀上聽者　我應異於陰
若我中有陰　如器中有果　如乳中有蠅　陰則異於我
如可然非然　不離可然然　然無有可然　然可然中無
我非陰離陰　我亦無有陰　五陰中無我　我中無五陰
如是染染者　煩惱煩惱者　一切瓶衣等　皆當如是知
若說我有定　及諸法異相　當知如是人　不得佛法味

菩薩如是思惟。即離我見。遠離我見故。則不得我。不得衆生者。衆生名異於菩薩者。離貪我見故作是念。若他人實有我者。彼可爲他因有我故。以彼爲他而實求我不可得。彼亦不可得故。無彼亦無我。是故菩薩亦不得彼。不分別說法者。是菩薩信解一切法不二故。無差別故。一相故。作是念。一切法皆從邪憶想分別生虛妄欺誑。是菩薩滅諸分別無諸衰惱。即入無上第一義因緣法。不隨他慧。

實性則非有　亦復非是無　非亦有亦無　非非有非無
亦非有文字　亦不離文字　如是實義者　終不可得說
言者可言言　是皆寂滅相　若性寂滅者　非有亦非無
爲欲說何事　爲以何言說　云何有智者　而與言者言
若諸法性空　諸法即無性　隨以何法空　是法不可說
不得不有言　假言以說空　實義亦非空　亦復非不空
亦非空不空　非非空不空　非虛亦不實　非說非不說
而實無所有　亦非無所有　是爲悉捨離　諸所有分別
因及從因生　如是一切法　皆是寂滅相　無取亦無捨
無灰衣不淨　灰亦還汙衣　非言不宣實　言說則有過

菩薩如是觀．信解通達．於說法中無所分別．不得菩提者．是菩薩信解空法故．如凡夫所得菩提．不如是得．作是念．

佛不得菩提　非佛亦不得　諸果及餘法　皆亦復如是
有佛有菩提　佛得即爲常　無佛無菩提　不得即斷滅
離佛無菩提　離菩提無佛　若二異不成　云何有和合
凡諸一切法　以異故有合　菩提不異佛　是故二無合
佛及與菩提　異共俱不成　離二更無三　云何而得成
是故佛寂滅　菩提亦寂滅　是二寂滅故　一切皆寂滅

不以相見佛者．是菩薩信解通達無相法．作是念．

一切若無相　一切即有相　寂滅是無相　即爲是有相
若觀無相法　無相即爲相　若言修無相　即非修無相
若捨諸貪著　名之爲無相　取是捨貪相　則爲無解脫

凡以有取故　因取而有捨　誰取取何事　名之以爲捨
取者所用取　及以可取法　共離俱不有　是皆名寂滅
若法相因成　是即爲無性　若無有性者　此即無有相
若法無有性　此即無相者　云何言無性　即爲是無相
若用有與無　亦遮亦應聽　雖言心不著　是則無有過
何處先有法　而後不滅者　何處先有然　而後有滅者
是有相寂滅　同無相寂滅　是故寂滅者　及寂滅語者
先亦非寂滅　亦非不寂滅　亦非寂不寂　非非寂不寂

是菩薩如是通達無相慧故。無有疑悔。不以色相見佛。不以受想行識相見佛。

問曰云何不以色相見佛。不以受想行識相見佛。

答曰非色是佛。非受想行識是佛。非離色有佛。非離受想行識有佛。非佛有色。非佛有受想行識。非色中有佛。非受想行識中有佛。非佛中有色。非佛中有受想行識。菩薩於此五種中不取相。得至阿惟越致地。

問曰。已知得此法是阿惟越致。阿惟越致有何相貌。

答曰。般若已廣說　阿惟越致相

若菩薩觀凡夫地。聲聞地。辟支佛地。佛地。不二不分別無有疑悔。當知是阿惟越致。阿惟越致有所言說皆有利益。不觀他人長短好醜。不希望外道沙門。有所言說。應知即知應見便見。不禮事餘天。不以華香旛蓋供養。不宗事餘師。不墮惡道不受女身。常自修十善道。亦教他令行。常以善法示教利喜。乃至夢中不捨十善道。不行十不善道。身口意業所種善根。皆爲安樂度脫衆生。所得果報與衆生共。若聞深法不生疑悔。少於語言。利安語。和悅語。柔輭語。少於眠睡。行來進止。心不散亂。威儀詳雅憶念堅固。身無諸蟲衣服臥具淨潔無垢。身心清淨閑靜少事。心不諂曲不懷慳嫉不貴利養。衣服飲食臥具醫藥資生之物。於深法中無所諍競。一心聽法常欲在前。以此福德具足諸波羅蜜。於世技術與衆殊絕。觀一切法皆順法性。乃至惡魔變現八大地獄。化作菩薩而語之言。汝若不捨菩提心者當生此中。見是怖畏而心不捨。惡魔復言。摩訶衍經非佛所說。聞是語時心無有異。常依法相不隨於他。於生死苦惱而無驚畏。聞有菩薩。於阿僧祇劫。修集善根而退轉者其心不沒。又聞菩薩退爲阿羅漢得諸禪定說法度人心亦不退。常能覺知一切魔事。若聞薩婆若空。大乘十地亦空。可度衆生亦空。諸法無所有亦如虛空。若聞如是惑亂其心。欲令退轉疲厭懈廢。而是菩薩倍加精進深行慈悲。意若欲入初禪第二第三第四禪。

而不隨禪生還起欲界法。除破憍慢不貴稱讚心無瞋癡。若在居家不染著五欲。以厭離心受如病服藥。不以邪命自活不以自活因緣惱亂於他。但爲衆生得安樂故處在居家。密迹金剛常隨侍衛。人及非人不能壞亂。諸根具足無所缺少。不爲咒術惡藥伏人害物。不好鬥諍不自高身卑下他人。不占相吉凶。不樂說衆事。所謂帝王臣民國土疆界。戰鬥器仗衣物酒食。女人事。古昔事。大海中事。如是等事悉不樂說。不往觀聽歌舞伎樂。但樂說應諸波羅蜜義。樂說應諸波羅蜜法令得增益。離諸鬥訟常願見佛。聞他方現在有佛願欲往生。常生中國。終不自疑我是阿惟越致非阿惟越致。決定自知是阿惟越致。種種魔事覺而不隨。乃至轉身不生聲聞辟支佛心。乃至惡魔現作佛身語言。汝應證阿羅漢。我今爲汝說法。即於此中成阿羅漢。亦不信受。爲護法故不惜身命常行精進。若說法時。無有疑難無有闕失。如是等事名阿惟越致相。能成就此相者。當知是阿惟越致。或有未具足者。何者是未久入阿惟越致地者。隨後諸地修集善根。隨善根轉深故。得是阿惟越致相。

易行品第九

問曰是阿惟越致菩薩初事如先說。至阿惟越致地者。行諸難行久乃可得。或墮聲聞辟支佛地。若爾者。是大衰患。如助道法中說。

若墮聲聞地　及辟支佛地　是名菩薩死　則失一切利
若墮於地獄　不生如是畏　若墮二乘地　則爲大怖畏
墮於地獄中　畢竟得至佛　若墮二乘地　畢竟遮佛道
佛自於經中　解說如是事　如人貪壽者　斬首則大畏
菩薩亦如是　若於聲聞地　及辟支佛地　應生大怖畏

是故若諸佛所說。有易行道疾得至阿惟越致地方便者。願爲說之。

答曰如汝所說是儜弱怯劣無有大心。非是丈夫志幹之言也。何以故。若人發願欲求阿耨多羅三藐三菩提。未得阿惟越致。於其中間應不惜身命。晝夜精進如救頭然。如助道中說。

菩薩未得至　阿惟越致地　應常勤精進　猶如救頭然
荷負於重擔　爲求菩提故　常應勤精進　不生懈怠心
若求聲聞乘　辟支佛乘者　但爲成己利　常應勤精進
何況於菩薩　自度亦度彼　於此二乘人　億倍應精進

行大乘者佛如是說。發願求佛道。重於舉三千大千世界。汝言阿惟越致地。是法甚難久乃可得。若有易行道疾得至阿惟越致地者。是乃怯弱下劣之言。非是大人志幹之說。汝若必欲聞此方便今當說之。佛法有無量門。如世間道有難有易。陸道步行則苦。水道乘船則樂。菩薩道亦如是。或有勤行精進。或有以信方便易行疾至阿惟越致者。如偈說。

東方善德佛　南栴檀德佛　西無量明佛　北方相德佛
東南無憂德　西南寶施佛　西北華德佛　東北三乘行
下方明德佛　上方廣衆德　如是諸世尊　今現在十方
若人疾欲至　不退轉地者　應以恭敬心　執持稱名號

若菩薩欲於此身得至阿惟越致地。成阿耨多羅三藐三菩提者。應當念是十方諸佛稱其名號。如寶月童子所問經。阿惟越致品中說。佛告寶月。東方去此過無量無邊不可思議恆河沙等佛土。有世界名無憂。其地平坦七寶合成。紫磨金縷交絡道界。寶樹羅列以爲莊嚴。無有地獄畜生餓鬼阿修羅道及諸難處。清淨無穢。

無有沙礫瓦石山陵塠阜深坑幽壑。天常雨華以布其地。時世有佛。號曰善德。如來應正徧知明行足善逝世間解無上士調御丈夫天人師佛世尊。大菩薩衆恭敬圍遶。身相光色如然大金山。如大珍寶聚。爲諸大衆演說正法。初中後善有辭有義。所說不雜。具足清淨如實不失。何謂不失。不失地水火風。不失欲界色界無色界。不失色受想行識。寶月。是佛成道已來。過六十億劫。又其佛國晝夜無異。但以此間閻浮提日月歲數說彼劫壽。其佛光明常照世界。於一說法。令無量無邊千萬億阿僧祇衆生住無生法忍。倍此人數得住初忍第二第三忍。寶月。其佛本願力故。若有他方衆生。於先佛所種諸善根。是佛但以光明觸身。即得無生法忍。寶月。若善男子善女人。聞是佛名能信受者。即不退阿耨多羅三藐三菩提。餘九佛事皆亦如是。今當解說諸佛名號及國土名號。善德

者。其德湻善但有安樂。非如諸天龍神福德或惱衆生。栴檀德者
南方去此無量無邊恆河沙等佛土。有世界名歡喜。佛號栴檀德。
今現在說法譬如栴檀香而清涼。彼佛名稱遠聞如香流布。滅除
衆生三毒火熱令得清涼。無量明佛者。西方去此無量無邊恆河
沙等佛土。有世界名善解。佛號無量明。今現在說法。其佛身光及
智慧明照無量無邊。相德佛者。北方去此無量無邊恆河沙等佛
土。有世界名不可動。佛名相德。今現在說法。其佛福德高顯猶如
幢相。無憂德者。東南方去此無量無邊恆河沙等佛土。有世界名
月明。佛號無憂德。今現在說法。其佛神德令諸天人無有憂愁。寶
施佛者。西南方去此無量無邊恆河沙等佛土。有世界名衆相。佛
號寶施。今現在說法。其佛以諸無漏根力覺道等寶常施衆生。華
德佛者。西北方去此無量無邊恆河沙等佛土。有世界名衆音。佛

號華德。今現在說法。其佛色身猶如妙華其德無量。三乘行佛者。東北方去此無量無邊恆河沙等佛土。有世界名安隱。佛號三乘行。今現在說法。其佛常說聲聞行。辟支佛行。諸菩薩行。有人言。說上中下精進故。號爲三乘行。明德佛者。下方去此無量無邊恆河沙等佛土。有世界名廣大。佛號明德。今現在說法明名身明智慧明寶樹光明。是三種明常照世間廣衆德者。上方去此無量無邊恆河沙等佛土。有世界名衆月。佛號廣衆德。今現在說法。其佛弟子福德廣大故。號廣衆德。是十方佛善德爲初。廣衆德爲後。若人一心稱其名號。即得不退於阿耨多羅三藐三菩提。如此偈說。

若有人得聞　說是諸佛名　即得無量德　如爲寶月說
我禮是諸佛　今現在十方　其有稱名者　即得不退轉
東方無憂界　其佛號善德　色相如金山　名聞無邊際

若人聞名者　即得不退轉　我今合掌禮　願悉除憂惱
南方歡喜界　佛號栴檀德　面淨如滿月　光明無有量
能滅諸衆生　三毒之熱惱　聞名得不退　是故稽首禮
西方善世界　佛號無量明　身光智慧明　所照無邊際
其有聞名者　即得不退轉　我今稽首禮　願盡生死際
北方無動界　佛號爲相德　身具衆相好　而以自莊嚴
摧破魔怨衆　善化諸天人　聞名得不退　是故稽首禮
東南月明界　有佛號無憂　光明踰日月　遇者滅憂惱
常爲衆說法　除諸內外苦　十方佛稱讚　是故稽首禮
西南衆相界　佛號爲寶施　常以諸法寶　廣施於一切
諸天頭面禮　寶冠在足下　我今以五體　歸命寶施尊
西北衆音界　佛號爲華德　世界衆寶樹　演出妙法音

常以七覺華　莊嚴於衆生　白毫相如月　我今頭面禮
東北安隱界　諸寶所合成　佛號三乘行　無量相嚴身
智慧光無量　能破無明闇　衆生無憂惱　是故稽首禮
上方衆月界　衆寶所莊嚴　大德聲聞衆　菩薩無有量
諸聖中師子　號曰廣衆德　諸魔所怖畏　是故稽首禮
下方廣世界　佛號爲明德　身相妙超絶　閻浮檀金山
常以智慧日　開諸善根華　寶土甚廣大　我遙稽首禮
過去無數劫　有佛號海德　是諸現在佛　皆從彼發願
壽命無有量　光明照無極　國土甚清淨　聞名定作佛
今現在十方　具足成十力　是故稽首禮　人天中最尊

問曰但聞是十佛名號執持在心。便得不退阿耨多羅三藐三菩提。爲更有餘佛餘菩薩名得至阿惟越致耶。

答曰阿彌陀等佛及諸大菩薩。

稱名一心念　亦得不退轉

更有阿彌陀等諸佛。亦應恭敬禮拜稱其名號。今當具說。無量壽佛。世自在王佛。師子意佛。法意佛。梵相佛。世相佛。世妙佛。慈悲佛。世王佛。人王佛。月德佛。寶德佛。相德佛。大相佛。珠蓋佛。師子鬘佛。破無明佛。智華佛。多摩羅跋栴檀香佛。持大功德佛。雨七寶佛。超勇佛。離瞋恨佛。大莊嚴佛。無相佛。寶藏佛。德頂佛。多伽羅香佛。栴檀香佛。蓮華香佛。莊嚴道路佛。龍蓋佛。雨華佛。散華佛。華光明佛。日音聲佛。蔽日月佛。瑠璃藏佛。梵音佛。淨明佛。金藏佛。須彌頂佛。山王佛。音聲自在佛。淨眼佛。月明佛。如須彌山佛。日月佛。得衆佛。華王佛。梵音說佛。世主佛。師子行佛。妙法意師子吼佛。珠寶蓋珊瑚色佛。破癡愛闇佛。水月佛。衆華佛。開智慧佛。持雜寶佛。菩提佛。

華超出佛。眞瑠璃明佛。蔽日明佛。持大功德佛。得正慧佛。勇健佛。離諂曲佛。除惡根栽佛。大香佛。道歎佛。水光佛。海雲慧遊佛。德頂華佛。華莊嚴佛。日音聲佛。月勝佛。瑠璃佛。梵聲佛。光明佛。金藏佛。山頂佛。山王佛。音王佛。龍勝佛。無染佛。淨面佛。月面佛。如須彌佛。栴檀香佛。威勢佛。然燈佛。難勝佛。寶德佛。喜音佛。光明佛。龍勝佛。離垢明佛。師子佛。王王佛。力勝佛。華園佛。無畏明佛。香頂佛。普賢佛。普華佛。寶相佛。是諸佛世尊現在十方清淨世界。皆稱名憶念阿彌陀佛本願如是。若人念我稱名自歸。即入必定得阿耨多羅三藐三菩提。是故常應憶念。以偈稱讚。

無量光明慧　身如眞金山　我今身口意　合掌稽首禮
金色妙光明　普流諸世界　隨物示其色　是故稽首禮
若人命終時　得生彼國者　即具無量德　是故我歸命

人能念是佛　無量力功德　即時入必定　是故我常念
彼國人命終　設應受諸苦　不墮惡地獄　是故歸命禮
若人生彼國　終不墮三趣　及與阿脩羅　我今歸命禮
人天身相同　猶如金山頂　諸勝所歸處　是故頭面禮
其有生彼國　具天眼耳通　十方普無礙　稽首聖中尊
其國諸衆生　神變及心通　亦具宿命智　是故歸命禮
生彼國土者　無我無我所　不生彼此心　是故稽首禮
超出三界獄　目如蓮華葉　聲聞衆無量　是故稽首禮
彼國諸衆生　其性皆柔和　自然行十善　稽首衆聖主
從善生淨明　無量無邊數　二足中第一　是故我歸命
若人願作佛　心念阿彌陀　應時爲現身　是故我歸命
彼佛本願力　十方諸菩薩　來供養聽法　是故我稽首

彼土諸菩薩　具足諸相好　以自莊嚴身　我今歸命禮
彼諸大菩薩　日日於三時　供養十方佛　是故稽首禮
若人種善根　疑則華不開　信心清淨者　華開則見佛
十方現在佛　以種種因緣　歎彼佛功德　我今歸命禮
其土具嚴飾　殊彼諸天宮　功德甚深厚　是故禮佛足
佛足千輻輪　柔輭蓮華色　見者皆歡喜　頭面禮佛足
眉間白毫光　猶如清淨月　增益面光色　頭面禮佛足
本求佛道時　行諸奇妙事　如諸經所說　頭面稽首禮
彼佛所言說　破除諸罪根　美言多所益　我今稽首禮
以此美言說　救諸著樂病　已度今猶度　是故稽首禮
人天中最尊　諸天頭面禮　七寶冠摩尼　是故我歸命
一切賢聖眾　及諸人天眾　咸皆共歸命　是故我亦禮

乘彼八道船　能度難度海　自度亦度彼　我禮自在者
諸佛無量劫　讚揚其功德　猶尚不能盡　歸命清淨人
我今亦如是　稱讚無量德　以是福因緣　願佛常念我
我於今先世　福德若大小　願我於佛所　心常得清淨
以此福因緣　所獲上妙德　願諸衆生類　皆亦悉當得

又亦應念毗婆尸佛、尸棄佛、毗首婆佛、拘樓珊提佛、迦那迦牟尼佛、迦葉佛、釋迦牟尼佛、及未來世彌勒佛、皆應憶念禮拜、以偈稱讚、

毗婆尸世尊　無憂道樹下　成就一切智　微妙諸功德
正觀於世間　其心得解脫　我今以五體　歸命無上尊
尸棄佛世尊　在於邠陀利　道場樹下坐　成就於菩提
身色無有比　如然紫金山　我今自歸命　三界無上尊

毗首婆世尊　坐娑羅樹下　自然得通達　一切妙智慧
於諸人天中　第一無有上　是故我歸命　一切最勝尊
迦求村大佛　得阿耨多羅　三藐三菩提　尸利沙樹下
成就大智慧　永脫於生死　我今歸命禮　第一無比尊
迦那含牟尼　大聖無上尊　優曇鉢樹下　成就得佛道
通達一切法　無量無有邊　是故我歸命　第一無上尊
迦葉佛世尊　眼如雙蓮華　尼拘樓陀樹　於下成佛道
三界無所畏　行步如象王　我今自歸命　稽首無極尊
釋迦牟尼佛　阿輸陀樹下　降伏魔怨敵　成就無上道
面貌如滿月　清淨無瑕塵　我今稽首禮　勇猛第一尊
當來彌勒佛　那伽樹下坐　成就曠大心　自然得佛道
功德甚堅牢　莫能有勝者　是故我自歸　無比妙法王

復有德勝佛。普明佛。勝敵佛。王相佛。相王佛。無量功德明自在王佛。藥王無礙佛。寶遊行佛。寶華佛。安住佛。山王佛。亦應憶念恭敬禮拜。以偈稱讚。

無勝世界中　有佛號德勝　我今稽首禮　及法寶僧寶
隨意喜世界　有佛號普明　我今自歸命　及法寶僧寶
普賢世界中　有佛號勝敵　我今歸命禮　及法寶僧寶
善淨集世界　佛號王幢相　我今稽首禮　及法寶僧寶
離垢集世界　無量功德明　自在於十方　是故稽首禮
不誑世界中　無礙藥王佛　我今頭面禮　及法寶僧寶
金集世界中　佛號寶遊行　我今頭面禮　及法寶僧寶
美音界寶華　安立山王佛　我今頭面禮　及法寶僧寶
今是諸如來　住在東方界　我以恭敬心　稱揚歸命禮

唯願諸如來　深加以慈愍　現身在我前　皆令自得見

復次。過去未來現在諸佛。盡應總念恭敬禮拜。以偈稱讚。

過去世諸佛　降伏眾魔怨　以大智慧力　廣利於眾生
彼時諸眾生　盡心皆供養　恭敬而稱揚　是故頭面禮
現在十方界　不可計諸佛　其數過恆沙　無量無有邊
慈愍諸眾生　常轉妙法輪　是故我恭敬　歸命稽首禮
未來世諸佛　身色如金山　光明無有量　眾相自莊嚴
出世度眾生　當入於涅槃　如是諸世尊　我今頭面禮

復應憶念諸大菩薩。善意菩薩。善眼菩薩。聞月菩薩。尸毗王菩薩。一切勝菩薩。知大地菩薩。大藥菩薩。鳩舍菩薩。阿離念彌菩薩。頂生王菩薩。喜見菩薩。鬱多羅菩薩。和和檀菩薩。長壽王菩薩。羼提菩薩。韋藍菩薩。睒菩薩。月蓋菩薩。明首菩薩。法首菩薩。法利菩薩。

彌勒菩薩．復有金剛藏菩薩．金剛首菩薩．無垢藏菩薩．無垢稱菩薩．除疑菩薩．無垢德菩薩．網明菩薩．無量明菩薩．大明菩薩．無盡意菩薩．意菩薩．意王菩薩．無邊意菩薩．日音菩薩．月音菩薩．美音菩薩．美音聲菩薩．大音聲菩薩．堅精進菩薩．常堅菩薩．堅發菩薩．堅莊菩薩．常悲菩薩．常不輕菩薩．法上菩薩．法意菩薩．法喜菩薩．法首菩薩．法積菩薩．發精進菩薩．智慧菩薩．淨威德菩薩．那羅延菩薩．善思惟菩薩．法思惟菩薩．跋陀婆羅菩薩．法益菩薩．高德菩薩．師子遊行菩薩．喜根菩薩．上寶月菩薩．不虛德菩薩．龍德菩薩．文殊師利菩薩．妙音菩薩．雲音菩薩．勝意菩薩．照明菩薩．勇衆菩薩．勝衆菩薩．威儀菩薩．師子意菩薩．上意菩薩．益意菩薩．增益菩薩．寶明菩薩．慧頂菩薩．樂說頂菩薩．有德菩薩．觀世自在王菩薩．陀羅尼自在王菩薩．大自王菩薩．無憂德菩薩．不虛見菩薩．離惡道菩薩．

一切勇健菩薩。破闇菩薩。功德寶菩薩。華威德菩薩。金瓔珞明德菩薩。離諸陰蓋菩薩。心無礙菩薩。一切行淨菩薩。等見菩薩。不等見菩薩。三昧遊戲菩薩。法自在菩薩。法相菩薩。明莊嚴菩薩。大莊嚴菩薩。寶頂菩薩。寶印手菩薩。常舉手菩薩。常下手菩薩。常慘菩薩。常喜菩薩。喜王菩薩。得辯才音聲菩薩。虛空雷音菩薩。持寶炬菩薩。勇施菩薩。帝網菩薩。馬光菩薩。空無礙菩薩。寶勝菩薩。天王菩薩。破魔菩薩。電德菩薩。自在菩薩。頂相菩薩。出過菩薩。師子吼菩薩。雲蔭菩薩。能勝菩薩。山相幢王菩薩。香象菩薩。大香象菩薩。白香象菩薩。常精進菩薩。不休息菩薩。妙生菩薩。華莊嚴菩薩。觀世音菩薩。得大勢菩薩。水王菩薩。山王菩薩。帝網菩薩。寶施菩薩。破魔菩薩。莊嚴國土菩薩。金髻菩薩。珠髻菩薩。如是等諸大菩薩。皆應憶念恭敬禮拜。求阿惟越致也。

十住毗婆沙論卷四

十住毗婆沙論卷五

龍樹菩薩造
姚秦三藏法師鳩摩羅什譯

除業品第十

問曰：但憶念阿彌陀等諸佛及念餘菩薩。得阿惟越致。更有餘方便耶。

答曰：求阿惟越致地者。非但憶念稱名禮敬而已。復應於諸佛所懺悔勸請隨喜迴向。

問曰：是事何謂。

答曰：十方無量佛　所知無不盡　我今悉於前　發露諸黑惡

三三合九種　從三煩惱起　今身若先身　是罪盡懺悔

於三惡道中　若應受業報　願於今身償　不入惡道受

十方諸佛者．現在一切諸佛．命根成就未入涅槃．十方名四方四維上下．佛名所應知事悉知無餘．發露者．於諸佛所．發露一切罪無所覆藏．後不復作．如堤防水．黑惡者．無智慧明故多犯衆惡．若不善法若隱沒無記．三三種者．身口意生惡．現報生報後報．自作教他作隨喜作．從三種煩惱起．三種煩惱．謂欲界繫．色界繫．無色界繫．若助貪欲煩惱．若助瞋恚煩惱．若助愚癡煩惱．若上煩惱．若中煩惱．若下煩惱．今身先身盡懺悔者．今世先世所作衆惡盡悔無餘．地獄者．八種熱地獄．十種寒冰地獄．畜生者．若地生若水生若無足若二足若多足．餓鬼者．食唾食吐蕩滌汁．食膿血屎尿等．若我業應於此三惡道受者．願令是罪此身現受．若後身受．莫於地獄餓鬼畜生中受．復次．佛自說懺悔法．若菩薩欲懺悔罪．應作是言我於今現在十方世界中．諸佛得阿耨多羅三藐三菩提．轉法輪雨法雨。擊法鼓吹法螺。建法幢。以法布施滿足衆生。多所利益多所安隱。憐愍世間饒益天人。我今以身口意。頭面禮現在諸佛足。諸佛知者見者。世間眼世間燈。我於無始生死已來所起罪業。爲貪欲瞋恚愚癡所逼故。或不識佛不識法不識僧。或不識罪福。或身口意多作衆惡。或以惡心出佛身血。或毀滅正法。故壞衆僧。殺眞人阿羅漢。或自行十不善道。或教他令行。或復隨喜。若於衆生有不愛語。若以斗稱欺誑侵人。以諸邪行惱亂衆生。或不孝父母。或盜塔物及四方僧物。佛所說經戒或有毀破。違逆和尚阿闍梨。若人發聲聞乘辟支佛乘。發大乘者。惡言毀辱輕賤嫌恨慳嫉覆心故。於諸尊所或起惡口。或說是法非法。說非法是法。今以是罪於現在諸佛。知者見者證者所。盡皆發露不敢覆藏。從今已後不敢復作。若我有罪應墮地獄畜生餓鬼阿修羅中。不值三尊生在諸難。願以此罪今世現受。如過去諸菩薩求佛道者。懺悔惡業罪。我亦如是發露懺悔。不敢覆藏。後不復作。若今諸菩薩求佛道者。懺悔惡業罪。我亦如是發露懺悔。不敢覆藏。後不復作。如未來諸菩薩求佛道者。懺悔惡業罪。我亦如是發露懺悔。不敢覆藏。後不復作。如過去未來現在諸菩薩求佛道者。懺悔惡業罪。已懺悔今懺悔當懺悔。我亦如是懺悔惡業罪。不敢覆藏。後不復作。

問曰汝已說懺悔法。云何爲勸請。

答曰十方一切佛　現在成道者　我請轉法輪　安樂諸衆生

十方一切佛　若欲捨壽命　我今頭面禮　勸請令久住

轉法輪者。說四聖諦義三轉十二相。是苦諦是苦集是苦滅是至苦滅道。是名一轉四相。是苦諦應知。是苦集應斷。是苦滅應證。是至苦滅道應修。是名第二轉四相。是苦諦知已。是苦集斷已。是苦滅證已。是至苦滅道修已。是名第三轉四相。四相者。四諦中生眼智明覺。有入聲聞乘辟支佛乘大乘。是名法輪解脫。是三乘義名爲轉法輪。安樂諸衆生者。五欲樂不名爲安樂。爲今世後世得清淨安隱。入於三乘是名安樂。是人勸請諸佛轉法輪。令諸衆生受涅槃樂。若未得涅槃令受世間樂。是故說安樂。壽者。受業報因緣故。命根相續得住。如變化所作隨心業而住。心業止則滅。勸請名至誠求願。諸佛觀諸衆生巨細無異。是故求請望得從願。莫捨壽命住無量阿僧祇劫度脫衆生。復次。佛自說勸請法。菩薩應作是言。我禮現在十方諸佛。始得阿耨多羅三藐三菩提。未轉法輪我今求請。願轉法輪。擊法鼓吹法螺建法幢。設大法祠然大法炬。以是法施滿足衆生。多所利益多所安樂。憐愍世間饒益天人。是故我今勸請。是名勸請諸佛轉法輪。久住者。亦應言現在十方諸佛。

欲捨壽命我請久住。多所利益多所安樂。憐愍世間饒益天人。

問曰汝已說懺悔勸請。云何名爲隨喜。

答曰所有布施福　持戒修禪行　從身口意生　去來今所有

　習行三乘人　具足三乘者　一切凡夫福　皆隨而歡喜

布施福者。從捨慳法生。持戒福者。能伏身口業生。禪行者諸禪定是。從身口生者。因身口布施持戒迎來送去等。因意生者禪定慈悲等。去來今所有者。一切衆生三世福德。行三乘者。求聲聞乘辟支佛乘大乘。具足三乘者。成就阿羅漢乘辟支佛乘佛乘。一切者皆盡無餘。凡夫者。未得四諦者是。福德者有二種業。善及不隱沒無記業是。隨喜者。他人作福心生歡喜稱以爲善。

問曰汝以說懺悔勸請隨喜。云何爲迴向。

答曰我所有福德　一切皆和合　爲諸衆生故　正迴向佛道

我者己身。所有福德者。若從身生。若從口生。若從意生。若因布施生。若因持戒生。若因修禪生。若因隨喜生。若因勸請生。如是等及餘所有善。皆名所有福德。一切和合者。心念諸福德合集稱量知其廣大。諸衆生者。三界衆生。正者如諸佛迴向。如眞實迴向。菩提迴向。菩提者。迴諸福德向阿耨多羅三藐三菩提。又隨喜迴向。此二事佛亦自說。有菩薩摩訶薩。欲隨喜迴向應念諸佛。斷三界相續道。滅諸戲論。乾煩惱淤泥。滅諸刺棘。除諸重擔。逮得己利。正智解脫心得自在盡諸有結。無量無邊不可思議阿僧祇十方世界。一一世界中。亦無量無邊不可思議阿僧祇。諸佛出已滅度。從初發心乃至得佛。入無餘涅槃。至遺法未盡。於其中間是諸佛所有善根福德。應六波羅蜜及所授辟支佛記。所有善根。又聲聞人善根。若布施持戒修禪。及學無學無漏善根。及諸戒品定品慧品解脫品解脫知見品。大慈大悲等無量功德。及諸佛有所說法。於此法中有人信解受學得此法利。是諸人等所有善根。於此法中及凡夫所種善根。及諸天龍夜叉乾闥婆阿修羅迦樓羅緊那羅摩睺羅伽得聞法已生諸善心。乃至畜生聞法生諸善心。及諸佛欲入涅槃時。衆生所種善根。是諸善根福德一切和合稱量使無遺餘。以最上最妙最勝無上無等無等等隨喜。隨喜已。以是隨喜所生福德。迴向阿耨多羅三藐三菩提。未來現在諸佛亦如是。是三世諸佛福德及因諸佛所生福德心皆隨喜。迴向阿耨多羅三藐三菩提。是故偈說。

罪應如是懺　勸請隨喜福　迴向無上道　皆亦應如是
如諸佛所知　我悔罪勸請　隨喜及迴向　皆亦復如是

無始世界來。有無量遮佛道罪。應於十方諸佛前懺悔勸請諸佛。

隨喜迴向如佛所知。所見所許懺悔。我亦如是懺悔勸請諸佛。隨喜迴向。若如是懺悔勸請隨喜迴向。是名正迴向。

問曰云何名爲諸佛所知所見所許懺悔勸請隨喜迴向。

答曰懺悔勸請如先說。隨喜迴向。如大品經中。須菩提白佛言。世尊。所說菩薩於過去未來現在。一切諸佛及諸弟子一切衆生。所有福德善根盡和合稱量。以最上隨喜。世尊。云何名爲最上隨喜。佛告須菩提。若菩薩於過去未來現在諸法。不取不念不見不得不分別。而能如是思惟。是諸法皆從憶想分別衆緣和合有。一切法實不生。無所從來。是中乃至無有一法已生今生當生。亦無已滅今滅當滅。諸法相如是。我順諸法相隨喜。隨喜已。亦隨諸法實相。迴向阿耨多羅三藐三菩提。是名最上隨喜迴向。復次須菩提。求佛道善男子善女人。不欲謗佛者。應以善根如是迴向。應作是念。如諸佛心佛智佛眼知見。是善根福德本末體相從何而有。我亦如是隨諸佛知見隨喜。如諸佛所許。我亦如是以善根迴向。若菩薩如是迴向。則不謗諸佛。亦無過咎。深心信解如實迴向。是名大迴向。具足迴向。復次。須菩提。善男子善女人。以諸善根福德。應如是迴向如諸賢聖。戒品定品慧品解脫品解脫知見品。不繫欲界不繫色界不繫無色界。不在過去不在未來不在現在。以不繫三界故。是迴向亦如是不繫。所迴向處亦不繫。若菩薩能如是得心信解如實。是名不失迴向無毒迴向法性迴向。若菩薩於此迴向取相貪著。是名邪迴向。是故諸菩薩摩訶薩。應如諸佛所知法相。以是法相迴向。能至阿耨多羅三藐三菩提。是名正迴向。

分別功德品第十一

問曰懺悔勸請隨喜迴向。應云何作。晝夜中幾時行。

答曰以右膝著地　偏袒於右肩　合掌恭敬心　晝夜各三時

以恭敬相故。右膝著地偏袒右肩合掌。是事應初夜一時禮一切佛。懺悔勸請隨喜迴向。中夜後夜皆亦如是。於日初分日中分日後分亦如是。一日一夜合爲六時。一心念諸佛如現在前。

問曰作是行已得何果報。

答曰若於一時行　福德有形者　恆河沙世界　乃自不容受

若於一時中。行此事者。所得福德若有形恆河沙等。無量無邊不可思議三千大千世界所不容受。如三支經除罪業品中說。佛告舍利弗。若善男子善女人。以滿恆河沙等三千大千世界。七寶布施諸佛。若復有人勸請諸佛轉法輪。此福爲勝。又於般若波羅蜜隨喜迴向品中說。善哉善哉。須菩提。汝能爲佛事。與諸菩薩說迴向法。若菩薩作是念。如諸佛知見。是善根福德本末體相。何因緣故有。我亦如是隨佛所知所見迴向。是人得福多。譬如恆河沙等三千大千世界中衆生皆成就十善道。菩薩迴向福德最上最妙最勝無比無等無等等。須菩提。置是恆河沙等三千大千世界衆生。成就十善道。若恆河沙等三千大千世界衆生。皆得四禪。其福比此。亦復最上最妙最勝。四無量心四無色定五神通。得須陀洹果。斯陀含果。阿那含果。阿羅漢果。辟支佛道。亦如是。如法迴向福德最上最妙最勝。須菩提。置此恆河沙等三千大千世界衆生。皆作辟支佛。若有恆河沙等三千大千世界衆生。皆發阿耨多羅三藐三菩提心。復有恆河沙等三千大千世界衆生。其一菩薩以取相心。供養是諸衆生衣服飲食臥具醫藥。於恆河沙等劫。以一切樂具。供養恭敬尊重讚歎。一一菩薩皆亦如是。須菩提。於意云何。是諸菩薩以此因緣。得福多不。甚多世尊。如是福德筭數譬喻所不能及。若是福德有形。恆河沙等世界所不能受。佛告須菩提。善哉善哉。須菩提。是菩薩爲般若波羅蜜守護。以善根隨法性迴向所得福德。先諸菩薩取相布施福德。百分不及一。千分萬分百千萬億分。乃至筭數譬喻所不能及。何以故。先諸菩薩取相分別布施。皆是有量有數。又般若波羅蜜迴向品中說。佛告淨居天子。置此恆河沙等三千大千世界衆生。皆發阿耨多羅三藐三菩提心。餘恆河沙等三千大千世界衆生。一一菩薩以取相心。供養是諸衆生衣服飲食臥具醫藥資生之物。隨意供養於恆河沙等劫。諸天子。若是恆河沙等三千大千世界衆生。發阿耨多羅三藐三菩提心。餘恆河沙等三千大千世界中衆生。皆亦發阿耨多羅三藐三菩提心。其一菩薩供養是諸菩薩衣服飲食臥具醫藥資生之物。於恆河沙等劫。是布施取相分別。如是諸菩薩各於恆河沙等劫。供養是諸菩薩衣服飲食臥具醫藥資生之物。隨意供養恭敬尊重讚歎。皆是取相布施。若菩薩爲般若波羅蜜所護。過去未來現在。諸佛戒品定品慧品解脫品解脫知見品。及聲聞五品。及諸凡人於中種善根。已種今種當種。盡和合稱量使無遺餘。最上最妙最勝無等無等等不可思議隨喜福德。迴向阿耨多羅三藐三菩提。作是念。我是福德能至佛道。是福德於先取相福德。百分不及一。千萬分萬億分乃至筭數譬喻所不能及。何以故。是諸菩薩取相分別布施故。復有恆河沙等三千大千世界衆生。皆發阿耨多羅三藐三菩提心。身行善業口行善業意行善業。復有恆河沙等三千大千世界衆生。皆發阿耨多羅三藐三菩提心。若人於恆河沙等劫。惡口罵詈皆能忍受。於恆河沙等劫。身心精進除諸懈怠。攝心禪定無諸亂想。而皆取相。不如菩薩如法性迴向其福爲勝。是故如汝先說。作如是事得何等利者。得如是大福德聚。是故若人欲得如是無量無邊不可思議福德聚者。應行是懺悔勸請隨喜迴向。不惜身命利養名聞。於晝夜中常應勤行。

問曰。汝但說勸請隨喜迴向中福德。何故不說懺悔中福德耶。

答曰。於諸福德中。懺悔福德最大。除業障罪故。得善行菩薩道行勸請隨喜迴向。與空無相無願和合無異。復次。懺悔。如如意珠隨願皆得。如佛說。若人欲於婆羅門大性中生。剎利大姓中生。居士大家中生。應如是懺悔罪業。無所覆藏後不更作。若有人欲生四天王天上。忉利天上。夜摩天上。兜率陀天上。化樂天上。他化自在天上。亦應如是懺悔罪業。無所覆藏後不更作。若人欲生梵世乃至非想非非想處。是人亦應如是懺悔罪業。無所覆藏後不更作。若人欲得須陀洹果。斯陀含果。阿那含果。阿羅漢果。亦應如是懺悔罪業。若人欲得三明六神通。聲聞道中自在力。盡聲聞功德彼岸。亦應如是懺悔罪業。若人欲得辟支佛道。亦應如是懺悔罪業。若人欲得一切智慧。不可思議智慧。無礙智慧。無上智慧。亦應如是懺悔罪業。無所覆藏後不更作。是故當知懺悔有大果報。

問曰汝言懺悔除業障罪。餘經中說。佛告阿難故作業必當受報。又阿毗曇中說。諸業因緣不空。果報不失不滅。又經說眾生皆屬業。皆從業有。依止於業。眾生隨業各自受報。若現報若生報若後報。又業報經中閻羅王爲眾生說言。咄。眾生。汝此罪非父母作。天作。沙門婆羅門作。汝自作自應受報。又賢聖偈中說。

實法如金剛　業力將無勝　今我已得道　而受惡業報

又佛自說。

大海諸石山　丘陵樹林木　地水火風等　日月諸星宿

若至劫燒時　皆盡無有餘　業於無量劫　常在而不失
汝遇具相者　一切智人師　先所造罪業　已償其果報
今雖得値佛　垢盡證聖果　以餘因緣故　木刺猶在身

是故不應言懺悔除業罪。

答曰我不言懺悔。則罪業滅盡無有果報。我言懺悔。罪則輕薄於少時受。是故懺悔。偈中說。若應墮三惡道。願人身中受。又如來智印經中說。佛告彌勒。諸菩薩深心愛樂阿耨多羅三藐三菩提者。有罪應在惡道受報是罪輕微。後世受惡形。或多疾病無有威德。生下賤家貧窮家。邪見家。邪業自活家。生違意處多憂愁處。國土破壞聚落破壞。居家破壞所愛破壞。不遇善知識。常不聞法不得利養。若得麤弊常不自供。能令下賤之所信敬。於諸大人不得信敬。修集諸福時。多有障礙不得成就。諸根闇鈍習禪意亂。不得無漏覺意功德。不知經法隨宜所趣。乃至惡夢償惡道報。又佛說人有小罪。今世可受報。是罪轉多便墮地獄。云何是人今世小罪轉多而墮地獄。有人不修身不修戒不修心不修慧無有大意。是人小罪便墮地獄。云何是人有罪今世應受報。罪不增長不入地獄。有人修身修戒修心修慧。有大志意心無拘礙。如是人有罪不復增長今世現受。譬如人以小器盛水。著一升鹽則不可飲。若復有人以一升鹽。投於大海尚不覺鹽味。何況叵飲。何以故。水多鹽少故。罪亦如是。偈說。

升鹽投大海　其味無有異　若投小器水　鹹苦不可飲
如人大積福　而有少罪惡　不墮於惡道　餘緣而輕受
又人薄福德　而有少罪惡　心志狹小故　罪令墮惡道
若人火勢弱　食少難消食　此人雖不死　其身受大苦

若人身勢強　食少難消食　此人終不死　但受輕微苦
善福慧大弱　而有少惡罪　是罪無救者　能令墮地獄
大慧福德者　雖有罪惡事　不令墮地獄　現身而輕受
譬如鴦崛魔　多殺於人衆　又欲害母佛　得阿羅漢道

今世輕受。又如阿闍世害得道父王。以佛及文殊師利因緣故重罪輕受。又如人毒蛇生時雨血。後漸長大意欲殺人眼看即死。若以氣噓亦死。是故時人號爲氣噓。是人命終時。舍利弗往至其所。心中瞋恚眼看不死噓亦不死。舍利弗身色方更光顯。心即清淨上下七觀。以是因緣命終之後。七返生天上。七返生人中。於後人壽四萬歲時。當得辟支佛道身黃金色。時人謂是金聚來。欲斫取即命終涅槃。又如阿輸伽王。以兵伏閻浮提。殺萬八千宮人。先世施佛土故。造八萬塔。常於大阿羅漢所聽受經法。後得須陀洹道。

即人身輕償。如是等罪。多行福德志意曠大。集諸功德故不墮惡道。是故汝先難若懺悔罪業。則滅盡無有果報者是語不然。復次。若言罪不可滅者。毗尼中佛說懺悔除罪。則不可信。是事不然。是故業障罪應懺悔。

分別布施品第十二

菩薩能行如是懺悔勸請隨喜迴向。

　福德力轉增　心亦益柔輭　即信佛功德　及菩薩大行

是菩薩以懺悔勸請隨喜迴向故。福力轉增心調柔輭。於諸佛無量功德清淨第一。凡夫所不信而能信受。及諸大菩薩清淨大行。希有難事亦能信受。復次。

　苦惱諸眾生　無是深淨法　於此生愍傷　而發深悲心

若菩薩信諸佛菩薩。無量甚深清淨第一功德已。愍傷諸眾生。無此功德．但以諸邪見．受種種苦惱故．深生悲心．

　念是諸衆生　沒在苦惱泥　我當救拔之　令在安隱處

是菩薩得悲心已．作是念．是諸衆生常爲貪恚癡所病．以身心受諸苦惱．我當拔濟使離身心苦惱深泥．畢竟無生老病死患．得住安隱涅槃樂處．是故於此苦惱衆生生深悲心．以悲心故．爲求隨意使得安樂．則名慈心．

　若菩薩如是　深隨慈悲心　斷所有貪惜　爲施勤精進

菩薩是求佛道．度苦惱衆生．念者．隨名隨順慈悲．不隨餘心．深慈名徧．諸衆生念徹骨髓．所有．名一切內外．所有金銀珍寶國城妻子等．貪名欲得無厭惜．名．愛著不欲與他．斷名．離此二惡．如是則開檀波羅蜜門．是故常應一心勤行無令放逸．何以故．菩薩作是念．我今隨所能作利益衆生．發堅固施心．

所有一切物　有命若無命　轉輪天王位　無求而不與
乃至於男女　族姓好妻妾　年少甚端嚴　巧便能事人
恭順心柔和　愛念情甚至　惜之過壽命　求者皆能與
乃至身血肉　骨髓及手足　頭目耳鼻等　及身皆能與

是菩薩定心布施。凡所求物。若有命若無命。無有乞而不與。無命物者。金銀珍寶。乃至轉輪聖王位天王位。有命物者。男女貴姓好家年少妻妾。端嚴柔和恭敬善順。愛惜之至過於身命而能施人。如一切施菩薩。所有外物。及妻子等皆能施與。是菩薩乃至自身肉血頭目手足耳鼻。割肉出骨破骨出髓如薩陀波崘。或舉身施與。一切所愛無過身者。亦能施與。如薩和檀如菩薩。爲兔以身施與仙人。如尸毗王以身代鴿。

問曰是菩薩爲分別知布施及布施果報故。以難事施。爲但以慈悲心所發故施。

答曰如是布施者　則得如是報　內以支節等　并及諸外物

內物名頭目手足等。外物名妻子金銀寶物等。是菩薩如實知施。是得是報各各分別。又信諸經所說。或以天眼得知。

問曰汝先說知以身支節布施及外物布施所得果報。今可說所得果報。

答曰寶頂經中。無盡意菩薩。第三十品檀波羅蜜義中說。菩薩立願須食者施食。令我得五事報。一者得壽命。二者得瞻。三者得樂。四者得力。五者得色。須漿與漿者。先於人中得香美飲。後得除諸煩惱渴愛。須乘與乘則得隨意樂報。成就四如意足。後得三乘道。須衣與衣則得慚愧衣報。須燈明與燈明。則得佛眼光明。須伎樂與伎樂。則得具足天耳。須末香塗香與末香塗香。則得身無臭穢。

須汁與汁則得味味相報。須房舍與房舍。則得與一切衆生作歸依救護。施資生之具者。則得助菩提功德。施醫藥者。則得無老病死常樂安隱。施奴婢者。則得自在隨意具足智慧。施金銀珊瑚硨磲碼碯者。則得具足三十二相。施種種雜物莊嚴其身。得八十隨形好。施象馬車者。則得具足大乘。施園林者。則得具足禪定樂。施男女者。得所受阿耨多羅三藐三菩提。施倉穀寶藏者。則得具足法藏。施以一國土一閻浮提四天下王位者。則得道場自在法王。施諸戲樂具者。則得法樂。以足施者。則得法足能到道場。以手施者。則得寶手能施一切。以耳鼻施者。則得具足身體。以眼施者。則得具足無礙法眼。以頭施者。則得三界特尊一切智慧。以血肉施者。令諸衆生得堅固行。以髓施者。得金剛身無能壞者。如是開施門果報。餘施果報亦應知。以臥具施者。得三乘安隱解脫。以牀坐處施者，則得菩提樹下道場不可壞處。以妻施者，爲得法喜娛樂故。以道施者，爲生死失道衆生得入正道故。以筏施者，爲得度欲流有流見流無明流故。以骨施者，爲得戒堅定堅慧堅解脫堅解脫知見堅衆生堅故。以眷屬施者，爲得成就無量無邊阿僧祇福德。天人眷屬同心清淨，不可沮壞故。以善哉施者，爲得說法時天龍夜叉乾闥婆沙門婆羅門歡喜稱讚故。以經卷施者，爲得九部經久住無量時故。以法施者，爲得通達一切法故，集一切功德故。是菩薩如是樂行布施，知布施清淨，知布施果報所得多少，是故。

非法財施等　乃至智訶施　無有如是施　但合空等施

非法者，惡行所得財，財名資生之物，取要言之，以惡業得財物施。菩薩如此布施不清淨故，如是等諸餘非法施乃至智所訶施，不爲此事。菩薩行布施，唯與空智慧等種種功德和合。

問曰所說非法得財施等。及空智慧等和合施。此二施應廣分別。答曰是二施。無盡意菩薩會品中。檀波羅蜜中說。初分別布施功德。所謂諸菩薩。無非法求財施。無熱惱眾生施。無恐畏施。無著故施。無請而不施。無不如所許施。無悋好以不好施。無不深心施。無諂曲施。無假僞施。無損果施。無邪心施。無癡心施。無雜心施。無不信解施。無疲厭施。無親附施。無以承望已施。無求福田者施。無輕一切眾生非福田者施。無持戒毀戒高下心施。無求名聞施。無自高心施。無卑他施。無懊惜施。無悔心施。無急喚故施。無惡賤施。無自然法施。無求果報施。無瞋恚施。無令人渴乏施。無惱求者施。無輕弄彼施。無欺誑施。無賴面施。無擲與施。無不一心施。無不自手施。無不常施。無休息施。無斷絕施。無競勝施。無輕少物施。無隨自恣而以輕物施。無不稱力施。無非福田施。無於少物劣弱心施。無恃多物憍心施。無邪行施。無樂受生施。無恃色族富貴施。無求生四王釋梵天上施。無求聲聞辟支佛乘施。無求國王王子施。無限一世施。無厭足施。無不迴向薩婆若施。無不淨施。無非時施。無刀毒施。無惱弄衆生施。無智者所訶施。如是開示施門。餘不淨施亦應當知。所謂諸菩薩。無應棄物施。無憎惡涅槃施。無豐饒易得物施。無置恩施。無報恩施。無求反報施。無求守護施。無求吉施。無慢心施。無家法施。無因得即施。無不終身施。無垢心施。無遊戲施。無以善知識故施。無輕施。無遊逸施。無因失施。無以讚己故施。無以訶罵故施。無以呪願故施。無以稱希有事故施。無以明己信故施。無以畏故施。無誑施。無求眷屬施。無不唱導施。無引衆施。無不信施。無無因緣施。無隨意施。無現奇特施。無自稱讚施。無不隨所求施。無爲伏彼施。無不愛施。無不任用物施。無不恭敬施。無下施。無以慳相故施。無抑挫施。無挾勢得物施。無不清淨心施。無疑心施。無破求者心施。無禁忌物施。無分別施。無以酒施。無以兵仗施。無奪彼物施。無令人生疑心施。無以親近故施。無說彼過咎施。無隨所愛施。無瞋施。無癡施。無戲論施。無不爲菩提施。

問曰非法求財施。乃至不爲菩提施。菩薩爲有爲無。若盡無者則有過咎。不求福田。於衆生無差別心。亦無知恩報恩。亦無家法國法施。若有者何以皆言無。

答曰是非法得財施。乃至不爲菩提施。菩薩不必盡無。或時有是布施。檀波羅蜜所不攝。不能具足檀波羅蜜故言無。空等功德和合施者。如無盡意菩薩經檀波羅蜜品中說。菩薩布施。與空心合故不盡。是施無相修故不盡。是施無願守護故不盡。是施善根所攝故不盡。是施隨解脫相故不盡。是施能破一切魔故不盡。是施不雜煩惱故不盡。是施得轉勝利故不盡。是施決定心故不盡。是施集助菩提法故不盡。是施正迴向故不盡。是施得道場解脫果故不盡。是施無邊故不盡。是施不可盡故不盡。是施不斷故不盡。是施廣大故不盡。是施不可壞故不盡。是施不可勝故不盡。是施至一切智慧故不盡。是施斷非法求財施等垢。成就空等諸功德故不盡。非法求財施等。是施垢。施與垢合是不淨施。與空等功德合是淨。復次。是施淨不淨今當更說。經說施有四種。有施於施者是淨。不於受者淨。有施於受者是淨。不於施者淨。有施於施者淨。亦於受者淨。有施不於施者淨。亦不於受者淨。若施者成就善身口意業。受者成就惡身口意業。是名於施者淨。不於受者淨。若施者成就惡身口意業。受者成就善身口意業。是名於受者淨。不於施者淨。若施者成就善身口意業。受者亦成就善身口意業。是名於施者淨。於受者亦淨。若施者成就不善身口意業。受者亦成就不善身口意業。是名不於施者淨。亦不於受者淨。貪欲瞋恚愚癡若斷若不斷。亦應如是分別。復次。四種布施中。有淨不淨。一從施者淨。二從受者淨。三共淨是名淨。一不從施者淨。二不從受者淨。三不共淨。是名不淨。是中施者有功德故。從施者施得淨。以受者有功德故。從受者施者施得淨。以施者受者有功德故。從施者受者施者施得淨。施者有罪故。從施者施不淨。受者有罪故。從受者施不淨施者有罪受者有罪故。從施者受者施不淨。施者功德受者功德。施者罪受者罪。先已說。

問曰。汝說此四種施中。菩薩行何施。

答曰。四種布施中　行二種淨施　不求於名利　及以求果報

是布施有四種。三淨三不淨。不淨盡不行。淨中應行二淨。一者施

者淨。不於受者淨。二者共淨。於此二淨施中應常精進。何以故。是菩薩不期果報故。若期果報者。則求受者清淨。淨名受者功德莊嚴。其心清淨。不淨名施者有慳惜心。如佛說慳爲施垢。餘煩惱雖爲不淨。慳最爲重。

問曰若菩薩於施者淨及共淨淨。應勤行此二施。慳爲施者垢。亦是施大垢。若菩薩未離欲未能斷慳。云何能行此二種淨施。

答曰若物能起慳　則不畜此物

菩薩若於有命無命物。知生慳心者。則不畜此物。是故有所施皆無悋惜。

問曰外物可不畜。身當云何。

答曰常爲利衆生　解身如藥樹

爲利益衆生故。信解身如藥樹。如藥樹。衆生有用根莖枝葉華實等各得差病。隨意而取無有遮護。菩薩亦如是。爲利衆生故。能自捨身。作是念。若衆生取我頭目手足支節脊腹髀髆耳鼻齒舌血肉骨髓等。隨其所須皆能與之。或擧身盡施。如是降伏其心修集善根。爲方便所護。行檀波羅蜜。

十住毗婆沙論卷五

十住毗婆沙論卷六

龍樹菩薩造
姚秦三藏法師鳩摩羅什譯

分別布施品第十二之餘

總相別相施　皆悉能迴向

是菩薩能以二種施。能知二種迴向。一爲總相。二爲別相。總相迴向者。有所施皆迴向阿耨多羅三藐三菩提。別相施者。如布施果報中說。復次。總相迴向者。爲安樂利益一切衆生。別相迴向者。無信衆生令得信故。破戒者得持戒故。少聞者得多聞故。懈怠者得精進故。散亂心者得禪定故。愚癡衆生得智慧故。慳者得捨心故。如是等種種別相。復次。總相迴向者。以六波羅蜜。迴向阿耨多羅三藐三菩提。別相迴向者。施外物時。願諸衆生得大最樂。支節布施時。願諸衆生具足佛身。
問曰布施有幾種迴向。幾種不迴向。
答曰一爲淨四事迴向。一三種不迴向。一菩薩布施爲清淨四事故迴向。三種不迴向。不爲得欲樂故迴向。不爲得王故迴向。不爲得聲聞辟支佛地故迴向。不爲得王故迴向者。遮王則并遮一切貴人力勢自在者。不爲得欲樂迴向者。除上貴人餘受富樂五欲自娛者。不爲得聲聞辟支佛迴向者。遮因小乘入無餘涅槃。令得安住大乘。久後乃得無餘涅槃。爲四淨迴向者。菩薩所施。爲清淨佛土故迴向。爲清淨菩提故迴向。爲清淨教化衆生故迴向。爲淨薩婆若故迴向。菩薩應如是方便迴向。無令布施損減使得勢力。
問曰以何法令布施損減。以何法令布施增益。
答曰若施不迴向　亦無有方便　求生於下處

親近惡知識　如是布施者　是則爲損減

若布施不迴向阿耨多羅三藐三菩提。隨逐世間樂故。求生下處無有方便。能出布施禪定果報自在所生。親近障礙大乘知識。以是四法則布施損減。

離四施得增　又應三心施　菩提順佛語　亦不求果報

離此四法布施則得增益。一迴向阿耨多羅三藐三菩提。二有方便迴向。三求法王處。四親近善知識。又應以三法心而行布施。一者憐愍一切衆生故。以菩提心行施。二者不遠佛法而行布施。三者不求果報而行布施。復次。菩薩爲得三法故行布施。一者佛法。二者說法。三者令諸衆生住無上樂。又欲求二法行布施者。一者大富。二者具足檀波羅蜜。何以故。若菩薩大富。則離貧苦不取他財不求息利。無有債主不憂償債。多財富足能自衣食。有能惠施利益親族及善知識。眷屬安樂其家豐饒。常如節會心常歡悅能大施與。眷屬不輕人所敬仰。言皆信受眾所依附。人來師仰入眾無畏。常好洗浴名香塗身。著好新衣具足莊嚴。見諸好色聽好音聲聞諸妙香。常食最上美味細觸。怨賊難壞。善知識歡喜。是於人身得善果報。人所欽慕常稱吉善。忘其醜惡。雖生下賤有大人相。雖無巧言成巧言者。雖不多聞成多聞者。雖少智慧成智慧者。若先端正倍復殊勝。若先大家倍復尊貴。若先巧言倍復巧言。若先多聞倍復多聞。若先智慧倍復有智。所可坐臥。貴價寶牀。寤寐安隱侍衛具足。眾寶爲舍極意遊戲。其身貴重。須諸經書應意即得。勢位隨意親近王易。諸貴貴人所念。諸醫自往常有親信消息所宜。有疾輕微若病易差。遠離今世後世怖畏。畢竟永離不活。怖畏常有救護。多有人眾諸親近者自謂多福。爲同意者深自欣慶。有少施恩得大酬報。若加小惡得大殃禍。族姓女人少年端正具足莊嚴。自求給侍諸有諧利悉來歸己。若作惡事事轉輕微。少有施作即獲大利。多善知識怨憎轉少。蛇蚖毒藥放逸惡人。如是等事不得妄近。諸愛敬事皆悉歸趣。若獲利時衆人代喜。若有衰惱人皆憂慼。衆共示導競以善告。令遠非法安住善法。所施業大見莫不歡。若與同心則以爲足。不期世間富貴榮利。假使居位人思匡助除其衰惱。見他富貴無所希尚。人詠其德不揚其過。離小人名得大人號。無不足色。視他顏貌不作矯異。若作婆羅門。於天寺中大獲果報。讚諸經書得其實利。得而能施。若是刹利所習成就。善射音聲善能貫練。治世典籍能得果報。若是田舍播植如意。若是商賈能獲其利。若是首陀羅所作事業多得如意。

問曰汝先說菩薩不以求果報心施。又復不爲豪貴故施。而今說求大富故布施。是語得無自相違。

答曰不相違也。若自爲身求富受樂。是故說不應求富。今說求富但爲利益衆生。是故說爲欲大施故求富。不爲身已求富受樂。是則果中說因。若菩薩不得富雖信樂布施無財可與。是故汝不應作難。復次。斷二法故。應行布施。何等爲二。一者慳。二者貪。此二法最爲施垢。又得二法故行布施。所謂盡智無生智。又增益三種慧。一者自利慧。二者本慧。三者多聞慧。有人言。增長二法故應行施。一善二慧。略說菩薩應行四種施攝一切善法。一者等心施。二者無對施。三者迴向菩提施。四者具足善寂滅心施。菩薩如是具檀波羅蜜故。勤行財施。

分別法施品第十三

菩薩於財施應如是修學。又應修學法施如說。

眾施法施最　智者應修行

一切布施中第一最上最妙。所謂法施。是施智者所應行。

問曰何故但言智者應行法施。

答曰不智者。若行法施即說黑論。說黑論故自失利亦失他利。

問曰何謂黑論。

答曰佛欲滅度時告阿難。從今日後依修多羅莫依人。阿難云何名依修多羅不依人。有比丘來作是言。我現從佛聞現從佛受。是法是善是佛所教。是比丘語莫受莫捨。審諦聽已。應以經律檢其所說。若不入修多羅不入毗尼。又復違逆諸法相義。應報是比丘言。是法或非佛所說。或長老謬受。何以故。是法不入修多羅不入毗尼。又復違逆諸法相義。是則非法非善非佛所教。如是知已即應除卻。復有比丘來作是言。彼住處有大眾。有明經上座善說戒律。我現從彼聞。現從彼受。是法是善是佛所教。是比丘語莫受莫捨。審諦聽已。應以經律檢其所說。若不入修多羅不入毗尼。又復違逆諸法相義。應報是比丘言。長老彼比丘僧法相善相。或作非法非善說。或長老謬受。何以故。是法不入修多羅不入毗尼。又復違逆諸法相義。是則非法非善非佛所教。如是知已。即應除卻。復有比丘來作是言。彼住處中多諸比丘。持修多羅。持毗尼。持摩多羅迦。我現從彼聞現從彼受。是法是善是佛所教。是比丘語莫受莫捨。審諦聽已。應以經律檢其所說。若不入修多羅不入毗尼。又復違逆諸法相義。應報是比丘言。長老彼比丘僧法相善相。或作非法非善說。或長老謬受。何以故。是法不入修多羅不入毗尼。又復違逆諸法相義。是則非法非善非佛所教。如是知已。即應除卻。復有比丘來作是言。彼住處中有長老比丘多知多識人所尊重。

我現從彼聞現從彼受。是法是善是佛所教。是比丘語莫受莫捨。審諦聽已。應以經律檢其所說。若不入修多羅不入毗尼。又復違逆諸法相義。應報是比丘言。長老彼諸比丘法相善相。或作非法非善說。或長老謬受。何以故。是法不入修多羅不入毗尼。又復違逆諸法相義。是則非法非善非佛所教。如是知已即應除卻。是四名黑論。是故言智者不依黑論而行清白法施。

問曰。云何知諸施中法施第一。

答曰。經說有二施。法施財施。二施之中法施爲上。復次。

決定王經中　讚說法功德　及說法儀式　應常修習行

若菩薩欲以法施衆生者。應如決定王大乘經中。稱讚法師功德及說法儀式隨順修學。謂說法者。應行四法。何等爲四。一者廣博多學。能持一切言辭章句。二者決定善知世間出世間諸法生滅相。三者得禪定智慧。於諸經法隨順無諍。四者不增不損如所說行。說法者處師子座。復有四法。何等爲四。一者欲昇高座。先應恭敬禮拜大衆然後昇座。二者衆有女人應觀不淨。三者威儀視瞻。有大人相。敷演法音顏色和悅。人皆信受。不說外道經書。心無怯畏。四者於惡言問難。當行忍辱。處師子座。復有四法。何等爲四。一者於諸衆生生饒益想。二者於諸衆生不生我想。三者於諸文字不生法想。四者願諸衆生從我聞法者。於阿耨多羅三藐三菩提而不退轉。處師子座。復有四法。何等爲四。一者善能安住陀羅尼門。深信樂法。二者善得般舟三昧。勤行精進持戒清淨。三者不樂一切生處。不貪利養不求果報。四者於三解脫心無有疑。又能善起諸深三昧具足威儀。憶念堅固有念安慧。不調戲不輕躁。不無羞不癡亂。言無錯謬守護諸根不貪美味。善攝手足所念不忘。樂行頭陀分別世間出世間法。心無疑悔言辭章句不可窮盡。爲諸聽者求安隱利不求他過。有如是法應處師子座。復有四法。一不自輕身。二不輕聽者。三不輕所說。四不爲利養。佛告阿難。說法者應說何法。阿難。所可說法不可示不可說無相無爲。世尊。法若爾者云何可說。阿難。是法甚深。如來以四相方便而爲演說。一以音聲。二以名字。二以語言。四以義理。又以四因緣而爲說法。一者爲度應度衆生。二者但說色受想行識名字。三者以種種文辭章句利益衆生。四者雖說名字而亦不得。譬如鉢油清淨無垢。於中觀者自見面相。阿難。汝若見若聞智慧男子。若持戒女人。若聖弟子。能作是說我於鉢油見實人不。世尊。我不聞不見智慧男子。持戒女人若聖弟子。能作是言。我於鉢油見眞實人。何以故。智者先知鉢油非有。何況有人。但以假名說言油鉢而見人相。阿難。如來亦復如是。但以名字假有所說。阿難。如來以四因緣而爲說法。衆生聞者心得安樂。種涅槃因。如來說法音聲偏滿十方世界。衆生聞者心得歡喜。離諸惡趣生兜術天。如來聲中無男無女。男不取女相女不取男相。如來音者。不惱衆生不壞諸法。但爲示現音聲之性。說法者應習行是事。應隨所行而爲法施。施者受者所得果報。後當廣說。

歸命相品第十四

上已解說財施。法施今更分別。

白衣在家者　應多行財施　餘諸善行法　今當復解說

是二施中。在家之人當行財施。出家之人當行法施。何以故。在家法施不及出家。以聽受法者於在家人信心淺薄故。又在家之人多有財物。出家之人於諸經法。讀誦通利爲人解說。在衆無畏。非在家者之所能及。又使聽者起恭敬心。不及出家。又若欲說法降伏人心。不及出家。如說。

先自修行法　然後教餘人　乃可作是言　汝隨我所行

是事出家者所宜。非在家者所行。又說。

身自行不善　安能令彼善　自不得寂滅　何能令人寂
是故身自善　能令彼行善　自身得寂滅　能令人得寂

善法寂滅。是出家者之所應行。又出家之人。於聽法者恭敬心勝。又出家之人。若行財施則妨餘善。又妨行。遠離阿練若處空閑林澤。出家之人若樂財施。悉妨修行。如是等事若行財施。必至聚落與白衣從事。多有言說。若不從事無由得財。若出入聚落見聞聲色。諸根難攝發起三毒。又於持戒忍辱精進禪定智慧心薄。又與白衣從事。利養垢染發起愛恚慳嫉煩惱。唯以思惟力。而自抑制心志。弱者或不自制。或乃致死。或得死等諸惱苦患貪著五欲。捨戒還俗故。名爲死。或能反戒多起重罪。是名死等諸惱苦患。以是因緣故。於出家者稱歎法施。於在家者稱歎財施。如是廣說在家菩薩所行財施。餘諸善行今當說之。發心菩薩。先應歸依佛歸依法歸依僧從三歸依得功德。皆應迴向阿耨多羅三藐三菩提。復次。

　歸依佛法僧　菩薩所應知

菩薩應當如實善解歸依佛歸依法歸依僧。

問曰云何名爲歸依佛。

答曰不捨菩提心　不壞所受法　不離大悲心

　不貪樂餘乘　如是則名爲　如實歸依佛

菩提心者。發心求佛。不休不息不捨是心。不壞所受法者。諸菩薩各愛所樂善法戒行。是行應行是不應作。若應諸波羅蜜。若應四功德處。如是等種種善法。爲利益衆生故。受持修行不令毀缺。大悲心者。欲度苦惱衆生爲求佛道。乃至夢中亦不離大悲。不貪餘乘者深信樂佛道故。不貪聲聞辟支佛乘。有是法故。當知如實歸依佛。

問曰云何名爲歸依法。

答曰親近說法者　一心聽受法　念持而演說　名爲歸依法

說法者。於佛深法解說敷演。開示善惡斷諸疑惑。常數親近往至其所。供養恭敬一心聽受。以憶念力執持不忘。思惟籌量隨順義趣。然後爲人如知演說。以是法施功德。迴向佛道。是名歸依法。

問曰云何名爲歸依僧。

答曰若諸聲聞人　未入法位者　令發無上心　使得佛十力

先以財施攝　後乃以法施　深信依果僧　不分別貴衆
求聲聞功德　而不證解脫　是名歸依僧　又應念三事

聲聞人者成聲聞乘。未入法位者。於聲聞道未得必定。能令此人發佛道心而得十力。若入法位者終不可令發無上心。設或發心亦不成就。如般若波羅蜜中。尊者須菩提所說。已入正法位。不能發無上心。何以故。是人於生死已作障隔。不復往來生死。發無上心先以財施。攝者以衣服飲食臥具醫藥所須之物攝。出家者以衣服飲食臥具醫藥雜香塗香攝。在家者以攝因緣生親愛心。所言信受然後法施。令發無上道心果。僧者四向四果。衆者於佛法中。受出家相。具持諸戒未有果向不分別。如是僧以離恩愛奴故。名爲貴僧。信樂空無相無願。而不分別戲論。依止是僧名爲歸依僧。求聲聞功德。而不證解脫者。知是僧持戒具足。禪定具足。智慧具足。解脫具足。解脫知見具足。三明六通心得自在有大威德。捨世間樂出魔境界。利譽稱樂不以爲喜。衰毀譏苦不以爲憂。常行六捨得八解脫隨佛所教。有行道者有解脫者行一道者。破二種煩惱。善知三界善。通四諦善除五蓋。安住六和敬法。具足七不退法。八大人覺。捨離九結得聲聞十種力。成就如是諸功德僧者。名爲佛弟子衆求如是功德。不求其解脫。何以故。深心信樂佛無礙解脫故是名歸依僧。復次。若聞章句文字法。即得念實相法名爲歸命法。若見聲聞僧。即念發菩提心。諸菩薩衆是名歸依僧。見佛形像即念眞佛是名歸依佛。

問曰云何名爲念眞佛。

答曰如無盡意菩薩經中說念佛三昧義。念眞佛者。不以色。不以相。不以生。不以姓。不以家。不以過去未來現在。不以五陰十二入

十八界。不以見聞覺知不以心意識。不以戲論行。不以生滅住。不
以取捨。不以憶念分別。不以法相。不以自相。不以一相。不以異相。
不以心緣數。不以內外。不以取相覺觀。不以入出。不以形色相貌。
不以所行威儀。不以持戒禪定智慧解脫解脫知見。不以十力四
無所畏諸法。如實念佛者。無量不可思議。無行無知無我我所。無
憶無念。不分別五陰十二入十八界。無形無礙無發無住無非住。
不住色不住受想行識。不住眼色不住眼識。不住耳聲不住耳識。
不住鼻香不住鼻識。不住舌味不住舌識。不住身觸不住身識。不
住意法不住意識。不住一切諸緣。不起一切諸相。不生一切動念
憶想分別等。不生見聞覺知。隨行一切正解脫相。心不相續滅諸
分別。破諸愛恚壞諸因相。除斷先際後際中際。究暢明了無有彼
此。無動故無喜。不受味故無樂。本相寂滅故無熱。心無所營故解

脫。相無色故無身。不受故無受。無想故無結。無行故無爲。無知故無識。無取故不行。不捨故非不行。無處故無住。空故無來。不生故無去。一切憶念心心數法。及餘諸法不貪不著不取不受不然不滅。先來不生無有生相。攝在法性過眼色虛空道。如是相名爲眞念佛。又念法者。佛法是善說。得今世報無有定時。可得觀察善。將至道智者。內知初中後善言善義善滀善無雜具足清淨。能斷貪欲能斷瞋恚能斷愚癡。能除慢心能除諸見能除疑悔。能除憍貴能除諸渴。破所歸趣斷相續道。盡愛離欲寂滅涅槃。如是相名爲念法。以空無相無願。不生不滅畢竟寂滅無比無示。如念佛義中說。又念法有三種。從佛法是善說。至具足清淨名爲道。能斷貪欲至寂滅涅槃。名爲涅槃空。等至無比無示名爲法體。又念僧者。如先說僧功德。念是三寶得決定心。以如是念求於佛道而行布施。

是名歸依佛。爲守護法而行布施。是名歸依法。以是布施起迴向心。成佛道時攝菩薩聲聞僧。是名歸依僧。

五戒品第十五

如是在家菩薩。能修善人業。遠離惡人業。如說。

修起善人業　如法集財用　堪則爲重任　不堪則不受

善人業者。略說善人業。自住善利亦能利人。惡人業者。自陷衰惱令人衰惱。如法集財用者。不殺不盜不誑欺人。以力集財如法用之供養三寶。濟恤老病等。堪受能行者。則爲重任。不堪行者則不受。若菩薩於今世事及後世事。若自利若利他如先所說必能成立。若知不堪行者此則不受。復次。

世法無憂喜　能捨於自利　常勤行他利　深知恩倍報

世間法者。利衰毀譽稱譏苦樂。於此法中心無憂喜。捨自利勤行他利者。菩薩乃至未曾知識。無因無緣者所作善行捨置自利助成彼善。

問曰捨自利勤行他利此事不然。如佛說。雖大利人不應自捨己利。如說捨一人以成一家。捨一家以成一聚落。捨一聚落成一國土。捨一國土以成己身。捨己身以爲正法。

先自成己利　然後乃利人　捨己利利人　後則生憂悔

捨自利利人　自謂爲智慧　此於世間中　最爲第一癡

答曰於世間中。爲他求利猶稱爲善以爲堅心。況菩薩所行出過世間。若利他者即是自利。如說。

菩薩於他事　心意不劣弱　發菩提心者　他利即自利

此義初品中已廣說。是故汝語不然。深知恩倍報者。若人於菩薩所作好事應當厚報。又深知其恩。此是善人相。復次。

　貧者施以財　畏者施無畏　如是等功德　乃至於堅牢

施貧以財者。有人先世不種福德。今無方便資生儉少。如是之人隨力給恤。施無畏者。於種種諸怖畏。若怨賊怖畏。飢餓怖畏。水火寒熱等。菩薩於此衆怖畏中教喻諸人。安隱歡悅今無怖畏。如是功德最堅牢。最在後者於諸憂者爲除其憂。於無力者而行忍辱。離慢大慢等。於諸所尊深加恭敬。於多聞者常行親近。於智慧者諮問善惡。自於所行常行正見。於諸衆生不諂不曲不作假愛。求善無厭多聞無量。諸所施作堅心成就。常與善人而共從事。於惡人中生大悲心。於善知識非善知識。皆作堅固善知識相。等心衆生不悋要法。如所聞者爲人演說。諸所聞法得其趣味。於諸五欲戲樂事中生無常想。於妻子所生地獄想。於資生物所生疲苦想。於產業事生憂惱想。於諸所求破善根想。於居家中生牢獄想。親族知識生獄卒想。日夜思量得何利想。於不牢身得牢身想。於不堅財生堅財想。復次。

在家法五戒　心應堅牢住

在家菩薩以三自歸。行上諸功德應堅住五戒。五戒是總。在家之法。應離殺心慈愍衆生。知自止足不貪他物。乃至一草非與不取。離於邪淫厭惡房內。防遠外色目不邪視。常觀惡露生厭離想。了知五欲究竟皆苦。若念妻欲亦應除捨。常觀不淨心懷怖畏。結使所逼離欲不著。常知世間爲苦無我。應發是願。我於何時心中當得不生欲想。況復身行遠離妄語。樂行實語不欺於人。心口相應。有念安慧如見聞覺知而爲人說。以法自處乃至失命言不詭異。酒是放逸衆惡之本。常應遠離不過於口。不狂亂不迷醉。不輕躁不驚怖。不無羞不戲調。常能一心籌量好醜。是菩薩或時樂捨一切而作是念。須食與食須飲與飲。若以酒施應生是念。今是行檀波羅蜜時隨所須與。後當方便教使離酒。得念智慧令不放逸。何以故。檀波羅蜜法悉滿人願。在家菩薩以酒施者是則無罪。以是五戒福德迴向阿耨多羅三藐三菩提。護持五戒如護重寶。如自護命。

問曰是菩薩但應護持五戒。不護持諸餘善業耶。

答曰菩薩應堅住　總相五戒中　餘身口意業　悉亦復應行

在家五戒已說其義。受此五戒應堅牢住。及餘三種善業亦應修行。復次。在家菩薩所應行法。

隨應利衆生　說法而教化

是菩薩於諸衆生。隨有所乏皆能施與。若在國土城郭聚落林間樹下。是中衆生隨所利益說法教化。所謂不信者爲說信法。不恭敬者爲說禮節。爲少聞者說多聞法。爲慳貪者說布施法。爲瞋恚者說和忍法。爲懈怠者說精進法。爲亂意者說正念處。爲愚癡者解說智慧。復次。

　　隨諸所乏者　皆亦應給足

諸衆生有所乏少皆應給足。有人雖富猶有不足。乃至國王亦應有所乏。是故先雖說貧窮者施財。今更說隨所乏少而給足之。復次。

　　諸有惡衆生　種種加惱事　諂曲懷憍逸　惡罵輕欺誑
　　背恩無反復　癡弊難開化　菩薩心慇傷　勇猛加精進

諸惡衆生。以種種惡事侵嬈菩薩。菩薩於此心無懈厭。不應作是念。如是惡人誰能調伏誰能教化誰能勸勉。令度生死究竟涅槃。誰能與此往來生死。誰能與此和合同事。諸惡無理誰能忍之。我意止息不復共事。我悉捨遠不復共事。亦復不能與之和合。是惡中之惡無有反復。何用此等而共從事。菩薩知見衆生惡罪難除。應還作是念。是等惡人非少。精進能得令住如所樂法。爲是等故我當加心勉力勤行億倍精進。後得大力乃能化此惡中之惡。難悟衆生。如大醫王。以小因緣。便能療治衆生重病。菩薩如是除煩惱病。令住隨意所樂功德。我於重罪大惡衆生。倍應憐愍起深大悲。如彼良醫多有慈心療治衆病。其病重者深生憐愍。勤作方便爲求良藥。菩薩如是於諸衆生煩惱病者悉應憐愍。於惡中之惡煩惱重者深生慈愍。勤於方便加心療治。何以故。

　菩薩隨所住　不開化衆生　令墮三惡道　深致諸佛責

菩薩隨所住國土城邑聚落山間樹下。力能饒益教化衆生。而懈厭嫌恨貪著世樂。不能開化令墮惡道。是菩薩即爲十方現在諸佛。深所訶責甚可慙恥。云何以小因緣而捨大事。是故菩薩不欲諸佛所訶責。於種種諂曲重惡衆生。心不應沒隨力饒益。應以諸方便勤心開化。譬如猛將將兵多所傷損。王則深責。以諸兵衆。無所知故。是以王不責之。

十住毗婆沙論卷六

十住毗婆沙論卷七

龍樹菩薩造
姚秦三藏法師鳩摩羅什譯

知家過患品第十六

菩薩如是學。應知家過惡。何以故。若知過惡或捨家入道。又化餘人令知家過出家入道。

問曰。家過云何。

答曰。如經中說。佛告郁伽羅。家是破諸善根。家是深棘刺林難得自出。家是壞清白法。家是諸惡覺觀住處。家是弊惡不調凡夫住處。家是一切不善所行住處。家是惡人所聚會處。家是貪欲瞋恚愚癡住處。家是一切苦惱住處。家是消盡先世諸善根處。凡夫住此家中不應作而作。不應說而說。不應行而行。在此中住輕慢父母及諸師長。不敬諸尊福田沙門婆羅門。家是貪愛憂悲苦惱衆患因緣。家是惡口罵詈苦切刀仗繫縛拷掠割截之所住處。未種善根不種。已種能壞。能令凡夫在此貪欲因緣而墮惡道。瞋恚因緣愚癡因緣而墮惡道。怖畏因緣而墮惡道。家是不持戒品。捨離定品。不觀慧品。不得解脫品。不生解脫知見品。於此家中生父母愛。兄弟妻子眷屬車馬。增長貪求無有厭足。家是難滿如海吞流。家是無足如火焚薪。家是無息覺觀相續如空中風。家是後有惡如美食有毒。家是苦性如怨詐親。家是障礙能妨聖道。家是鬥亂種種因緣共相違諍。家是多瞋訶責好醜。家是無常雖久失壞。家是衆苦求衣食等方便守護。家是多疑處猶如怨賊。家是無我顚倒貪著假名爲有。家是技人雖以種種文飾莊嚴現爲貴人。須臾不久莊嚴還作貧賤。家是變異會必離散。家如幻假借和合無有實事。家如夢一切富貴久則還失。家如朝露須臾滅失。家如蜜渧其味甚少。家如棘叢受五欲味惡刺傷人。家是鐵觜蟲。不善覺觀常唼食人。家汙淨命多行欺誑。家是憂愁心多濁亂。家是衆共王賊水火怨親所壞。家是多病多諸錯謬。如是長者在家菩薩。應當如是善知家過。復次。

菩薩應當知　在家之過惡　親近於布施
持戒善好喜　若見諸乞人　應生五三想

在家菩薩應如是知家過患。當行布施持戒善好。布施名捨貪心。持戒名身口業清淨。善名善攝諸根。好喜名同止歡喜。五三想名見乞兒應生五三想。初三者善知識想。轉身大富想。埤助菩提想。又有三想。折伏慳貪想。捨一切想。貪求一切智慧想。又有三想。隨如來教想。不求果報想。降伏魔想。又有三想。見來求者生眷屬想。

不捨攝法想。捨邪受想。又有三想。離欲想。修慈想。無癡想。今當解第五三想。菩薩因來求者令三毒折薄。捨所施物生離欲想。於求者與樂因緣故。瞋恨心薄名修慈想。是布施迴向無上道則癡心薄。是名不癡想。餘想義應如是知。復次。

菩薩因求者　具六波羅蜜　以是因緣故　見求應大喜

六波羅蜜者。布施持戒忍辱精進禪定智慧。以因求者能得具足。以是利故。菩薩遙見求者。心大歡喜作是念。行福田自然而至。我因此人得具足六波羅蜜。所以者何。若於所施物心不貪惜。是名檀波羅蜜。爲阿耨多羅三藐三菩提施與。是名尸羅波羅蜜。若不瞋乞者是名羼提波羅蜜。當行施時不慮空匱心不退沒。是名毗梨耶波羅蜜。若與乞者若自與時心定不悔。是名禪波羅蜜。以不得一切法。而行布施不求果報。如賢聖無所著。以是布施迴向阿耨多羅三藐三菩提。是名般若波羅蜜。復次。

所施物果報　種種皆能知　慳惜在家者　亦知種種過

物施所獲功德利物。慳惜在家。所有過惡。菩薩於此皆悉了知。

問曰。若施得何功德。若惜在家有何過咎。

答曰。菩薩以眞智慧如是知。施與已是我物。在家者非我物。物施已則堅牢。在家者不堅牢。物施已後世樂。在家少時樂。物施已不憂守護。在家者有守護。若物施已愛心薄。在家者增長愛。物施已無我所。在家者是我所。物施已無所屬。在家者有所屬。物施已無所畏。在家者多所畏。物施已助菩提道。在家者助魔道。物施已無有盡。在家則有盡。物施已從得樂。在家從得苦。捨已捨煩惱。在家增煩惱。施已得大富樂。在家不得大富樂。施已大人業。在家小人業。施已諸佛所歎。在家愚癡所讚。復次。

於妻子眷屬　及與善知識　財施及畜生
應生幻化想　一切諸行業　是則爲幻師

在家菩薩。於妻子等應生幻化想。如幻化事但誑人自行。業是幻主。妻子等事不久則滅。如經說。佛告諸比丘。諸行如幻化誑惑愚人無有實事。當知因業故有業盡則滅。是故如幻作是念。

我非彼所有　彼非我所有　彼我皆屬業
隨業因緣有　如是正思惟　不應起惡業

父母妻子親里知識奴婢僮僕等。不能爲我作救作歸作趣。非我非我所。五陰十二入十八界。尚非我非我所。何況父母妻子等。我亦不能爲彼作救作歸作趣。我亦屬業隨業所受。彼亦屬業隨業所受。好惡果報如是三種籌量。一有義趣。二見經說。三見現事。不應爲父母妻子等起身口意毫釐惡業。復次。

菩薩於妻所　應生三三想　亦復有三三　又復有三三

在家菩薩應生諸三想。所謂三者。妻是無常想失想壞想。又有三想。是戲笑伴非後世伴。是共食伴非受業果報伴。是樂時伴非苦時伴。又有三想。是不淨想臭穢想可厭想。又有三想。是怨家想惱害想相違想。又有三想。羅剎想毗舍闍鬼想醜陋想。又有三想。入地獄想入畜生想入餓鬼想。又有三想。重擔想滅想屬畏想。又有三想。非我想無定屬想假借想。又有三想。因起身惡業想起口惡業想起意惡業想。又有三想。欲覺處想瞋覺處想惱覺處想。又有三想。枷杻想鎖械想縛繫想。復有三想。遮持戒想遮禪定想遮智慧想。復有三想。坑想羅網想圍合想。復有三想。災害想疾病想衰惱想。復有三想。罪想黑身想灾雹想。復有三想。病想老想死想。復有三想。魔想魔處想相畏想。復有三想。憂愁想懊惱想啼哭想。復有三想。大豺狼想大摩竭魚想大貓狸想。復有三想。黑毒蛇想鱣魚想奪勢力想。復有三想。無救想無歸想無捨想。復有三想。失想退想疲極想。復有三想。賊想獄卒想地獄卒想。復有三想。留想縛想結想。復有三想。泥想流想漂想。復有三想。械想鎖想黐黏想。復有三想。猛火聚想刀輪想草炬想。復有三想。無利想刺棘想惡毒想。復有三想。凌上想覆映想貪著想。復有三想。恨想鞭杖想刀矟想。復有三想。忿恚想諍訟想持棒想。復有三想。怨憎會想離愛想鬧想。取要言之。是一切臭惡不淨想。一切衰濁想。是一切不善根想。是故在家菩薩。於妻子見如是想。應生厭離心。出家修善爲善。若不能出家。不應於妻起諸惡業。復次。

若於子偏愛　即以智力捨　因子行平等　普慈諸衆生

在家菩薩。若自知於子愛心偏多。即以智力思惟捨離。智力者。應如是念。菩薩平等心。乃有阿耨多羅三藐三菩提。高下心者則無菩提。是阿耨多羅三藐三菩提。從一相無相得。不從別異相得。我今求阿耨多羅三藐三菩提。若於子所愛心偏多。即有高下不名平等。即是別相非是一相。若如是者去阿耨多羅三藐三菩提。則爲甚遠。是故我不應於子偏生愛心。爾時於子應生三想。一於我爲賊。佛說等慈破令不等。愛心偏多故。二爲賊害。因是子故。破諸善根遮正智命。三我因是子逆道中行不行順道。即時因子於諸衆生。等行慈心。應作是念。子從餘處來我亦從餘處來。子至異處我去異處。我不知彼去處。彼不知我去處。彼不知我來處。我不知彼來處。是子非我所有。何爲無故橫生愛縛。如說。

彼我不相知　所來所去處　彼我云何親　而生我所心

復次。無始生死中。一切衆生曾爲我子。我亦曾爲彼子。有爲法中。

無有決定此是我子彼是他子。何以故。衆生於六道中轉輪互爲父子。如說。

無明蔽慧眼　數數生死中　往來多所作　更互爲父子
貪著世間樂　不知有勝事　怨數爲知識　知識數爲怨

是故我方便莫生憎愛心。何以故。若有善知識常種種求利益。若有怨賊常種種生無益想。有此憎愛心。則不得通達諸法平等想。心高下者。死後生邪處。正行者生正行處。是故我不應行邪行。於衆生行平等。當得平等薩婆若。

入寺品第十七

如是在家菩薩。不應於諸事中以貪著心我我所心。何以故。隨所貪著難捨之物法應施與。若能施與則除此過。菩薩如是無有貪著慳惜之心。可以處家。

問曰在家菩薩。或有貪惜愛著之物有來求者。此應云何。

答曰於所貪著物　有來求索者　當自勸喻心　即施勿慳惜

菩薩所貪惜物。若有乞人急從求索。汝以此物施與我者速得成佛。菩薩即時應自勸喻而施與之。如是思惟。若我今者不捨此物。此物必當遠離於我。設至死時不隨我去。此物則是遠離之相。今爲阿耨多羅三藐三菩提。具足檀波羅蜜故施與。後至死時心無有悔。經說不悔心死必生善處。是得大利云何不捨。如是自勸猶貪惜者。應辭謝乞者言。

我今是新學　善根未成就　心未得自在　願後當相與

應辭謝乞者言。勿生瞋恨。我新發意善根未具。於菩薩行法未得勢力。是以未能捨於此物。後得勢力善根成就。心得堅固當以相與。復次。

若衆不和合　斷於經法事　菩薩應隨力　方便令不絕

衆僧或以事緣諍競乖散法事有廢。在家菩薩。應勤心方便彼此之間心無所偏。若以財物若以言說。禮敬求請令還和合。或以乏少衣食因緣。或邪見者橫作障礙。或說法者欲求利養。或聽法者心不恭敬。在家菩薩於此事中。隨宜方便。若以財物若以言說。下意求請。使法事不廢。法事不廢者。是爲然佛法燈。供養十方三世諸佛。復次。

齋日受八戒　親近淨戒者　以戒善因緣　深心行愛敬

齋日者。月八日十四日十五日二十三日二十九日三十日。及遮三忌。三忌者。十五日爲一忌。從冬至後四十五日此諸惡日。多有鬼神侵剋縱暴。世人爲守護日。故過中不食。佛因教令受一日戒。既得福德。諸天來下觀察世間。見之歡喜則便護念。在家菩薩於諸小事猶尚增益。何況先有此齋而不隨順。是故應行一日齋法。既得自利亦能利人。

問曰齋法云何。

答曰應作是言。如諸聖人常離殺生。棄捨刀仗常無瞋恚。有慚愧心慈悲衆生。我某甲今一日一夜遠離殺生。棄捨刀仗無有瞋恚。有慚愧心慈悲衆生。以如是法隨學聖人。如諸聖人常離不與取。身行清淨受而知足。我今一日一夜。遠離劫盜不與取。求受清淨自活。以如是法隨學聖人。如諸聖人常斷婬佚遠離世樂。我今一日一夜。除斷婬佚遠離世樂淨修梵行。以如是法隨學聖人。如諸聖人常離妄語。眞實語正直語。我今一日一夜遠離妄語。眞實語正直語。以如是法隨學聖人。如諸聖人常遠離酒。酒是放逸處。我今一日一夜遠離於酒。以如是法隨學聖人。如諸聖人常遠離歌舞作樂。華香瓔珞嚴身之具。我今一日一夜遠離歌舞作樂。華香瓔珞嚴身之具。以如是法隨學聖人。如諸聖人。常遠離高廣大牀處。在小榻草蓐爲座。我今一日一夜遠離高廣大牀。處在小榻草蓐爲座。以如是法隨學聖人。如諸聖人常過中不食。遠離非時行非時食。我今一日一夜。過中不食遠離非時行非時食。以如是法隨學聖人。如說。

殺盜婬妄語　飲酒及華香　瓔珞歌舞等　高牀過中食
聖人所捨離　我今亦如是　以此福因緣　一切共成佛

親近持淨戒比丘者。在家菩薩應親近諸比丘。盡能護持清淨禁戒。成就功德防遠衆惡者。以戒善因緣者。又應親近持戒比丘。身口業淨。心行直善無衆惡者。深心愛敬者。於上直心善行。持戒比丘成就諸功德者。應生最上恭敬深心愛樂。

問曰在家菩薩。若於持戒比丘。成就功德生愛敬心者。應於破戒比丘生輕恚心耶。

答曰若見破戒者　不應起輕恚

在家菩薩。若見破戒雜行比丘。威儀不具所行穢濁。覆藏瑕疵無有梵行自稱梵行。於此比丘不應輕慢有瞋恚心。

問曰若不瞋恨應生何心。

答曰應生憐愍心　訶責諸煩惱

在家菩薩。若見破戒比丘。不應生瞋恨輕慢。應生憐愍利益之心。作是念。咄哉此人遇佛妙法。得離地獄畜生餓鬼色無色界邊地生處。諸根具足。不聾瘂不頑鈍。值佛妙法別識好醜。心存正見解知義理。人身難得。如大海中有一眼龜頭入板孔。生在人中倍難於此。既聞佛法能滅諸惡。度諸若（苦）惱得至正智。捨諸資生所有多

少永割親族無所顧戀。若生凡庶或在種姓。信佛語故。能捨出家
常聞破戒之罪。所謂自賤其身智所訶責。惡名流布常懷疑悔。死
墮惡道得聞此事而猶破戒。行十善道乃得人身。而不能如法善
用以自利益。咄哉。三毒其力甚惡。常凌衆生難得捨離。諸佛種種
訶罵。煩惱惡賊惡行如實有理。如是思惟不應輕賤破戒之人。又
作是念。若我不能都離瞋恚輕慢心者。應自思惟。佛法無量猶如
大海。或有開通而我不知。如大乘決定王經中。佛告阿難。或有比
丘。根鈍闇塞心不明了。不達諸法相。常念有想無想法中而取有
想。生男女想。生罪礙想。生垢想淨想。生如是想者。名爲鈍根。心不
明了則爲有罪。阿難。若人一切法中。不能善解名爲不了。一切諸
法從初以來。本體性相常不可得。是人不知如是之事。生是諸想
則與外道無有差別。阿難。我所說法。皆有開通明了清淨此中無

罪。亦無罪者。阿難。罪名疑悔愚癡闇冥。罪者名生眾生想。我想命想人想。皆因身見名爲罪者。於我法中無如此人。若我法中。定實有我眾生命人身見等者。不言我法有開非是不開。我法從本已來常清淨明了。復次。阿難。若決定有罪。有罪者則身即是神即墮常見則無佛道。若身異於神即墮斷見亦無佛道。如是六十二見。皆可是菩提但是事不然。是故阿難。我於大眾中師子吼說。而無所畏言。我法有開非不有開。從本以來常清淨明了。阿難。若罪定有。則畢竟無涅槃。我則不言我法有開。阿難。我法實從本以來清淨明了。是故我弟子降心安隱無有疑悔。無諸罪惡清淨行道。菩薩應如是思惟不應瞋恚破戒者。又作是念。是戒必定得住阿耨多羅三藐三菩提。何以故。曾聞必定菩薩有起罪者。如過去十萬劫。有菩薩誹謗漏盡阿羅漢。名爲阿羅漢。又聞必定菩薩。於此劫前三十一劫。以牟刺須陀洹。又此賢劫中。聞有菩薩誹謗拘樓孫佛言。何有禿人而當得道。如是等衆生難可得知。是故我於此事何用知爲。得失好惡彼自作自受何預於我。我今若欲實知彼事。或自傷害籌量衆生佛所不許。如經中說。佛告阿難。若人籌量於他即自傷身。唯我可得籌量衆生。與我等者亦應籌量。如說。

有瓶蓋亦空　無蓋亦復空　有瓶蓋亦滿　無蓋亦復滿
當知諸世間　有此四種人　威儀及功德　有無亦如是
若非一切智　何能籌量人　寧以見威儀　而便知其德
正智有善心　名爲賢人相　但見外威儀　何由知其內
內有功德慧　外現無威德　遊行無知者　如以灰覆火
若以外量內　而生輕賤心　敗身及善根　命終墮惡道
外詐現威儀　遊行似賢聖　但有口言說　如雷而無雨

諸心所行處　錯謬難得知　是故諸衆生　不可妄度量
唯有一切智　悉知諸心心　微密所行處　是故量衆生
佛言與我等　乃能量衆生　若佛如是說　誰能籌量人
若見外威儀　稱量其內德　自敗其善根　如水自崩岸
若於此錯謬　則起大業障　是故於此人　不應起輕賤

是故在家菩薩。不應於破戒人起輕慢瞋恚。又持戒破戒。白衣之人。不與同住。何由得知。我若欲於此事分別明了者。則起罪障。罪障因緣故。於千萬劫受諸苦分。如無行經中說。又大乘經中。佛告郁伽羅長者。如是在家菩薩。應於破戒比丘生憐愍心。是人垢行惡行不善。何以故。是人被如來善寂滅聖主法衣。自不善輭不能調伏諸根。行敗壞行。又佛經中說。不輕未學。此非人罪。是煩惱罪。此人以是煩惱起不善事。又佛法有開是人。或能自除過罪。正念因緣得入法位。若入必定在於阿耨多羅三藐三菩提。又如佛言。唯有智慧可破煩惱。又復說言。不應妄稱量人。若稱量者則爲自傷。唯佛智慧乃能明了。如此事者非我所知。即於破戒人中不生瞋恚輕慢之心。復次。

菩薩若入寺　應行諸威儀　恭敬而禮拜　供養諸比丘

是在家菩薩若入佛寺。初欲入時。於寺門外五體投地。應作是念。此是善人住處。是空行者住處。無相行者住處。無願行者住處。此是行慈悲喜捨者住處。此是正行正念者住處。若見諸比丘威儀具足視瞻安詳。攝持衣鉢坐臥行止。寤寐飯食言說寂默容儀進止皆可觀察。若見比丘修行四念。聖所行處持戒清淨。誦讀經法精思坐禪。見已恭肅。敬心禮拜。親近問訊。應作是念。

若我恆沙劫　常於天祀中　大施不休廢　不如一出家

是菩薩爾時應作是念。我如法求財。於恆河沙等劫。常行大施。是諸施福猶尚不如發心出家。何況有實。何以故。在家則有無量過惡。出家能成無量功德。在家則憒閙。出家則閑靜。在家則屬垢。出家則無屬。在家是惡行處。出家是善行處。在家則染諸塵垢。出家則離諸塵垢。在家則沒五欲泥。出家則出五欲泥。在家難得淨命。出家易得淨命。在家則多怨賊。出家則無怨賊。在家則多惱礙。出家則無惱礙。在家是憂處。出家是喜處。在家是惡道門。出家是利益門。在家是繫縛。出家是解脫。在家則有畏。出家則無畏。在家有鞭杖。出家無鞭杖。在家有刀矟。出家無刀矟。在家有悔熱。出家無悔熱。在家多求故苦。出家無求故樂。在家則戲調。出家則寂滅。在家是可愍。出家無可愍。在家則愁悴。出家無愁悴。在家則卑下。出家則高顯。在家則熾然。出家則寂滅。在家則爲他。出家則自爲。在家少勢力。出家多勢力。在家隨順垢門。出家隨順淨門。在家增刺棘。出家破刺棘。在家成就小法。出家成就大法。在家作不善。出家則修善。在家則有悔。出家則無悔。在家增淚乳血海。出家竭淚乳血海。在家則爲諸佛辟支佛聲聞所訶賤。出家則爲諸佛辟支佛聲聞所稱歎。在家則不知足。出家則知足。在家則魔喜。出家則魔憂。在家後有衰。出家後無衰。在家則易破。出家則難破。在家是奴僕。出家則爲主。在家永在生死。出家究竟涅槃。在家則墮坑。出家則出坑。在家則黑闇。出家則明顯。在家不能降伏諸根。出家則能降伏諸根。在家則傲誕。出家則謙遜。在家則鄙陋。出家則尊貴。在家有所由。出家無所由。在家則多務。出家則少務。在家則果小。出家則果大。在家則諂曲。出家則質直。在家則多憂。出家則多喜。在家如箭在身。出家如身離箭。在家則有病。出家則病愈。在家行惡法故速老。出家行善法故少壯。在家放逸爲死。出家有智慧命。在家則欺誑。出家則眞實。在家則多求。出家則少求。在家則飲雜毒漿。出家則飲甘露漿。在家多侵害。出家無侵害。在家則衰耗。出家無衰耗。在家如毒樹果。出家如甘露果。在家則怨憎和合。出家則離怨憎會苦。在家則愛別離苦。出家則親愛和合。在家則癡重。出家則癡輕。在家則失淨行。出家則得淨行。在家則破深心。出家則成深心。在家則無救。出家則有救。在家則孤窮。出家不孤窮。在家則無舍。出家則有舍。在家則無歸。出家則有歸。在家則多瞋。出家則多慈。在家則重擔。出家則捨擔。在家則事務無盡。出家則無有事務。在家則罪會。出家則福會。在家則苦惱。出家則無苦惱。在家則有熱。出家則無熱。在家則有諍。出家則無諍。在家則染著。出家無染著。在家有我慢。出家無我慢。在家貴財物。出家貴功德。在家有灾害。出家滅灾害。在家則減失。出家則增益。在家則易得。出家則難遇。千萬劫中時乃一得。在家則易行。出家則難行。在家則順流。出家則逆流。在家則漂流。出家則乘筏。在家則爲煩惱所漂。出家則有橋梁自度。在家是此岸。出家是彼岸。在家則纏縛。出家離纏縛。在家懷結恨。出家離結恨。在家隨官法。出家隨佛法。在家有事故。出家無事故。在家有苦果。出家有樂果。在家則輕躁。出家則威重。在家伴易得。出家伴難得。在家以婦爲伴。出家堅心爲伴。在家則入圍。出家則解圍。在家則以侵惱他爲貴。出家則以利益他爲貴。在家則貴財施。出家則貴法施。在家則持魔幢。出家則持佛幢。在家則有歸處。出家壞諸歸處。在家增長身。出家則離身。在家入深榛。出家出深榛。復次。

又於出家者　心應深貪慕

是在家菩薩。如是思惟出家功德。於出家者心應貪慕。我何時當得出家。得有如是功德。我何時當得出家。次第具行沙門法。則說戒布薩安居自恣次第而坐。我何時當得聖人所著戒定慧解脫解脫知見熏修法衣。何時當得持聖人相。何時當得閑林靜住。何時當得持鉢乞食得與不得。若多若少若美若惡若冷若熱次第而受。趣以支身如塗瘡膏車。何時當得於世八法心無憂喜。何時當得關閉六情如縶狗鹿魚蛇猴鳥。狗樂聚落鹿樂山澤。魚樂池沼蛇好穴處。猴樂深林鳥依虛空。眼耳鼻舌身意。常樂色聲香味觸法。非是凡夫淺智弱志所能降伏。唯有智慧堅心正念。乃能摧伏六情寇賊不令爲患自在無畏。何時當得樂欲坐禪誦讀經法樂。斷煩惱樂修善法樂。著弊衣趣足障體。念昔在俗多行放逸。今得自利又利他故。當勤精進。何時當得隨順菩薩所行道法。何時當得亦爲世間作無上福田。何時當得離恩愛奴。何時當得脫是家獄。如說。

禮敬諸塔寺　因佛生三心

是在家菩薩既已慕尙出家。若入塔寺敬禮佛時。應生三心。何等爲三。我當何時得於天龍夜叉乾闥婆阿修羅迦樓羅緊那羅摩睺羅伽人非人中受諸供養。何時當得神力舍利流布世間利益衆生。我今深心行大精進。當得阿耨多羅三藐三菩提。我作佛已入無餘涅槃。復次。

詣諸比丘時　隨所行奉事　默然順所誨　濟乏無所惜

是在家菩薩敬禮塔已。求造諸比丘說法者。所持律者。讀修多羅者。讀摩多羅迦者。讀菩薩藏者。作阿練若者。著納衣者。乞食者。一食者。常坐者。過中不飲漿者。但三衣者。著褐衣者。隨敷坐者。在樹下者。在塚間者。在空地者。少欲者。知足者。遠離者。坐禪者。勸化者。應各隨諸比丘所行奉事。若至讀阿毗曇者所。隨其所說諸法性相相相應不相應等。請問所疑問已習學。若遇持律者。應當請問起罪因緣。罪之輕重滅罪之法及阿婆陀那事。問已修學已習學。若遇讀修多羅者。應當請問諸阿舍(含)諸部中義習學多聞。若遇讀摩多羅迦。應利衆經憂陀那波羅蜜延法句者。應當學習如是等經。若遇讀菩薩藏者。應當請問六波羅蜜及方便事問已修學。若遇阿練若。應學其遠離法。若遇坐禪者。應學其坐禪法。餘諸比丘亦應如是。隨其所行請問其學無所違逆。攝護口者詣諸比丘。應善攝口安詳默然。觀時觀土隨事思惟。心不錯亂少於語言。又於說法者所。諸比丘等隨所乏少。若衣若鉢若尼師壇。資生之物隨力而施無所遺惜。所以者何。菩薩尚應施諸惡人。何況比丘有功德者。乃至身肉猶當不惜。況復外物助道因緣。復次。

若行布施時　莫生他煩惱

行布施時若與一人。一人不得便生恚惱。應善籌量而行布施。勿使他人生於恚惱。何以故。

將護凡夫心　應勝阿羅漢

是在家菩薩。施諸比丘衣服飲食醫藥臥具。供養迎送敬禮親近。將護凡夫心。應勝將護阿羅漢。何以故。諸阿羅漢。於利衰毀譽稱譏苦樂心無有異。凡夫有愛恚慳嫉故能起罪業。以是罪業墮在地獄畜生餓鬼。是故應深將護凡夫。菩薩事者。皆爲利益一切衆生布施。非爲自樂不爲自得後世果報。非如市易。復次。

因以財施故　可以法施攝　隨所欲利益　教發無上心

是在家菩薩。爲自利故隨所利益。比丘若以衣施。若以鉢施。如是等種種餘財物施。如是比丘未入法位未得道果。應勸令發阿耨多羅三藐三菩提願。何以故。因財施攝故。得以法施攝。或於所施檀越。有愛敬心信受其語。復次。

爲欲護持法　捨命而不惜　療治病比丘　乃至以身施

是在家菩薩。爲欲護持法故。乃至自捨身命。勤行精進摧破九十六種外道。及諸魔民憎嫉佛法者。佛弟子中或有邪行詭異佛法。如是之人如法摧破。名爲護持法。又應於諸多聞說法者。加信敬心四事供養。亦名護持法。若自讀誦解說書寫修多羅毗尼阿毗曇摩多羅迦菩薩藏者。亦教他人讀誦解說書寫。以是因緣法得久住利益一切。在家出家稱揚歎說法久住利。若法疾滅說有過惡。又念如來久遠已來。行菩薩道行諸難行乃得是法。以是因緣於諸在家出家。勤心精進示教利喜。若令得道。若令入阿惟越致。

略說護法因緣。令得一切安樂之具。亦復自能如說修行。皆名護持法。復次。是在家菩薩法。若有病比丘應須療治。是菩薩乃至捨身爲治其病而不愛惜是最爲要。出家之人應於在家求此要事。所謂身自瞻視疾病供給醫藥。復次。

決定心布施　施已而無悔

是菩薩若爲護持正法。若爲瞻視病人。應時供施心無有悔。是名清淨施。若不求果報。不分別是應受是不應受。但以憐愍利益心與。是名清淨施。如說。

若人悲心施　是名清淨施　不言是福田　不言非福田
若人行布施　無所爲故與　若人爲果報　是名爲出息
是故說施已　心無有悔恨　乃至微小福　皆向無上道

以是布施因緣所得福德。皆應迴向阿耨多羅三藐三菩提。不求今世後世利樂及小乘果。但爲衆生求阿耨多羅三藐三菩提。如我先說在家菩薩餘行當說者今已說竟。皆於大乘經中處處抄集。隨順經法菩薩住是行中。疾得阿耨多羅三藐三菩提。第二地中多說出家菩薩所行。在家出家菩薩共行今當復說。

十住毗婆沙論卷七

十住毗婆沙論卷八

龍樹菩薩造
姚秦三藏法師鳩摩羅什譯

共行品第十八

問曰汝言當說在家出家菩薩共行法。今可說之。

答曰忍辱法施法忍思惟不曲法。尊重法不障法。供養法信解修空。不貪嫉隨所法行。燈明施伎樂施乘施。正願攝法思量利安眾生等心於一切。此是在家出家共行要法。是故偈說。

行忍身端嚴　法施知宿命　法忍得總持
思惟獲智慧　於諸法不曲　常得正憶念

行忍得端嚴者。能忍惡言罵詈呪誓繫縛刀杖拷掠搒笞。心不動異悉能堪受。如是忍辱所獲果報。生於人天常得端正。後成佛時相好無比。法施知宿命者。行法施者能知過去無量劫事。法施名爲種種分別。聲聞乘辟支佛乘。佛乘解說義理。法施果報雖有三十五。要者知宿命。說法因緣斷人所疑。是故得知宿命。法忍得總持者。法名應空無相無願。應六波羅蜜菩薩諸地。一切菩薩所行之法。曉了明解心能忍持。名爲法忍。行是忍者則得總持。總持名爲如所聞經如所讀誦。其中義趣乃至百千萬劫終不忘失。思惟得智慧者。思惟名爲籌量善法分別義趣。是故能得今世後世利益。不曲心得正念者。不曲名爲質直無諂。修行此法則於一切法中得堅固念。復次。

重法法則堅　不障得守獲護　供養法值佛　信解捨諸難

重法則堅者。若人尊重恭敬於法。法則堅固。堅法名爲所受持。習學之法。自然牢堅不可動轉。後成佛時多有菩薩聲聞弟子。住是堅固法無能障其所受法者。又堅名爲法得久住。不障得守護者。若人說法及人聽法。不橫與作障礙之事。後成佛時。諸天世人共守護法。未得佛道常能護持諸佛正法。諸佛滅後守護遺法。乃能至於後佛出世。以是因緣菩薩聲聞。皆應盡心善守護法。供養法值佛者。供養名爲恭敬諸法。法施法會敬心。供養說法之人。施法座起立禪坊。莊校嚴飾講法之處。如是深心愛樂。供養法因緣故。得值諸佛。以信解捨諸難者。信名於諸善法深生欲樂。以是法故得離八難。解者能滅諸罪。能於諸善法中。以心力故隨意而解。如十一切入隨意所解。若人多有信解力者。能滅無始生死已來無量罪惡。如先悔過品中說。復次。

修空不放逸　不貪得成利　隨說滅煩惱　燈施得天眼

修空不放逸者。修有二種。得修行修。修空力故。信有爲法皆是虛誑亦不住空。諸法無定。是故常自攝斂心不放逸。不貪得成利者。貪名於他物中生貪取心。若除是事所求皆成。所願皆滿。隨說滅煩惱者。隨有所說身即行之。則斷煩惱。於諸事中皆如說行。世世已來諸煩惱氣常熏其心則皆除滅。轉諸煩惱惡氣習性。燈施得天眼者。若人然燈供養佛聲聞辟支佛及塔像舍利。以是因緣。得天眼報。復次。

樂施天耳報　乘施獲神足　以正願淨土　攝法得具僧

樂施得天耳報者。於大法會作諸音樂供養於佛。得天耳報。乘施得神足者。乘名輦轝象馬等乘。復有人言。以履屣等施亦得神足。以正願淨土者。隨以所願取清淨土。若金銀玻瓈珊瑚琥珀硨磲碼磁。無量衆寶清淨國土。攝法得具僧者。若菩薩具足行四攝法。得具足僧。以布施愛語利益同事。攝取衆生故。後成佛時得清淨具足。無量菩薩僧及聲聞僧。如阿彌陀佛有二種僧清淨具足。願具足者如先十願中說。復次。

利益衆生故　一切所愛敬　平等心無二　得爲最勝者

若菩薩以身口意業有所作。皆爲利益安樂衆生。是故衆生皆悉敬愛。若菩薩於諸衆生怨親中人行平等心。不捨一切衆生。以是業報得爲最勝。勝名能勝。貪欲瞋恚愚癡一切煩惱惡法。故名爲佛。

問曰人皆俱有眼耳鼻口等無有異。云何得知是佛。答曰佛有三十二大人相。有是相者當知是佛。在家出家應當分別了知三十二相。是相以何法得是相。以何業得是相。是業亦應當知。何以故。欲得功德。當知是相。欲得是相。當知是業。問曰如此事者於何得解。

答曰於法相品中　一相三分別

阿毗曇三十二相品中。一一相有三種分別。悉應當知。

問曰云何爲一一相有三種分別。

答曰一說相體。二說相果。三說得相業。手足輪相等先已說。轉輪聖王亦有是相。諸菩薩亦有是相。餘人亦有。但不如耳。手足輪者。手足掌中有千輻輪。具足明了如印文現。足安住不動名足安立相。縵網輭薄猶如鵝王。晝文明了如眞金縷故。名手足網相。柔輭猶如兜羅樹綿如嬰兒體。其色紅赤勝餘身分。名爲手足柔輭相。手掌足下頭上兩腋七處俱滿故。名七處滿相。修指纖傭故。名長指相。足跟長廣故。名足根廣相。身長七肘不曲故。名身直大相。足上隆起故。名足趺高相。毛上向右旋故。名毛上旋相。傭𨄔漸麤。如伊泥鹿𨄔故。名鹿𨄔相。平立兩手摩膝故。名長臂相。如寶馬寶象陰不現故。名陰藏相。第一金色光明故。名金色相。皮軟如成鍊金。不受塵垢故。名皮薄細密相。一一孔一毛生故。名一一毛相。眉間白毫光。如珂雪故。爲白毛相。如師子前身。廣厚得所故。名師子上身相。肩圓大故。名肩圓大相。腋下平滿故。名腋下滿相。舌根不爲風寒熱所壞故。善分別諸味。餘人不爾故。名知味味相。身縱廣等。如尼俱樓樹故。名圓身相。肉髻團圓髮右上旋故。名肉髻相。舌如赤蓮華廣長而薄故。名廣長舌相。聲如梵王迦陵頻伽鳥故。名梵音相。頰圓廣如鏡故。名師子頰相。齒白如珂雪。如君坻華故。名齒白相。平齊不參差故。名齒齊相。齒密緻不疎故。名俱足齒相。齒上下相當故。名四十齒相。眼白黑分明淨無赤脈故。名紺青眼相。睫不交亂上下俱眴。不長不短故。名爲牛王睫相。於諸所尊迎送恭敬。於塔寺中大法會處說法處。供給人使故。得手足輪相。有是相故。在家作轉輪聖王。多得人民。出家學道。多得徒眾。所受諸法堅持不捨故。得安立足相。有是相故無能傾動。常修四攝法布施愛語利益同事故。得手足網縵相。有是相故速攝人眾。以諸香甘美輭飲食。供施於人及諸所尊。供給所須故。得手足柔輭相及七處隆滿相。有是相故多得香甘美輭飲食。救免應死及增壽命。又受不殺戒故。得纖長指相。足跟滿相。身大直相。有是相故壽命長遠。所受善法增益不失故。得足趺高毛上向右旋相。有是相故得諸功德不退失。能以技藝及諸經書教授不惜。及履屣等施故。得伊泥鹿蹲相。有是相故諸所修學疾得如意。有來求索無所遺惜故。得膞長臂相。有是相故能得勢力能大布施。能善調力不令眾生親里遠離。若有乖離還令和合故。得陰藏相。有是相故多得弟子。以好淨潔衣服臥具樓閣房舍施故。得金色相及皮膚薄相。有是相故得好淨潔衣服臥具樓閣房舍。隨所應供養和尚阿闍梨父母兄弟及所尊重善能衛護故。得一一孔一毛生毛右旋相。白毫莊嚴面相。有是相故無與等者。慚愧語隨順語愛語故。得上身如師子相肩圓大相。有是相故見者樂視無有厭足。供給疾病醫藥飲食。身自看視故。得腋下滿相得味味相。有是相故身少疾病。布施園林甘果橋梁茂樹池井飲食華香瓔珞房舍。起塔福舍等。及共眾施時。能出多物故。得身如尼俱樓樹相及肉髻相。有是相故得尊貴自在。長夜修習實語輭語故。得廣長舌相梵音聲相。有是相故得五功德音聲。五功德音聲者。易解聲。聽者無厭聲。深遠聲。悅耳聲。不散聲。長夜實語不綺語故。得師子頰相。有是相故言必信受。初既供養後不輕慢。隨意供給故。得齒白相齒齊相。有是相故得清淨和順同心眷屬。長夜實語不讒謗故。得四十齒相齒密緻相。有是相故眷屬和同不可沮壞。深心愛念和顏視衆生。無愛恚癡故。得紺青眼相睫如牛王相。有是相故一切見者無不愛敬。

四法品第十九

如所說得三十二相諸業。菩薩應一心修習。修如此三十二相業以慧爲本。是故。

退失慧四法　菩薩應遠離
得慧四種法　應常修習行

有四法能退失慧。菩薩所應遠離。復有四得慧法應常修習。何等四法失慧。一不敬法及說法者。二於要法秘匿悋惜。三樂法者爲作障礙壞其聽心。四懷憍慢自高卑人。何等四法得慧。一恭敬法及說法者。二如所聞法及所讀誦爲他人說。其心清淨不求利養。三知從多聞得智慧故。勤求不息如救頭然。四如所聞法受持不忘。貴如說行不貴言說。是爲四。若人不壞諸善根者。是人能捨失慧四法。能行得慧四法。是故求增益智慧者。如偈說。

　食善根四法　菩薩應遠離　增善根四法　菩薩應修習

何等是侵食善根四法。一懷憍慢貪求世事。二著利養出入諸家。三起憎嫉謗諸菩薩。四未聞經聞不信受。何等是增長善根四法。一所未聞經求之無厭。所謂六波羅蜜菩薩藏。二於衆生除憍慢心謙遜下下。三如法得財趣足而已。離諸邪命樂行四聖種行。四於他罪若實不實無有刺譏不求人短。若於法中有所不達。心不違逆以佛爲證。佛是一切智其法無量。隨宜而說非我所知。如是增益善根。四法非諂曲者所能成就。是故

　菩薩應遠離　諂曲相四法　應常修習行　直心相四法

在家出家菩薩。應遠離四諂曲法。如曲木在稠林難可得出。如世間有佛弟子雖入佛法。不能得出生死深林。何等爲四。一於佛法

懷疑不信無有定心。二於衆生憍慢瞋恨。三於他利心生貪嫉。四毀謗菩薩惡聲流布。是爲四。何等是四直心相。一者有罪即時發露無所隱藏。悔過除滅行無悔道。二者若以實語失於王位及諸財寶。猶不妄語口未曾說輕人之言。三者若人惡口罵詈輕賤譏謗繫閉鞭杖拷掠等罪。但怨前身不咎於他。信業果報心無恚恨。四者安住信功德中。諸佛妙法甚難信解。心清淨故皆能信受。敗壞菩薩行四諂曲。調和菩薩有四直行。是故菩薩欲不行諂曲相欲行直心。如說。

應捨離四種　敗壞菩薩法
應修習四種　調和菩薩法

云何名爲四敗壞菩薩法。一多聞而戲調不隨法行。二於教化而生戲論。不敬順和尚阿闍梨。三者不能消人信施。毀壞防制而受供養。四者不敬柔善菩薩心懷憍慢。是爲四。云何名爲四調和菩薩法。一常樂聞所未聞法。聞已能如所說行。依法依義依如說行。二隨順義趣不惑言辭調和易化。於師事中用意施作。三不失戒定清淨活命。四於諸調和菩薩生恭敬心。隨順情重破憍慢心求其功德。復次。菩薩有四種錯謬。常於此中求菩薩短。是名敗壞菩薩。若能親近四種善道。是名調和菩薩。如偈說。

菩薩應遠離　四種菩薩謬　菩薩應修習　四種菩薩道

何謂菩薩四種錯謬。一於非器衆生說甚深法。是名錯謬。二樂深大法者。爲說小乘。是名錯謬。三於正行道者持戒善心。輕慢不敬。是名錯謬。四於未成就者。未可信而信。攝破戒惡人以爲親善。是名錯謬。何等爲四種菩薩道。一於一切衆生行平等心。二以善法教化一切。三等爲一切衆生說法。四以正行行於一切衆生。若常行菩薩四種錯謬。不樂思惟諸法。不勤修習善法。則是像菩薩。是故。

諸菩薩法中　四種像菩薩　佛說如是法　一一應遠離

何等爲四。一貪重利養不貴於法。二但爲名譽不求功德。三求欲自樂不念衆生。四貪樂眷屬不樂遠離。是爲四。

問曰像菩薩法云何可捨。

答曰若菩薩應修菩薩初行功德。是則能離像菩薩法。是故菩薩若欲離像菩薩法。如偈說。

初行四功德　精勤令得生　生已令增長　增長已當護

何等爲四。一者信解空法。亦信業果報。二者樂無我法。而於一切衆生生大悲心。三者心在涅槃而行在生死。四者布施爲欲成就衆生。而不求果報。若人欲生菩薩初行四功德。增長守護者。當親近善知識。如偈說。

菩薩當親近　四種善知識　亦應當遠離　四種惡知識

菩薩愛樂阿耨多羅三藐三菩提者。應當親近恭敬供養四種善知識。當深遠離四種惡知識。何等爲四種善知識。一於來求者生賢友想。以能助成無上道故。二於說法者生善知識想。以能助成多聞智慧故。三稱讚出家者。生善知識想。以能助成一切善根故。四於諸佛世尊。生善知識想。以能助成一切佛法故。何等爲四種惡知識。一求辟支佛乘心。樂少欲少事。二求聲聞乘比丘。樂坐禪者。三好讀外道路伽耶經。莊嚴文頌巧問答者。四所親近者。得世間利不得法利。是故菩薩應親近四善知識。遠離四惡知識。若菩薩能遠離四惡知識。親近四善知識者。則得四廣大藏。過一切魔事法。能生無量福德。盡能攝取一切善法。

問曰何等是菩薩廣大藏法。何等是能過一切魔事法。何等是能生無量福德法。何等是能攝取一切善法。

答曰諸菩薩有四　廣大藏妙法　四攝諸善法　菩提心爲先

何等爲四。一得値佛。二得聞六波羅蜜。三於說法者心無瞋礙。四以不放逸心。樂住阿練若處。是爲四大藏。能過一切魔者有四法。何等四。一不捨菩提心。二於一切衆生心無瞋礙。三覺知一切諸見。四於諸菩薩心無憍慢。是爲四。得無量福德法。復有四法。何等爲四。一於法施無所希求。二於破戒惡人生大悲心。三於教衆生中發無上菩提。四於下劣衆生而行忍辱。是爲四。攝一切善法者。有四法。何等爲四。一於空閑不現矯異常行。二行四攝不求恩報。三不惜身命護持正法。四種諸善根時以菩提心爲先。是爲四。是一一四法皆應廣解。於文煩多故不廣說。今如佛所說以偈略解。若菩薩欲得諸菩薩藏。欲過一切魔事。欲攝一切善法者。皆當遠離。

二空繫二縛　二障二垢法　二瘡及二坑　二燒二病法

若菩薩欲得諸菩薩藏等功德者。應當遠離是諸二法。何等爲二虛空繫法。一貪著應路伽耶等經。二嚴飾衣鉢。二縛者。一著諸見縛。二貪利縛。二障法者。一親近白衣。二疎遠善人。二垢法者。一忍受諸煩惱。二樂諸檀越知識。二瘡法者。一見他人過。二自藏其過。二坑法者。一毀壞正法。二破戒受供。二燒法者。一以穢濁心而著袈裟。二受淨戒者供給。出家之人有二病難治。一增上慢人自謂能降伏心。二求大乘者沮壞其意。若菩薩遠離如是等法。更有疾得阿耨多羅三藐三菩提法。則能疾得。又得諸佛辟支佛阿羅漢之所稱歎。

問曰何等法是疾得阿耨多羅三藐三菩提法。何等是諸佛辟支佛阿羅漢之所稱歎。

答曰　能行四諦相　疾得佛菩提　及行四法者　三聖所稱歎

何等爲四諦相。一求一切善法故勤行精進。二若聽受讀誦經法如所說行。三厭離三界如殺人處常求勉出。四爲利益安樂一切衆生故。自利其心。諦名眞實不誑。得阿耨多羅三藐三菩提故。名爲不虛。復有四法。爲三聖稱歎。何等爲四。一乃至失命不爲惡事。二常行法施。三受法常一其心。四若生染心。即能正觀染心起染因緣。是染根者何名爲染。何者是染於何事起。誰生是染。如是正憶念。知虛妄無實無有。決定信解諸法空故。無有法無所有法故。如是正觀染因緣故。不起諸惡業。餘一切煩惱亦如是觀。菩薩得是大人所稱歎法。離諸惡煩惱業故。心則具足捨心者。如說。

具足捨於心　求世出世利　求此諸利時　心無有厭倦

是菩薩具足捨法。欲行法施行財施利益衆生故。若求世間出世間諸利。未得時心無疲懈。世間利者。善解世間經書技藝方術巧便等。出世間利者。說諸無漏根力覺道法。如說。

如是求二利　心無有疲懈　以無疲懈故　能得諸深法
因從求經書　而能得智慧　具足知世間　最上第一法

無疲懈者。疲懈名厭惡。所學若無厭惡。則心無疲倦。若無疲倦。則求諸經藝醫方技術禮儀法則皆無疲倦。無疲倦故則得智慧具足。深知世間宜法。世間法者。方俗所宜隨世間心。世間治法皆悉能知。是故能知上中下衆生。隨宜而引導。善解世間事。深有慚愧心。隨宜引導者。於上中下者各有所宜。慚愧者。自恥所行名爲慚。因他生恥名爲愧。有人以自作而羞見他而愧。世間法中愧爲先用。如經說。二清白法護持世間。所謂慚愧。如偈說。

隨人有愧時　知法知罪福　無愧善人遠　無惡而不作

問曰何故慇懃教菩薩善知世間宜法。

答曰菩薩若知世間法者。則於衆生易相悅入。化導其心令住大乘。若不知世法。乃至不能教化一人。是故世間法者。則是教化衆生方便之道。菩薩如是知世間法。具足暫愧心。如說。

加惡而敬養　何況利己者　有愧有恭敬　不輕笑善者

是菩薩愧心多故。於諸惡人常能恭敬供養迎送問訊。何況善人能利於我有功德者。有愧恭敬二心故。於諸賢善少知識者而不輕慢。作是念有功德者。自隱於世。如灰覆火。鄙薄世法不應輕賤。若我以小因緣而輕賤者。即便得罪。復次。

凡諸有所作　雖難能究竟　則於世間中　亦是不退相

是菩薩凡有所作。若起塔寺若設大會若救罪人。如是等一切世間諸難事中心無廢退。所造未成要以種種諸方便力。身口心力令得成就。不但佛法有不退轉。世間事中亦有不退轉相。

問曰以何因緣能成此事。

答曰有堪忍力者。則能究竟。如說。

得大堪忍力　深供養諸佛　隨佛所教化　皆悉能受持

菩薩得堪忍力故。以是力於諸佛供養敬禮。隨宜供奉衣服飲食等。又佛教化若持戒禪定。若降伏心意。若實觀諸法。於是事中用堪任力。如人得利刀。宜應有益中用。不於無益中用。如說。

以信悲慈捨　堪受無疲倦　又能知義趣　引導衆生心

愧堪受第一　深供養諸佛　住佛所說中　正行此十法

能淨治初地。是則菩薩道。若菩薩以信爲始。後住佛教則能淨治初地。是十法中以信爲初。信名於諸佛法因緣中。心得決定又加好樂。何以故。是菩薩心性清淨故。得深根信力。有信力故於衆生中。而生悲心。作是念。一切諸佛法以大悲爲本。我今一心好樂佛法。是故於衆生中應生悲心。此悲漸增則成大悲。得大悲故。於衆生中則生慈心。作是念。我應隨力利益衆生。則成實悲行慈。利衆生時即能行捨。內外所有皆能施與。作是念。如我是物。爲欲利益安樂衆生則成實慈。又諸衆生信受我語。爲欲行捨求利財物故。堪受種種諸苦惱事。作是念。若有疲厭。則於世間技藝經書佃作工巧。諸求財利因緣則無所獲。是故應於世間技藝經書等無有疲厭。以堪受故能知義趣。作是念。世間經書以義爲味。若人善知經書義味。則於世法悉能通了。能通了故則能引導上中下衆生。作是念。若人無有慚愧。則不能令衆生歡喜。爲令喜故當行慚愧。作是念。若無堪受。則不成世間出世間利。有堪受故。則能引導一切衆生皆令歡喜。心歡喜故信受我語。以信受故。勤行方便而作唱導。作是念。若衆生供養佛者。則多所利益。欲令衆生供養佛故。即自一心供養於佛及形像舍利。衆生信受則便隨效供養於佛。種人天因緣。住於三乘菩薩。如是次行十法。則能淨治初地。

念佛品第二十

菩薩於初地。究盡所行處。自以善根力。能見數百佛菩薩。如是調伏其心深愛佛道。如所聞初地行具足究竟。自以善根福德力故。能見十方現在諸佛皆在目前。

問曰。但以善根福德力故。得見諸佛。爲更有餘法耶。

答曰。佛爲跋陀婆　所說深三昧　得是三昧寶　能得見諸佛

跋陀婆羅是在家菩薩。能行頭陀。佛爲是菩薩。說般舟經。般舟三昧名。見諸佛現前。菩薩得是大寶三昧。雖未得天眼天耳。而能得

見十方諸佛。亦聞諸佛所說經法。

問曰是三昧者當以何道可得。

答曰當念於諸佛　處在大衆中　三十二相具　八十好嚴身

行者以是三昧。念諸佛三十二相八十種好莊嚴其身。比丘親近諸天供養。爲諸大衆恭敬圍繞。專心憶念取諸佛相。又念諸佛是大願者。成就大悲而不斷絕。具足大慈深安衆生。行於大喜滿一切願。行於捨心捨離憎愛不捨衆生。行於諦處常不欺誑。行於捨處淨除慳垢。行於善處其心善寂。行於慧處得大智慧。具行檀波羅蜜爲法施主。具行尸羅波羅蜜戒行清淨。具行羼提波羅蜜能忍如地。具行毗梨耶波羅蜜精進超絕。具行禪波羅蜜滅諸定障。具行般若波羅蜜破智慧障礙。手足輪相能轉法輪。足安立相安住諸法。手足網縵相。滅諸煩惱。七處滿相諸功德滿。手足柔輭相說柔和法。纖長指相。長夜修集諸善妙法。足跟廣相眼廣學廣。大直身相說大直道。足趺高相。一切中毫毛上旋相。能令眾生住上妙法。伊尼鹿蹲相蹲腨漸纖。臂長過膝相譬如金鋌。陰馬藏相有法寶藏。身金色相有無量色。皮細薄相說細妙法。一一毛相示一相法。白毫莊嚴面相樂觀佛面無厭。師子上身相如師子無畏。肩圓大相善分別五陰。腋下滿相滿大善根。得味味相具足寂滅味。方身相破生死界。肉髻相頭未嘗低敬。舌大相色如眞珊瑚能自覆面。梵音相身相至梵天。師子頰車相肩廣相能破外道。齒齊相行清白緻。齒平等相平等心於一切眾生。齒密緻相離諸貪著。四十齒相具足四十不共法。紺青眼相慈心視眾生。牛王睫相睫長不亂。得希有色樂見無厭。以此三十二相莊嚴其身。八十種好間錯映發。福德具足威力殊絕名聞流布。戒香塗身世法所不動。諸煩惱所不染。惡言所不汙。遊戲諸神通。諸佛如是威力猛盛無敢當者。以慧說法如師子吼如意自在。以精進力破諸癡闇。以大光明普照天地。諸問答中最無有上。一切仰瞻無下觀者。常以慈心觀察眾生。念如大海。定如須彌。忍辱如地。增長眾生。所種福德如水滋潤。能生眾生諸善根力。如風開發。成就眾生。如火熟物。智慧無邊猶如虛空。普雨大法如大密雲。不染世法猶如蓮華。能破外道如師子搏鹿。能舉重擔如大象王。能導大眾如大牛王。眷屬清淨如轉輪王。世間最上如大梵王。可愛可樂如清天明月。普照能然猶如朗日。與諸眾生安樂因緣。猶如仁父憐愍眾生。隨宜將護猶如慈母。所行清淨如天眞金。有大勢力如天帝釋。勤利世間如護世主。治煩惱病猶如醫王。救諸衰患猶如親族。積諸功德如大庫藏。其戒無量。其定無邊。其慧無稱。解脫無等。解脫知見無等等。

於一切事最無有比。一切世間最無上。故名第一人。成大法故名爲大法人。如是菩薩。以大人相念觀諸佛。是諸佛者。於無量無邊百千萬億不可思議不可計劫修習功德。善能守護身口意業。於過去未來現在無爲不可說。五藏法中悉斷諸疑。定答分別答反問答置答。於四問答無有錯謬。善說根力覺道念處正勤如意三十七助道法。善能分別無明諸行識名色六入觸受愛取有生老死因果。於眼色耳聲鼻香舌味身觸意法無所繫著。善說九部經法。修多羅祇夜授記伽陀優陀那尼陀那毗佛略未曾有論議。如是諸經。不爲貪欲瞋恚愚癡憍慢。身見邊見邪見見取戒取疑諸使所使。不爲無信無慚愧諂曲戲調放逸懈怠睡眠瞋恨慳嫉諸惱所侵。知見苦斷集證滅修道。可去已去可見已見。所作已辦。盡破怨賊具足諸願。是世間尊是世間父是世間主。是善來善去善意善寂善滅善解脫者。在無量無邊十方恆河沙等世間中住。如現在前菩薩。又應以八十種好念觀諸佛。甲色鮮赤行清白法。甲隆而大生在大家。甲色潤澤深愛衆生。指圓纖長其行深遠。指肉充滿善根充滿。指漸次而長次第集諸佛法。脈覆不見不覆身口意命脈。無麤結破煩惱結。𨂶平不現不隱藏法。足不邪曲度脫邪衆。行如師子是人中師子。行如象王是人象王。行如鵝王高飛如鴻。行如牛王人中最尊。行時右旋善說正道。身行不僂曲心常不曲。身堅而直讚堅牢戒。身漸次大次第說法。普身諸分大而端嚴。善能解說大妙功德。身相具足具足法者。足步間等等心衆生。其身淨潔三業清淨。身膚細輭心性自輭。身離塵垢善見離垢。身不縮沒心常不沒。身無邊量善根無量。肌肉緊密永斷後身。支節分明善說十二因緣分別明了。身色無闇。知見無闇。腹圓周滿弟子行具。腹淨鮮潔善能了知生死過惡。腹不高出破憍慢心。腹平不現說平等法。臍圓而深通甚深法。臍畫右旋弟子順教。身徧端嚴弟子徧淨。威儀鮮潔心淨無比。身無點子無黑印法。手輭勝兜羅綿。受化者身輕如毛。手畫文深威儀深重。手畫文長觀受法者長遠後事。手畫潤澤捨親愛潤得大道果。面貌不長結戒有開。脣赤如頻婆果。見一切世間如鏡中像。舌柔而輭先以輭語廣度衆生。舌薄而廣功德純厚。舌赤如染染凡夫心難解佛法令解。聲如雷震不畏雷聲。其聲和柔說柔輭法。四牙圓直說直道法。四牙俱利度利根者。四牙鮮白清白第一。四牙齊等住戒平地。牙漸次細漸次說四諦法。鼻高隆直住智高山。鼻中清淨弟子清白。眼廣而長智慧廣遠。睫不希疏善擇衆生。眼白黑淨鮮如青蓮華葉。天人婇女以好眼敬禮。眉高而長名聞遠流。眉毛潤澤善知輭法。耳等相似聞法者等。耳根不壞度不壞心衆生。額平而好善離諸見。額廣無妨廣破外道。頭分具足善具大願。髮色如黑蜂轉五欲樂。髮厚而緻結使以盡。美髮柔懦輭利智智者能知法味。髮不散亂言常不亂。髮潤而澤常無麤言。髮有美香以七覺意香華隨宜化導。髮中有德字安字喜字。手足中亦有德字安字喜字。菩薩如是應念諸佛處。在大衆講說正法坐師子座。其座以瑠璃雜寶爲腳。以眞珊瑚妙赤眞珠以爲几。金薄帷帳柔輭滑澤。種種天衣以爲敷具。有寶師子赤金爲身。琥珀爲眼。硨磲爲尾。珊瑚爲舌。白金剛爲四牙。眞白銀爲髮。毛髮長廣具足。其牀在此四師子上。大象王牙以爲凭几。其承足几衆寶所成。爲諸天龍夜叉乾闥婆阿修羅迦樓羅緊那羅摩睺羅伽之所敬禮。諸佛如是在此牀上。著竭支泥洹僧。不高不下覆身三分。周帀齊整。著淺色袈裟。條數分明不高不下亦不參差。處八部大聖莊嚴衆中人天大會。龍金翅鳥俱共聽法心無瞋恚。一切大衆深心慚愧敬愛於佛。皆共一心聽佛所說。受持思惟如所說行。專心聽受心清淨故能障諸蓋。一切大衆瞻仰如來無有厭足。衣毛皆竪泣淚心熱或有大喜。有如是者。則知其人心得清淨。寂默湛然如入禪定。無愛無恚心無餘緣。有大悲相慈愍衆生。欲救一切心不諂曲。寂滅清淨分別好醜。有大志量不沒不縮不高不下。佛悉瞻見處在如是。大衆說法易解易了樂聞無厭。音深不散柔輭悅耳從齊而出。咽喉舌根鼻額上齶齒脣。氣激變成音句。柔輭悅耳如大密雲。雷聲隱震如大海中猛風激浪。如大梵天音聲。引導可度衆生。離眉眼脣可訶語法。言不闕少又不煩重。所說無疑言必利益。無有誑語可破語等。離如是過遠近等聞四種問難隨意能答。開示四諦令得四果。建立義端因緣結句。語言法則皆悉具足。種種所說事義易了。所宣分明事不隱曲。言不卒疾又不遲緩。始終相稱無能難者。以如是語敷演說法。初中後善有義有利唯法具足。能令衆生得今世報。無有時節可得嘗試能滿所願。深妙智者以內可知。能滅衆生三毒猛火。能除一切身口意罪。善能開示戒定慧品。初以名字後令知義而生歡喜。從喜生樂從樂生定。從定生如實知。從實知生厭離。從厭離滅結使。滅結使故得解脫。如是能令此法。次第善能開示諦捨滅慧四處。能示衆生。令滿布施持戒忍辱精進禪定智慧波羅蜜。能令衆生。次第得至喜地淨地明地燄地難勝現前深遠不動善慧法雲。能分別聲聞乘辟支佛乘大乘。能令證須陀洹斯陀含阿那含阿羅漢果。能令成就人天之中所有富樂。是爲一切第一利益諸功德藏。如是正心憶念諸佛。在閑靜處除卻貪欲瞋恚睡眠疑悔調戲。一心專念不生障礙失定之心。以如是心專念諸佛。若心沒當起。若散當攝。并見大衆常如現前。未入定時常應稱讚相好二事。以偈歎佛令心調習。如此偈說。

世尊諸相好　何業因緣得　我以相及業　稱讚於大聖
足相千輻輪　清淨眷屬施　以是因緣故　賢聖衆圍遶
足下安立相　受善持不失　是故魔軍衆　不能得毀壞
手足指網縵　身相紫金色　善行攝法故　大衆自然伏
手足極柔輭　身相七處滿　隨意食施故　多得自然供
長指廣腳跟　身傭大直相　離殺因緣故　乃至於劫壽
毛上向右旋　足趺隆高相　常進諸善事　故得不退法
伊尼鹿蹲相　常樂讀誦經　爲人說法故　疾得無上道
修臂下過膝　一切所有物　求者無悋惜　隨意化導人

陰藏功德藏　善和離散故　多得人天衆　淨慧眼爲子
薄皮耀金光　妙衣堂閣施　故多得妙衣　清淨房樓觀
一孔一毛生　眉間白毫峙　常爲最上護　故於三界尊
身上如師子　兩肩圓而端　常行仁愛語　無有違反者
腋滿知味相　病施醫藥故　人天皆敬愛　身無有疾患
身圓肉髻相　和悅心施福　勸化剛強者　法王中自在
迦陵頻伽音　廣舌聲如梵　所言常軟實　得大聖八音
先加以思慮　後言必有實　故得師子相　見者皆信伏
齒白齊密相　所曾供養者　後常不輕故　眷屬心和同
上下四十齒　密緻不疏漏　無讒不妄語　徒衆不可破
眼黑青白明　睫相如牛王　慈心和視故　觀者無厭足
雖轉輪聖王　典主四天下　有是諸相好　光明不如佛

我所稱歎說　諸相好功德　願令一切人　心淨常安樂

菩薩又應以八十種好念諸佛。如此偈說。

諸佛有妙好　八十莊嚴身　汝等應歡喜　一心聽我說
世尊圓纖指　其甲紫紅色　隆高有潤澤　所有無有量
膝平踝不現　雙足無邪曲　行如師子王　威望無等比
行時身右旋　安庠有儀雅　方身分次第　端嚴可愛樂
身堅柔懦輭　支節甚分明　行時不逶迤　諸根悉充滿
肌體極密緻　鮮明甚清淨　身形甚端雅　無有可訶處
腹圓不高現　臍深而無孔　其文右向旋　威儀甚清淨
身無有疵點　手足極柔輭　其文深且長　修直有潤色
舌薄面不長　牙白圓纖利　脣色頻婆果　音深若鴻王
鼻隆眼明淨　睫緻而不亂　眉高毛柔輭　端直不邪曲

眉毛齊而整　善知諸法過　眉毛色潤澤　善度潤衆生
耳滿長而等　不壞甚可愛　額廣而齊整　頭相皆具足
髮緻而不亂　如黑蜂王色　清淨而香潔　中有三種相

是名八十種好。以此八十種好。間雜莊嚴三十二相。若人不念三十二相八十種好。讚歎佛身者。是則永失今世後世利樂因緣。

十住毗婆沙論卷八

十住毗婆沙論卷九

龍樹菩薩造
姚秦三藏法師鳩摩羅什譯

四十不共法品第二十一

菩薩如是以三十二相八十種好。念佛生身已。今應念佛諸功德法。所謂。

又應以四十　不共法念佛　諸佛是法身　非但肉身故

諸佛雖有無量諸法。不與餘人共者。有四十法。若人念者則得歡喜。何以故。諸佛非是色身。是法身故。如經說。汝不應但以色身觀佛。當以法觀。四十不共法者。一者飛行自在。二者變化無量。三者聖如意無邊。四聞聲自在。五無量智力知他心。六心得自在。七常在安慧處。八常不妄誤。九得金剛三昧力。十善知不定事。十一善知無色定事。十二具足通達諸永滅事。十三善知心不相應無色法。十四大勢波羅蜜。十五無礙波羅蜜。十六一切問答及受記具足答波羅蜜。十七具足三輪說法。十八所說不空。十九所說無謬失。二十無能害者。二十一諸賢聖中大將。二十五四不守護。二十九四無所畏。三十九佛十種力。四十無礙解脫。是爲四十不共之法。今當廣說。飛行自在者。諸佛飛行如意自在。如意滿足速疾無礙。所以者何。佛若欲於虛空先舉一足。次舉一足。即能如意。若欲舉足躡虛空去。若欲住立不動而去。即能得去。若結跏趺安坐而去亦能得去。若欲安臥而去亦復能去。若欲於青瑠璃莖眞珊瑚葉黃金爲鬚如意珠臺無量圍遶。如日初出是寶蓮華徧於空中蹈上而去。若欲如日月宮殿帝釋勝殿。夜摩天兜率陀天化樂天他化自在天諸梵王等宮殿。隨意化作如彼宮殿坐中而去即能成辦。若更以餘種種因緣隨意能去。是故說言。隨諸所願皆能滿足。是故諸佛能以一步。過恆河沙等三千大千世界。有人言。佛能一念頃。過若干國土。有人言。若知佛一步一念能如是去。即可得量經中說。諸佛力無量。是故當知。諸佛虛空飛行自在無量無邊。何以故。若大聲聞弟子。神通自在以一念頃。能過百億閻浮提瞿陀尼弗婆提鬱多羅越四大天王忉利天夜摩天兜率陀天化樂天他化自在天梵天。一瞬中過若干念。積此諸念以成一日七日一月一歲。乃至百歲。一日過五十三億二百九十六萬六千三千大千世界。如是聲聞人百歲所過。佛一念能過。復次。假令恆河中沙一沙為一河。有大聲聞神通第一壽命如是諸恆河沙大劫。於一念中過若干世界。積如是念以為日月歲數。以自在力盡是諸大劫數所過國土。佛能一念中過。諸佛飛行自在如是速疾。於一切鐵圍山十寶山四天處。忉利天處。夜摩兜率陀化樂他化自在。梵世梵衆大梵。少光無量光光音。少淨無量淨偏淨。廣果無想。不廣不惱喜見妙見阿迦尼吒天。如是諸處。大風大水劫盡火等。及諸天龍夜叉乾闥婆阿修羅迦樓羅緊那羅摩睺羅伽諸天魔。及梵沙門婆羅門。及得諸神通者。不能爲礙。是故說飛行無礙。又飛行自在如意。所作出沒於地。能過石壁諸山障礙等。佛於此事勝諸聖人。又佛能以常身立至梵天。聲聞人所不能及。有如是等差別。變化自在者。變化事中有無量力。餘聖變化有量有邊。諸佛變化無量無邊。餘聖於一念中變化一身。佛以一念隨意變化有無量事。如大神通經中說。佛從臍中出蓮華。上有化佛次第偏滿。上至阿迦尼吒天。諸佛變化所作衆事。種種色種種形皆以一念。又聲聞人能於千國土內變化。諸佛能於無量無邊國土變化自在。

又能倍是諸佛得堅固變化三昧。又諸佛變化。能過恆沙世界。皆從一身出。復次。佛能普於十方無量無邊世界。現生受身墮地行七步。出家學道破魔軍眾。得道轉法輪。如是等事皆以一念作之。是諸化佛皆亦復能施作佛事。如是等諸佛所變化事無量無邊。又於聖如意中有無量力。聖如意者。所謂從身放光光猶猛火。又出諸雨變化壽命隨意長短。於一念頃能至梵天能變諸物。隨意自在能動大地。光明能照無量世界而不斷絕。聖如意者。不與凡夫等故。無有量故。過諸量故。諸凡夫等。雖變化諸物。少不足言聲聞人能裂千國土。還使令合。能令壽命若至一劫若減一劫。還能令短。短已復能令長。於一念中能至千國土梵世界。能於千國土隨意變化。能動千國土。能身出光明相續不絕照千國土。設使身滅乃留神力變化如本於千國土。小辟支佛能於萬國土萬種變化。中辟支佛能於百萬國土。百萬種變化。大辟支佛能於三千大千國土變化如上。諸佛世尊。能過諸恆河沙世界。算數變化身出水火。能抹恆河沙等世界令如微塵。又能還合能住。壽命無量劫數還能令少。少已還能令長。能於無量時住。變化隨意。能以一念至無量無邊恆河沙等世界。能以常身立至梵世。又能變化無量無邊阿僧祇世界皆令作金。或令作銀瑠璃珊瑚硨磲碼碯。取要言之。能令作無量寶物。隨意所作。又復能變恆河沙等世界大海水。皆使爲乳酥油酪蜜隨意而成。又能以一念變諸山皆是眞金。過諸算數不可稱計。又能震動無量無邊世界。一切欲界色界諸天宮殿。又以一念能令若干金色光明。偏照如是無量世界。日月光明及欲色界諸天宮殿光明皆令不現。雖滅度後能於如是諸世界中隨意久近。流布神力常不斷絕。聞聲自在者。諸佛所聞聲

中隨意自在。若無量百千萬億伎樂同時俱作。若無量百千萬億
衆生一時發言。若遠若近隨意能聞。假令恆河沙等三千大千世
界所有衆生。同時俱作若干百千萬種伎樂偏滿世界。復有恆河
沙等世界衆生。同時以梵音偏滿一切世界。諸佛若欲於中聞一
音聲隨意得聞。餘者不聞。聲聞所應聞者。若有大神力障者。不能
得聞諸佛所聞音聲。雖有大神力障。亦能得聞。聲聞能聞千國土
內音聲。諸佛世尊所聞音聲。過無量無邊世界。最細音聲皆亦得
聞。大神力聲聞住梵世界。發大音聲能滿千國土內。諸佛世尊若
住於此。若住梵世。若住餘處。音聲能滿無量無邊世界。若欲令衆
生聞。過無量無邊世界。最細音聲能令得聞。欲令不聞即便不聞。
是故但有諸佛於音聲中得自在力。知他心無量自在力者。諸佛
世尊。於無量無邊世界現在衆生悉知其心。餘人但隨名相故知。

諸佛以名相義故知。又餘人不能知無色界衆生諸心。諸佛能知。餘人雖有知他心智。大力勢者障則不能知。假使一切衆生成就心通。皆如舍利弗目犍連辟支佛等。以其神力障一人心。不令他知。而佛能壞彼神力得知其心。復次。佛以神力悉知衆生上中下心垢心淨心。又知諸心各有所緣。從是緣至是緣次第徧知一切諸緣。又以實相知衆生心。是故諸佛以無上力。悉知他心。第一調伏心波羅蜜者。善知諸禪定三昧解脫住入起時。諸佛若入定若不入定。欲繫心一緣中。隨意久近如意能住。從此緣中更住餘緣隨意能住。若佛住常心欲令人不知則不能知。假使一切衆生。知他心智如大梵王如大聲聞辟支佛。成就智慧知他人心。以此心智令一人得。是人欲知佛常心。若佛不聽則不能知。如七方便經中說。行者善知定相。善知住定相。善知起定相。善知安隱定相。善知定行處相。善知定生相。善知宜諸定法不宜諸定法。是名諸佛第一調伏心波羅蜜。諸佛常安慧者。諸佛安慧常不動念常在心。何以故。先知而後行。生隨意所緣中住無疑行故。斷一切煩惱故。出過動性故。如佛告阿難。佛於此夜得阿耨多羅三藐三菩提。一切世間若天魔梵沙門婆羅門。以盡苦道教化周畢。入無餘涅槃。於其中間佛於諸受。知起知住知生知滅。諸相諸觸諸覺諸念。亦知起知住知生知滅。惡魔七年晝夜不息。常隨逐佛不得佛短。不見佛念不在念安慧。是名諸佛常住安慧行中。不忘失法者。諸佛得不退法故。通達五藏法故。得無上法故。諸佛常不忘失。諸佛菩提樹下所得。乃至入無餘涅槃。若天魔梵沙門婆羅門。及餘聖人。無能令佛有所忘失。如法印經中說。道場所得是名實得更無勝法。如衣毛豎經說。舍利弗。若人實語。有能於法不忘失者。應說我是。何以故。唯我一人無所忘失。是名諸佛於法無忘失。金剛三昧者。諸佛世尊金剛三昧。是不共法。無能壞故。於一切處無有障礙故。得正徧知故。壞一切法障礙故。等貫穿故。得諸功德利益力故。諸禪定中最上故。無能壞者。是故名爲金剛三昧。如金剛寶無物能破者。是三昧亦如是。無法可以壞者。是故名金剛三昧。

問曰何故不可壞。

答曰一切處無有礙故。如帝釋金剛無有礙處。是三昧亦如是。

問曰是三昧。何故名一切處不礙。

答曰正通達一切法故。諸佛住是三昧。悉能通達過去現在未來。過去三世不可說五藏所攝法。是故名一切處不礙。若諸佛住是三昧。諸所有法若不通達。名爲有礙。而實不爾。是故名無礙。

問曰何以故。是三昧通達一切法。

答曰：是三昧能開一切障礙法故，所謂煩惱障礙、定障礙、智障礙能開故，是名能通達一切法。
問曰：是三昧，何故能開一切障，餘三昧不能？
答曰：是三昧善等貫穿三法，能壞諸煩惱山令無餘故，正遍通達一切法故，善得不壞心解脫故，是故此三昧能開一切障礙。
問曰：是三昧何故等貫穿三法？
答曰：住是三昧得力故，能得一切諸功德，餘三昧無如是力，是故是三昧能等貫穿。
問曰：何故住是三昧得力故，能得一切諸功德？
答曰：是三昧於諸定中最爲第一，是故住是三昧能得諸功德。
問曰：何故是三昧於諸定中最爲第一？
答曰：是三昧無量無邊善根所成故，於諸定中最爲第一。

問曰是三昧何故無量無邊善根所成。
答曰是三昧唯一切智人有餘人所無。是故名爲金剛三昧。

四十不共法中難一切智人品第二十二

問曰汝說金剛三昧。唯一切智人有。餘人所無。若是三昧但一切智人有。餘人無者。即無是三昧。何以故。無一切智人故。何以故。所知法無量無邊。而智慧有量有邊。以此有量有邊智慧。不應知無量事。如今現閻浮提水陸衆生過諸筭數。是衆生三品。若男若女非男非女在胎孩童少壯衰老苦樂等法。過去未來現在。諸心心數法。及諸善惡業。已集今集當集。已受報今受報未受報。萬物生滅及閻浮提中。山河泉池草木叢林根莖枝葉花果。所可知者無有邊際。餘三天下亦如是。四天下三千大千世界物亦如是。三千大千世界物。一切世界所可知物亦如是。但世間數尚無量無邊難可得知。何況諸閻浮提諸世間中。眾生非眾生諸物分。分以是因緣當知。所可知物無量無邊故。無一切智者。若謂智慧有大力於所知法中無障礙。故偏知一切可知。法如虛空偏在一切法中。是故應有一切智人者是事不然。智大力可爾。但智不能自知。如指端不自觸。是故無一切智。若謂更有智能知是智。是亦不然。何以故。有無窮過故。知若自知若以他知。二俱不然。若是知有無量力。以不自知故。不得言有無量力。是故無有能知一切法智。知不無知一切法智故。則無一切智者。何以故。一切智者。以智知一切法。復次。所知法無量無邊。若和合百千萬億智人尚不能盡知。何況一人。是故無有一人能知一切法。無有一切智。若謂不以偏知一切山河眾生非眾生故名一切智人。但以盡知一切經書故。名一切智人者。是亦不然。何以故。佛法中不說韋陀等經書義。若佛是一切智者。應用韋陀等經書。而實不用。是故佛非一切智人。又四韋陀羅經有量有限。今世尚無盡能知者。況有盡知一切經書。是故無有一切智人。復次。有經書能增長貪欲歌舞音樂等。若一切智人知是事者即有貪欲。是經書是貪欲因緣。若有因必有果。若一切智人不知此事。則不名一切智人。復次。有諸經書能助瞋恚喜誑於人。所謂治世經書等。若知是事則有瞋恚。何以故。有因必有果故。若不知則不名一切智人。是故知無一切智人。復次佛不必盡知未來世事。譬如我今難一切智人。佛無經書預記是人如是姓如是家在某處以如是事難一切智人。若謂佛盡知何以故不說是事。若說經者經中應有。不說是事。是故知非一切智人。復次。佛若盡知未來世事。應當預知調達出家已破僧。若知者不應聽出家。復次。佛不知木機激石。佛若預知者則不應於中經行。

復次。佛不知旃遮婆羅門女以婬欲謗。若佛先知。應告諸比丘未來當有是事。復次。有梵志嫉佛故。於餘處殺梵志女孫陀羅。於祇洹塹中埋。佛不知是事。若知是者。應於諸梵志所救此女命。至調達所推石下。不說婆羅門女梵志女事。以不知故。當知佛不盡知未來世。是故非一切智人。復次。佛入婆羅門聚落乞食空鉢而出。不能預知魔時轉諸人心。乃至不得一食。佛若知者則不應入婆羅門聚落。是故知佛不盡知未來事。復次。阿闍世王欲害佛故。放守財醉象。佛不知故入王舍城乞食。若預知者。則不應入。是故佛不知未來事。不知未來事故。則非一切智人。復次。佛不知惡涅達多請佛因緣。即受其請將諸比丘詣韋羅闍國。是婆羅門忘先請故。使佛食馬麥。若佛預知婆羅門忘請佛及僧者。則不應受請三月食馬麥。是故知佛不知未來事。不知未來事故。則非一切智人。

復次。佛受須涅叉多羅爲弟子故。則不知未來事。是人惡心堅牢難化不信佛語。佛若知者云何受爲弟子。受爲弟子故。則不知未來事。不知未來事故。則非一切智人。復次。若佛是一切智人。則應防護未有犯罪者。當爲結戒。以先不知結戒因緣有作罪已方乃結戒。則不知未來事。不知未來事故。則非一切智人。復次。佛法但以出家受戒數歲處在上座恭敬禮拜。不以耆年貴族諸家功德。智慧多聞禪定果斷神通爲大。若是一切智者。應以耆年貴族諸家功德智慧多聞禪定果斷神通爲大供養恭敬。若如是者名爲善。制歲數者受戒年數。如五歲道人禮六歲者。貴族者世間有四品衆生。婆羅門剎利毗舍首陀羅。首陀羅應恭敬韋舍剎利婆羅門。韋舍應恭敬剎利婆羅門。剎利應恭敬婆羅門。諸家者。工巧家商賈家居士家長者家大臣家王家等。於諸家中。其小家應恭敬大家。如是於貧賤中出家者。應恭敬富貴中出家者。功德者。毀戒人應恭敬禮拜持戒。持戒者不應禮毀戒者。不行十二頭陀者。應禮行十二頭陀者。不具足行頭陀者。應禮具足行頭陀者。智慧者。無智慧人。應禮敬有智慧者。多聞者。少聞人應禮多聞者。不多誦者應禮敬多誦者。果者。須陀洹。應禮敬斯陀含。如是展轉應禮阿羅漢。一切凡夫應禮得果者。斷者。少斷結使及未斷者。應禮多斷者。神通者。若未具神通者。應禮具足神通者。佛若如是次第善說供養恭敬法者。是爲上說。而實不爾。是故知非一切智人。復次。佛尚不能知現在事。汝若謂我云何知佛不知現在事者。今當說之。有衆生結使薄者。無業障者。離八難者。堪行深法者。能成正法者。而佛不知。佛成道已初欲說法。生如是疑。我所得法甚深玄遠。微妙寂滅難知難解。唯有智者可以內知。世間衆生貪著世事。此中除斷一切煩惱滅愛厭離第一難見。若我說法衆生不解。徒自疲苦。生如是疑。而實衆生有薄結使無業障者。有離八難者。堪行深法者。能成正法者。佛不能知如是衆生。是故當知不知現在事。又作是念。昔我苦行。五比丘供養執侍應先利益。今在何處。作是念已。時有天告。今在波羅柰鹿野苑中。是故當知佛不知現在事。不知現在事故。則非一切智人。復次。佛得道已受請說法。而作是念。我今說法誰應先聞。即復念言。鬱頭藍弗。此人利根易可開悟。爾時此人先以命終。而佛方求。時天告言。昨夜命終。佛又思惟迴心欲度阿羅羅。天復白言。是人亡來七日。若佛是一切智者。先應知此諸人命終。而實不知。不知過去事故。則不名一切智人。一切智人法應度可度者。不可則置。復次。佛處處有疑語。如巴連弗城。是事當以三因緣壞。若水若火若內人與外人謀。若佛是一切智人者。則不應有疑惑語。是故知非一切智人。復次。佛問比丘。汝等聚會爲說何事。如是等問。若一切智人者。則不應問如是等事。以問他故。非一切智人。復次。佛自稱讚身毀呰他人。如經中說。佛告阿難。唯我一人第一無比無與等者。告諸比丘尼犍子等是弊惡人成就五邪法。諸尼犍子等。無信無慙無愧寡聞懈怠少念薄智。又說梵志尼犍諸外道弟子等諸不可事。若自稱讚毀呰他人。世人尚愧。何況一切智人。有此事故非一切智人。復次。佛經始終相違。如經中說。諸比丘我新得道。又言我得往古諸佛所得道。世間有智尚離終始相違。何況出家一切智人而有相違。以終始相違故。當知非一切智人。是故汝說金剛三昧唯一切智人得。是事不然。無一切智人故。一切智三昧亦不成。

答曰。汝莫說此。佛實是一切智人。何以故。凡一切法有五法藏。所謂過去法。未來法。現在法。出三世法。不可說法。唯佛如實徧知是法。如汝先難所知。法無量無邊故無一切智人者。我今當答。若所知法無量無邊。智亦無量無邊。以無量無邊智。知無量無邊法無咎。若謂是知亦應以智知是則無窮者。今當答。汝應以智知如世間人言。我是智者。我是無智者。我是麤智者。我是細智者。以是因緣以智知知故。則無無窮過。如以現在知知過去智。則盡知一切法無有遺餘。復次如人數他通身爲十知亦如是。自知亦他知則無有咎。如燈自照亦照他。如汝所說。和合百千萬億智人。尚不能盡知一切法。何況一人知者。是事不然。何以故。一智慧人能知衆事。雖復衆多無有智慧。不能有所知。如百千盲人不任作導。一人有眼任爲導師。是故汝以一人爲難。雖復多智於佛則無智。是事不然。汝謂佛不說韋大等外經故。非一切智人者。今當答。韋大中無善寂滅法。但有種種諸戲論事。諸佛所說皆爲善寂滅故。佛雖知韋大等經不能令人得善寂滅。是故不說。

問曰韋大中亦有善寂滅解脫說。世間先皆幽闇都無所有。初有大人出現如日若有見者得度死難。更有餘道又說。人身小則神小。人大則神大。身爲神宅常處其中。若以智慧開解神縛則得解脫。是故當知韋大中有寂滅解脫。

答曰無是事也。何以故。韋大中有四顚倒世間無常而別有常世間。如說一作天祠墮落再亦墮落三作則不墮。是爲無常中常顚倒。世間苦而說有常樂處。是爲苦中樂顚倒。又說我神轉爲子。願使壽百歲。子是他身云何爲我。是爲無我中我顚倒。說身清淨第一無比。金銀珍寶無及身者。是名不淨中淨顚倒。顚倒則無實。無實云何有寂滅。是故韋大中無善寂滅法。

問曰韋大中說能知韋大者。清淨安隱。云何言無善寂滅法。
答曰知韋大者雖說安隱。非畢竟解脫。於異身中生解脫想。是說因長壽天。說爲解脫。是故韋大中實無解脫。復次。韋大中略說有三義。一者咒願。二者稱讚。三者法則。咒願名爲令我得妻子牛馬金銀珍寶稱讚名爲汝火神頭黑頸赤體黃。常在衆生五大中。法則名爲是事應作是不應作。如從昴星初受火法。而實咒願稱讚法。則無有寂滅解脫。何以故。貪著世樂。然蘇咒願無眞智慧。不斷煩惱何有解脫。
問曰韋大法自古有之第一可信。汝言無善寂滅故不可信者。是事不然。何以故。佛法近乃出世。韋大自古久遠常在世間。是故古法可信近法不可信。汝言韋大中無善寂滅法。是事不然。
答曰時不可信。無明邪見自古亦然。有無明先出正智後出。邪見先出正見後出。不可以無明邪見先出故可信。正智正見後出不可信。如先有汙泥後有蓮華。先有疾後有藥。如是不可以在先出者爲貴。是故韋大先出佛法後出謂不可信者。是事不然。復次。過去定光等諸佛。皆先出世其法則古出。韋大是後出。若汝以先久爲貴者。此諸佛及法則應是貴。

問曰韋大不能作善寂滅。是故佛法中不說。若佛知不能作寂滅何用知爲。若不知則非一切智人。二俱有過。

答曰汝語非也。佛先知韋大不能善寂滅故不說亦不修行。

問曰若佛知韋大無有利益故而說不修習者何用知爲。

答曰大智之人。應悉分別是正道是邪道。欲令無量人衆度險惡道故。行於正道。譬如導師善分別邪道正道。佛亦如是。既自得出生死險道。亦復欲令衆生出故。善知八直聖道。亦知韋大等邪險惡道。爲離邪惡道故。行於正道。但知而不說。猶如農夫爲穀種植。至秋收穫亦得草䴬。佛亦如是。爲無上道故。勤行精進得菩提。亦知韋大等諸邪道。是故無咎。如汝先說無人能有具知四韋大者。此難不然。世間人各有念力。有人一日能誦五偈。有誦百偈。有誦二百偈。若人一日不誦十偈。則謂無能誦百偈。出百偈者。此非實語。汝等不能盡知故。便言都無智者。若人見一人不能度河便言無能度者。是人不名正說。何以故。自有餘大力者能度。此亦如是。設使餘人不能盡知。一切智者知之何咎。復次。脾婆仙人。皆讀韋大亦應成一切智。若有盡讀韋大。何以言無一切智。若汝言有經書能生貪欲瞋恚者。我今當答。若人欲長壽。應離死因緣。佛亦如是。欲斷一切衆生貪欲瞋恚。應知貪欲因緣。復次。如汝所說能知生貪欲瞋恚經書則有貪欲瞋恚者。無有是也。佛雖知是不用不行故無過咎。如人知死因緣則不死。若行死因緣則死。是事亦爾。若汝說不知未來事故不名一切智者。我今當答。此則非難。我等亦知有難。一切智者如經中說。佛告諸比丘。凡夫無能有三相。不應思而思。不應說而說。不應作而作。是故皆已總說。汝等未來世凡夫。皆在其中無利益故。何用分別說其名字等。若謂佛知有難不預答者。亦不須此。今現四衆中。亦有善斷疑難者。今亦有能破諸難問者。何用先答。如汝今日現見比丘之中能破婆羅門者。是故不須先答。又先時亦有答。散在衆經。人不能具知佛法故。不知處所。若言受調達出家事。我今當答。謂受調達出家則非一切智人者。是謂不然。調達出家非佛所度。

問曰。若餘人度者佛何以聽。

答曰。善惡各有時。不必出家便惡。調達出家之後。有持戒諸功德。

是故出家無過。復次。調達於十二年清淨持戒誦六萬法藏。此果報者當來不空必有利益。汝說調達機關激石者。我今當說。諸佛成就無殺法故。一切世間無能奪命者。

問曰若成就不殺法者。何故迸石而來。

答曰佛於先世種壞身業定報應受。示衆生業報不可捨故現受。是故自來。汝言旃遮女佛不先說者。我今當答。以旃遮女故譏佛者。不能壞一切智人因緣。若佛先說旃遮女當來謗我者。旃遮女則不來。復次。佛先世謗人罪業因緣。今必應受。汝說佛何以不遮孫陀利入祇洹事。我今當答。此事不能壞一切智人因緣。佛無有力令一切衆生盡作樂人。又諸佛離一切諍訟。不自高身不著持戒。是故不遮。復次。佛先世業熟故。必應受七日謗。又衆生見佛聞謗不憂宣明不喜故。發無上道心。作是願言。我等亦當得如是清淨心。是故無咎。汝先說佛入婆羅門聚落空鉢而出。非一切智人者。今當答。佛不以飯食先觀人心。入聚落已魔轉其意。

問曰是事佛應先知。我入聚落魔當轉人心。

答曰佛亦先知此事爲大利益衆生。諸佛非但以受人食故。以爲利益度脫衆生。有以清淨心迎逆敬禮和顏瞻視。此皆大利何必飲食。以種種門利益衆生。非空入聚落。汝說佛逆趣醉象者。今當答。佛雖知此事。以因緣故往。以此醉象必應得度。又能障其害佛罪業。復次此象身如黑山。衆人見此低頭禮佛皆起恭敬。以是因緣故往趣。復次。佛趣此象無有過失。若有惡事可作此難。汝難至隨蘭若者。爲受先世業果報故。汝說畜須涅叉多羅爲弟子者。今當說。佛身口意命不須守護。無所畏故聽爲弟子。復次。是人常近佛故。得見種種大神力。見諸天龍夜叉乾闥婆阿修羅等諸王來供養佛。請問種種甚深要法。心得清淨。心清淨故。得利益因緣。是故雖惡聽爲弟子。

問曰此人於佛多生惡心。是故不應聽爲弟子。

答曰若不聽爲弟子亦有惡心。是故聽爲弟子無咎。汝說先未作罪時。何以不制戒。今當答。佛先結戒。說八聖道正見正思惟正語正業正命正精進正念正定。說是至涅槃道故。已說一切諸戒。復次。佛說三學。善學戒善學心善學慧。當知已說一切諸戒。復次。佛告諸比丘。一切惡決定不應作。是不名先結戒耶。復次。佛說十善道。離殺盜婬兩舌惡罵妄言綺語貪嫉瞋恚邪見。不名先結戒耶。佛先十二年中說一偈。爲布薩法。所謂一切惡莫作。一切善當行。自淨其志意。是則諸佛教。是故當知先已結戒。復次。佛說諸小惡因緣皆應當離。如說。

離身諸惡行　亦離口諸惡　離意諸惡行　餘惡悉遠離

如是說者當知先以結戒。復次佛先已說諸守護法。如說。

護身爲善哉　能護口亦善　護意爲善哉　護一切亦善
比丘護一切　得遠離諸惡

如是說者當知先以結戒。復次佛先說善相。如說。

手足勿妄犯　節言愼所行　當樂守定意　是名眞比丘

如是說者當知先以結戒。復次。說沙門法故。當知先以結戒。沙門有四法。一於瞋不報。二於罵默然。三杖捶能受。四害者忍之。復次。佛說四念處。觀身觀受觀心觀法。是涅槃道住處故。當知先結戒。若微小惡尚不聽。何況身口惡業。如是等因緣當知先已結戒。如王者立制不應作惡。後有犯者隨事輕重。作如是罪如是治之。佛亦如是。先總說戒。後有犯者說其罪相。如有作惡者教令懺悔。作如是罪應如是懺。不見擯滅擯不共住等。成如是事故。後乃結戒。汝說耆年貴族家等應爲上座。今當答。道法中耆年貴族家等。於道無益。何以故。生佛法中。名爲貴族好家中生。從受大戒數其年數。名爲耆年。汝謂耆年應供養者。先出家受戒非是大耶。從受戒以後。無有諸姓等差別。諸比丘受大戒。名爲生在佛家。是則失先大小家名。皆爲一家。汝說持戒者。出家在先持戒日久長夜護持。年歲多故應爲上座。如結戒中說。汝說持戒之人。不應禮破戒者。今當答。破戒人尚不應共住。何況禮拜供養。以其自言是比丘故。隨其大小而爲作禮。如禮泥木天像。以念眞天故。佛勅年少應禮上座。順佛教故則便得福。汝說以頭陀故應敬禮者。今當答。若頭陀人人有五種故難得分別。一者愚癡無所知故。貪受難法。二者鈍根希望得利。三者惡意欺誑於人。四者狂亂。五者作念。頭陀法者。諸佛賢聖所共稱讚。以其隨順涅槃道故。是五種人。行頭陀法眞僞難別。多聞者。多聞之人亦如頭陀。難可分別。何以故。或以樂道故多聞。或以利養故多聞。如是等亦難分別。又佛法貴如說行。不貴多讀多誦。又如佛說行一法句。能自利益名爲多聞。智慧亦如是。若不能如所說行。何用智慧。爲是故不以智慧故說爲上座。譬如世間現事弟。雖多聞多智。而兄不爲作禮。是故不以智慧故先受供養禮拜如是。雖多聞智慧應禮先受戒者。若先供養多聞智慧者。則爲鬥亂。餘沙門果斷結。得神通最難知。是人得果是不得果。是多聞斷結是少聞斷結。是得神通是不得神通。不可以此爲上座。若同得道果斷結。神通誰爲上座。是故隨佛教行最爲第一。汝說佛於說法生疑。今當答。佛於深法尚不有疑。何況應說不應說中而有疑乎。佛不言我都不說法。但云心樂閑靜不務多事。

而後於說法中無咎。復次。諸外道言。佛爲大聖寂默無戲論。何用畜衆而教化爲。設使教化亦不可盡。似如分別何用說法畜養弟子是貪著相。是故佛自思惟。我法甚深智慧方便無量無邊。而可度者少。是故自言不如默然。又防外道所譏訶故。令梵天王求請說法。即時梵天王等白佛言。衆生可愍。中有利根結使薄者易可化度。是故受諸梵王等請。如人得大寶藏應示餘人。如是諸聖自得法利亦應利人。如汝所說。佛不知阿蘭伽蘭等先已命終欲爲說法者。今當答。佛不念其死與不死。但念此人結使微薄堪任化度。隨所念處則有智生。是故佛先自說。而後天告理故宜然。又佛先出家。就此二人曾經宿止。諸天人民儻能疑佛受其妙法餘處得道。佛欲斷彼疑故。即時唱言彼人長衰如此。妙法如何不聞。推如是義。五比丘事亦復可知。但念其可度因緣。不念其住止所在。

後念住處即便得知。是故不應破一切智人。汝言疑說巴連弗城壞者。今當答。是城破因緣不定。不定因緣而定說者是則爲過。又我先說四十不共法中諸佛善知不定。答者則不受此難。汝說佛問諸比丘。汝等聚會爲何所說。今當答。佛將欲說法門故。作如是問。或欲結戒故。令其自說如是種種說法故。問而無咎。世間亦有知而復問。如見人食問言食耶。如天寒時問言寒耶。佛亦如是知而復問隨俗無咎。汝言自讚毀他非一切智人者。今當答。佛不貪身不貪供養。不恚他人不增上慢。所以自說我於世間最第一者。有信衆生諸根猛利捨惡知識。以我爲師是人長夜當得安隱。是故佛自讚身。復次。有人求第一樂道。而有懈怠不能精進。是故佛言無上利中不應懈怠。我於世間第一導師善說正法。宜勤精進可得道果。如是等因緣自讚其身。非爲自貴輕賤他人。訶惡人者欲令除滅惡法。非爲憎恚衆生。有人求如法利。其心清淨質直。而與惡知識和合。欲令遠離此故而訶罵之。未得佛時尚以髓腦施人。何況成佛而當訶罵。汝說佛法初後相違。今當答。佛法中無有始終相違事。汝等不知佛法義故。以爲相違。是涅槃道者。從迦葉佛滅已來。無復人說。亦無人得。是故言我新得道。餘處復說我得故道。是道錠光等諸佛所得。所謂八聖道能至涅槃。一道一因緣故名爲故道。是故當知佛成一切智。

問曰所言一切智者。云何名爲一切智。爲知一切故名爲一切智耶。

答曰一切智者。知可知。可知者五法藏。過去未來現在出三世不可說所用。知此五藏者。名爲知。是故知及所知名爲一切。

問曰知可知名爲一切者。是事不然。何以故。是法但是一。可知知知亦是可知故。如世間言是人知利是人知鈍。

答曰若一切是一者。則寒熱相違皆應是一。明闇苦樂諸相違事亦應是一。但是事不然。是故不得言一切皆是一。

問曰汝所執亦同此過。若可知是一者。苦樂等亦應是一。而實不一。

答曰我不言一切可知是一。汝所執一切皆是一。是故不與汝同過。復次汝說同有過故。汝自執中有過。若人自受所執中過即墮負處。汝知所執有過。不應復說他過。是故汝說同有過者。是事不然。復次若謂知可知二法爲一者。應用可知法知瓶衣等物而實用知。知一切物。若謂瓶衣等於知無異者。今瓶衣等不能知物。即應有異而實用知。知一切物。如是處處有過故。不得言一切智是一。復次知所知是二名爲一切知。是一切法故。名如來名一切智者。是一切智人。因金剛三昧。是故金剛三昧成。汝先言金剛三昧不成一切智。不成者是事不然。

十住毗婆沙論卷九

十住毗婆沙論卷十

龍樹菩薩造
姚秦三藏法師鳩摩羅什譯

四十不共法中善知不定品第二十三

善知不定法者。諸法未生未出未成未定未分別。是中如來智慧得力。如佛分別業經中說。佛告阿難。有人身行善業。口行善業。意行善業。是人命終而墮地獄。有人身行惡業。口行惡業。意行惡業。是人命終而生天上。阿難白佛言。何故如是。佛言。是人或先世罪福因緣已熟。今世罪福因緣未熟。或臨命終。生正見邪見善惡心。垂終之心其力大故。又百迦經中說。叔迦婆羅門子白佛言。瞿曇。諸婆羅門在家白衣。能修福德善根勝出家者。是事云何。佛言。我於此中不定答。出家或有不修善。則不如在家。在家能修善。則勝出家。又大涅槃經中說。巴連弗城當以三事壞。或火或水或內人與外人謀。又因波梨末梵志說是裸形波梨末梵志。若不捨是語。若是心若是邪見。到我目前無有是處。若皮繩斷。若身斷。終不來到佛前。又筏喻經中說。我此法甚深。以方便說令淺易解。若有直心如教行者得二種利。若今世盡漏。若不盡漏當得不還道。又增一阿含舍迦梨經中。佛告阿難。若人故起業。無有不受報而得道者。若現受報若生受若後受。又增一阿浮羅經中說。佛告諸比丘。諸惡人死若作畜生若墮地獄。善人生處若天若人。又無畏王子經中說。無畏白佛言。佛有所說能令他瞋不。佛言。王子是事不定。佛或憐愍心故。令他人瞋得種善因緣。如乳母以曲指鉤出小兒口中惡物。雖傷無患。又阿毗曇中說。眾生三品。從不定聚或墮邪定。或墮正定。如是等四法藏中無定事。數千萬種。

問曰若人智慧不定無決定心。於事中或爾或不爾。則不名一切智人。一切智人者。不二語者。決定語者。明了語者。是故善知不定。不得爲名佛不共法。

答曰不定事。若爾若不爾。隨屬衆因緣故。是中不應定說。若人不定事而作定。

答曰不名一切智人。是故於不定事中。必應用不定智。是故有不定智不共法。復次。若人於一切法中決定知。是人即墮必定邪論中。若一切法必定則諸所爲。則不須人功方便而得。如說。

若好醜已定　人功則應定　不須諸因緣　方便而修習

復次。現見不自守護身則有衆苦。若自防護身則安利。又如種種作業事中受諸疲苦。後得種種富樂果報。或復有人今世靜默。都無所作而得果報。是故有是不定事。爲知是不定事故。知有不定智。

問曰：汝守護不守護。施功不施功。而亦有不定事成者。有人好自防護而得苦惱。不自防護不得苦惱。又勤自疲苦不得功果。不勤施功而得功果。是事不定。

答曰：汝所說則成我不定義。若有不定事。應有不定智。我不言若人不自防護悉皆受苦。又不言離功業有果報。有人雖作功夫。先世罪障故不得受樂。不言一切皆爾。是故汝難非也。是名諸佛於不定事中獨有不定智具足。知無色處者。聲聞辟支佛。知生無色處衆生及法少分。諸佛世尊。於無色處衆生及法具足悉知。是無色處有若干衆生生此處。若干衆生生彼處。若干衆生生初無色定處。若干衆生生第二處。若干衆生生第三處。若干衆生生第四處。若干衆生生來爾所時。若干衆生經爾所時當退沒。若干衆生極壽爾所時。若干衆生畢定壽命。若干衆生不畢定壽命。若干衆生從欲界命終來生此中。若干衆生從色界命終來生此中。若干衆生從無色界命終還生此中。若干衆生人中命終即來生此。若干衆生天中命終即來生此。是諸衆生於此命終。若生欲界若生色界若生無色界。是諸衆生此中命終。若生天道若生人道若生阿脩羅道。若生地獄餓鬼畜生道中。是諸衆生於彼處入涅槃。若干衆生皆是凡夫。若干衆生是佛賢聖弟子。若干衆生凡夫弟子。若干衆生成聲聞乘。若干衆生成辟支佛乘。若干衆生皆成大乘。若干衆生不成聲聞乘。若干衆生不成辟支佛乘。不成大乘。若干衆生行滅者。若干衆生不行滅者。若干衆生上行。若干衆生某佛弟子。諸佛又知是定受味。是定不受味。是善是無記。是定中斷若干結。是定上中下略說無色諸定。唯有諸佛以一切種智。悉能分別大小深淺。心相應心不相應果報非果報等。是名諸佛具足悉知無色定處通達。滅法者。諸辟支佛諸阿羅漢。過去現在滅度者。諸佛通達如經中說。諸比丘是賢劫前九十一劫。毗婆尸佛出至三十一劫。有二佛出。一名尸棄。二名毗式婆。此賢劫中鳩樓孫迦那含牟尼迦葉佛出。如是過去諸佛大知見。此經中應說。及諸聲聞弟子滅度入無餘涅槃。及辟支佛。號曰成。號曰華相。號曰見法。號曰法篋。號曰喜見。號曰無垢。號曰無得。如是等諸辟支佛入無餘涅槃佛悉通達。復次。未滅度在有餘涅槃。生緣都盡通達是事。亦名通達知滅。如經說。佛告阿難。我於此人悉知無有微闇。是人畢定盡是內法。是人命終當入涅槃。亦名知滅。又於餘人通達四諦能知其事。亦名知滅。如經說。我何不方便。令此人即於此處漏盡解脫。如佛告阿難。汝樂禪定樂斷結使。亦名通達知滅。如佛告舍利弗。我知涅槃知至涅槃道。知至涅槃眾生。如是等諸經。此中應說。是名諸佛通達知滅。善知心不相應非色法者。戒善根使善律儀不善律儀等。諸心不相應非色法。聲聞辟支佛不能通達。諸佛善能通達如現目前於心不相應諸法中。成就第一智慧力故。

問曰戒善律儀不善律儀。是色法。何以言非色法。

答曰戒善律儀不善律儀有二種。有作有無作。作是色。無作非色。無作非色。故佛以不共力故現前能知。餘人以比智知。

問曰諸佛但善知心不相應非色法。不善知相應法耶。

答曰若通達不相應法。相應法無所復論。如人能射毫毛。麤物則不論。復次。七百不相應法中。聲聞辟支佛。以第六識能知七法。一名二相三義四無常五生六不生七度。佛以第六識皆悉能知。佛知四諦相及知世俗法。是故言諸佛善知心不相應無色法。勢力波羅蜜者。於一切所知法無餘中。得一切種智。勢力十力四無所畏四功德處助成故。又善得十力故。是故佛能成就勢力波羅蜜。是勢力在第十六心中得增益。一切智常在佛身。乃至無餘涅槃。因是事故。於一切法中得無礙智。無礙智波羅蜜者。法義辭樂說。於此四法勢力無量通達無礙。如經中說。佛告諸比丘。如來四弟子。成就第一念力智慧力堪受力。如善射射樹葉即過無難。是諸弟子以四念處來問難。我常不休息。除飲食便利睡眠。於百年中如來常答。樂說智慧無有窮盡。佛於此中以少欲相自論智慧。若三千大千世界所有四天下滿中微塵。隨爾所塵數。作爾所三千大千世界。滿中眾生皆如舍利弗如辟支佛。皆悉成就智慧樂說。壽命如上塵數大劫。是諸人等因四念處。盡其形壽問難如來。如來還以四念處義答其所問。言義不重樂說無盡。法無礙智者。善能分別諸法名字通達無礙。義無礙者。於諸法義通達無礙。辭無礙者。隨衆生類以諸言辭。令其解義通達無礙。樂說無礙者。問答時善巧說法無有窮盡。餘諸賢聖不能究盡。唯有諸佛能盡其邊。是故名無礙智波羅蜜。具足答波羅蜜者。一切問難中。佛善能具足答。何以故。於四種問答中無有錯亂。善知義故。具足不壞義波羅蜜故。樂欲深知一切衆生性所行所樂故。如舍利弗白佛言。世尊。佛爲人說善法。而是中多有衆生得證。證已心無渴愛。心無渴愛故於世間無所受。無所受已心則內滅。佛於善法中無上事盡知無餘。更無勝者。

問曰汝言四種問答。何謂爲四。

答曰一定答。二分別答。三反問答。四置答。定答者。如一比丘問佛。世尊。頗有色常不變異不。世尊。受想行識常不變異不。佛答言。比丘無有色常不變異。無有受想行識常而不變異。如是等名爲定答。分別答者。如布多梨子梵志問娑摩提。有人故作身口意業。受何等果報。娑摩提定答。有人以身口意故作業受苦惱報。是問應分別答。是梵志後來問佛是事。佛答言。布多梨子。有人若身口意故作業。是業或受苦報。或受樂報。或受不苦不樂報。若作苦業受苦報。樂業受樂報。不苦不樂業受不苦不樂報。如是等諸經皆分別答。反問答者。如先尼梵志問佛。我還問汝。隨汝意答。先尼於汝意云何。色是如來不。受想行識是如來不。答言。非也世尊。離色離受想行識是如來不。答言。非也世尊。如是等經應廣說。是名反問答。置答者。十四種邪見是。所謂世間常世間無常。世間常無常。世間非常非無常。世間有邊。世間無邊。世間亦有邊亦無邊。世間非有邊非無邊。如來滅後有。如來滅後無。如來滅後亦有亦無。

如來滅後非有非無。如來身即是神。身異神異。如上一切衆生。如大辟支佛智慧。樂說以如是四種問佛。佛皆隨順答其所問。不多不少。是故說佛具足答波羅蜜。無有能害。佛者得不可殺法故。無能斷佛身分支節存亡自在。如經說。若人欲方便害佛者。無有是處。

問曰佛壽命爲定爲不定。

答曰有人言不定。若佛壽命有定者。於餘定壽命者有何差別。而實佛壽命不定。無能害者。乃爲希有。有人言。佛壽命有定。餘人壽命雖定。而手足耳鼻可斷。佛無是事。

問曰云何佛不可害。是不共法。

答曰諸佛不可思議。假喻可知。假使一切十方世界衆生皆有勢力。設有一魔有爾所勢力。復令十方一一衆生力如惡魔。欲共害佛。尚不能動佛一毛。況有害者。

問曰若爾者調達云何得傷佛。

答曰此事先已答。佛欲示衆生三毒相。調達雖持戒修善。貪著利養而作大惡。又令知佛於諸人天心無有異。加以慈愍視調達羅睺羅如左右眼。佛常說等心。是時現其平等。天人見此起希有心。益更信樂。又長壽諸天見佛先世有惡業行。若今不受謂惡行無報。佛欲斷其邪見故現受此報。復次佛於苦樂心無有異。無吾我心。畢竟空故。諸根調柔不可變故。不須作方便離苦受樂。如菩薩藏中說。佛以方便故現受此事。應當廣知。是名佛不可殺害不共法。說法不空者。諸佛所有言說皆有果報。是故諸佛說法不空。何以故。諸佛未說法時。先觀衆生本末。心在何處結使厚薄。知其先世所從功德。見其根性勢力多少。知其障礙方處時節。應以輭法可度苦事可度。或復應以輭苦事度。或復小發度。或廣分別度。有以陰入界十二因緣而得度者。或以信門或以慧門而得入者。是人應從佛度。是人應從聲聞度。是人應以餘緣得度。是人應成聲聞乘。是人應成辟支佛乘。是人應成大乘。是人久習貪欲習瞋恚習愚癡。是人習貪欲瞋恚。是人習貪欲愚癡。如是各各分別。是人墮斷見。是人墮常見。是人多習身見。是人多習邊見。是人多習戒取見取。是人多習憍慢。是人多習自卑諂曲。是人心多疑悔。是人好樂言辭。有貴義理有樂深義有樂淺事。是人先世集助道法。是人今世集助道法。是人但集福報善根。是人但集貫穿善根。是人應疾得道。是人久乃得道。佛先觀察籌量隨應得度。而爲說法而度脫之。是故一切說法皆悉不空。如經說。世尊先知見而說法。非不知見說法。無謬無失者。諸佛說法無謬無失。無謬者。語義不乖違故。無失者。不失義故。不失道因緣故名不失。不謬道果因緣故名不謬。不少故名不失。不過故名不謬。以通達四無礙智故。念安慧常調和故。遠離斷常無因邪因等諸見故。所說法中不使人有迷悶。所言初後無相違過隨此義經。應此中廣說。如經說。諸比丘爲汝說法。初善中善後善。語善義善湻一無雜具說梵行。以希有事說法者。隨所教化即得道果。是名希有。若有所答若所受記皆實不異。是亦希有。佛有所說道。此道不離煩惱能斷煩惱。是亦希有。佛有所說皆有利益。終不空言是亦希有。若人於佛法中勤心精進。能斷不善法增益善法。是亦希有。復次。有三希有。現神通希有。逆說彼心希有。教化希有。以是三希有說法。名爲以希有說法。諸衆聖中最上導師者。諸佛知一切衆生心所行所樂。結使深淺諸根利鈍。上中下智慧。善知通達故。於衆聖中最上導師。又能善知四諦相．善知諸法總相別相．又以說法不空．因緣不謬不失法故．於衆聖中最上導師．

問曰四衆亦能說法破外道令入佛法．何以但稱佛爲最上導師．

答曰當以假喻說．若一切衆生智慧勢力皆如辟支佛．是諸衆生若不承佛意．欲度一人無有是處．若是諸人說法時．乃至不能全斷無色界結使毫釐之分．若佛欲度衆生有所言說．乃至外道邪見諸龍夜叉等．及餘不解佛語者皆悉令解．是等亦能轉化無量衆生．乃至今日聲聞衆．令衆生住四果中．皆是如來最上導師相．是故佛名最上導師於衆聖中不共之法．四不守護法者．諸佛不守護身業．不守護口業．不守護意業．不守護資生．何以故．是四事於他不護．不作是念．我身口意命恐他人知．何以故．長夜修習種種清淨業故．皆善見知斷一切煩惱法故．成就一切無比善根故．

善行可行法無可訶故。具足行捨波羅蜜故。捨者。眼見色捨憂喜心。乃至意法亦如是。婆阿提鬱多羅等諸經。應此中說四無所畏者。

問曰一法名爲無畏。何以故有四。

答曰於四事中無有疑畏。是故有四。一者如佛告諸比丘。我自發誠言。是一切智人。此中若有沙門婆羅門諸天魔梵。及餘世間智人。如法難言。如來不知此法。我於此中乃至不見有疑畏相。不見是相故。得安隱無畏。是初無畏。如實盡知一切法故。二者自發誠言。我一切諸漏盡。若沙門婆羅門諸天魔梵。言是漏不盡。我於此中乃至不見有微畏相。不見是相故。安隱無畏。是二無畏。善斷諸煩惱及斷煩惱習氣故。三者我說障道法。此中若有沙門婆羅門諸天魔梵。及餘世間智人。如法難言。是法雖用不能障道。我於此中不見有微畏相。不見是相故。得安隱無有疑畏。是三無畏。善知障解脫法故。四者我所說道如法說行者。得至苦盡。若有沙門婆羅門諸天魔梵。及餘世間智人。如法難言。是法雖如說行不能至盡苦道。我於此中無有微畏相。不見是相故。得安隱無有疑畏。是四無畏。善知至苦盡道故。是四無畏皆過怖畏心驚毛豎等相故。名爲無畏。又在大衆威德殊勝故。名爲無畏。又善知一切問答故。名爲無畏。諸天會經此中應廣說。

問曰。若佛是一切智人。應於一切法盡無畏。何以說四。

答曰。略舉大要以開事端。餘亦如是。佛十力者。力名扶助。氣勢不可窮盡。無能沮壞。雖有十名而實一智。緣十事故名爲十力。佛智緣一切事故。應有無量力。以此十力足度衆生故。但說十力。但開此十力餘皆可知。初力者。一切法因非因。決定通達智。名爲初力。

如佛說。若是狂人不捨是語不捨邪見不捨是心。來在佛前無有是處。如佛告阿難。世間二佛一時出世無有是處。一佛出世則有是處。是事爲一佛世界故說。而實十方無量無邊諸世界中。百千萬億無數諸佛一時出世。又經說身口意惡業。有妙愛果報無有是處。若身口意善業。有妙愛果報則有是處。如是等五藏諸經應此中廣說。第二力者。於過去未來現在諸業諸受法。佛如實分別。知處所知事知果報。佛若欲知一切衆生過去諸業過去業報即時能知。或業過去報在現在。或業過去報在未來。或業過去報在過去。或業過去報在過去未來。或業過去報在過去現在。或業過去報在未來現在。或業過去報在過去未來現在。或業現在報在現在。或業現在報在未來。或業現在報在現在未來。或業未來報在未來。有如是等分別受法者。四受法。現受樂後世受苦。現受苦後世受樂。現受樂後受樂。現受苦後受苦。處者。隨業時方所在。又知是業受報處。事者。或隨因緣。或隨三不善根。或多自作。或多因他。如是等善惡業因緣佛盡知報者。知諸業各各有報。善業或善處生或得涅槃。惡業諸惡處生。佛悉知是諸業本末因緣自身及他。是中智力不退故名爲力。三力者。佛於禪定解脫三昧垢淨相如實知。禪者四禪。定者四無色定。四無量心等。皆名爲定。解脫者八解脫。三昧者除諸禪解脫。餘定盡名三昧。有人言。三解脫門及有覺有觀定。無覺有觀定。無覺無觀定。名爲三昧。有人言。定小三昧大。是故一切諸佛菩薩所得定。皆名三昧。是四處皆攝在一切禪波羅蜜。垢名愛味。淨名不愛味。復次。垢名有漏定。淨名無漏禪定。三昧解脫等分別者。知是禪分別。知他衆生他人上下諸根。如實知名第四力。他衆生者凡夫是。他人者須陀洹等諸賢聖是。或有人言。衆生名爲凡夫。及諸學人煩惱未盡故。他人者阿羅漢等煩惱盡故。或有人言。衆生與人一種名有差別。諸根者。信精進念定慧非眼等根。上名猛利堪任得道。下名闇鈍不堪受道。佛於此二根上下。如實知不錯謬。他衆生他人心各有所樂如實知。是第五力。所樂名爲貴所向事。如有人貴財物世樂。或有貴重福德善法。是事佛如實知。世間種種性無量性。佛如實知。是第六力。種種性者雜性萬端。無量性者。於一一性有無量種分別。性者從先世來心常習用。常所樂行修習故成性。是二善惡性佛如實知。至一切處道如實知。是第七力。至一切處道者。能得一切功德。是道名爲至一切處道。所謂五分三昧。若五智三昧。若八聖道分是。或聖道所攝諸法。或四如意足。如經說。比丘善修習四如意足無利不得。有人言四禪是。如經說。比丘得四禪。心安住一處清淨。除諸煩惱滅諸障礙。調和堪用不復動轉。若迴向知宿命事。即能知宿命事。是第八力。佛若欲念自身及一切衆生無量無邊宿命。一切事皆悉知。無有不知過恆河沙等劫事。是人何處生。姓名貴賤飲食資生苦樂所作事業所受果報。心何所行本從何來。如是等事。以天眼清淨。過於人眼。見六道衆生隨業受身。是第九力。大力聲聞。以天眼見小千國土。亦見中衆生生時死時。小力辟支佛。見千小千國土。見中衆生生時死時。中力辟支佛。見百萬小千國土。見中衆生生時死時。大力辟支佛。見三千大千國土。見中衆生生死所趣。諸佛世尊。見無量無邊不可思議世間。亦見是中衆生生時死時。第十力者。欲漏有漏無明漏一切漏。盡諸煩惱及氣都盡。是名第十力。無礙解脫者。解脫有三種。一者於煩惱障礙解脫。二者於定障礙解脫。三者於一切法障礙解脫。是中得慧解脫阿羅漢。得離煩惱障礙解脫。共解脫阿羅漢及辟支佛。得離煩惱障礙解脫。得離諸禪定障礙解脫。唯有諸佛具三解脫。所謂煩惱障礙解脫。諸禪定障礙解脫。一切法障礙解脫。總是三種解脫故。佛名無礙解脫。常隨心共生。乃至無餘涅槃則止。是四十不共法。略開佛法門令衆生解故說。所不說者無量無邊。所謂一常不離慧。二知時不失。三滅一切習氣。四得定波羅蜜。五一切功德殊勝。六隨所宜行波羅蜜。七無能見頂者。八無與等者。九無能勝者。十世間中上。十一不從他聞得道。十二不轉法者。十三自言是佛終不能到佛前。十四不退法者。十五得大慧者。十六得大慈者。十七第一可信受者。十八第一名聞利養。十九與佛同止。諸師無與佛等者。二十諸師無有得弟子衆如佛者。二十一端正第一見者歡悅。二十二佛所使人無能害者。二十三佛欲度者無有傷害。二十四心初生時能斷思惟結。二十五可度衆生終不失時。二十六第十六知得阿耨多羅三藐三菩提。二十七世間第一福田。二十八放無量光明。二十九所行不同餘人。三十百福田相。三十一無量無邊善根。三十二入胎時。三十三生時。三十四得佛道時。三十五轉法輪時。三十六捨長壽命時。三十七入涅槃時。能動三千大千世界。三十八擾動無量無邊諸魔宮殿。令無威德皆使驚畏。三十九諸護四天王釋提桓因。夜摩天王。兜率陀天王。化樂天王。自在天王。梵天王。淨居諸天等。一時來集請轉法輪。四十佛身堅固如那羅延。四十一未有結戒而初結戒。四十二有所施作勢力勝人。四十三菩薩處胎母於一切男子無染著心。四十四力能救度一切衆生。佛不共法有如是等無量無數。妨餘事故不須廣說。聲聞法雖以佛法。優劣不同則有差別。復次。總說諸佛一切諸法無量無邊。不可思議第一希有。一切衆生所不能共。假使十方諸三千大千世界。過諸筭數。是中所有衆生智慧。皆如大梵天王。皆如大辟支佛。皆如舍利弗。合集是諸智慧。令一人得。欲及於佛四十不共法中微少分者。無有是處。若於一法。百千萬億分中不及其一。諸佛有如是無量無邊功德之力。何以故。無數大劫安住四功德處。深行六波羅蜜。善能具足菩薩一切所行諸法。不共一切衆生故。果報亦不共。

讚偈品第二十四

已。如是解四十不共法竟。應取是四十不共法相念佛。又應以諸偈讚佛。如現在前對面共語。如是則成念佛三昧。如偈說。

聖主大精進　四十獨有法　我今於佛前　敬心以稱讚
如意及飛行　其力無邊限　於聖如意中　無有與等者

聲聞中自在　他心智無量　善能調伏心　隨意而應適
其念如大海　湛然在安隱　世間無有法　而能擾亂者
諸佛所稱歎　金剛三昧寶　得之在胷中　如賢懷直心
善知不定法　四無色定事　微細難分別　盡知無有餘
衆生若已滅　今滅及當滅　惟獨有世尊　智慧能通達
善知不相應　非色法中事　一切諸世間　悉皆不能知
世尊大威力　功德不可量　智慧無邊際　皆無與等者
於四問答中　超絕無倫匹　衆生諸問難　一切皆易答
若諸世間中　欲有害佛者　是事皆不成　以成不殺法
若於三時中　諸有所說者　言必不虛妄　常有大果報
凡有所說法　無非是希有　義趣尚不謬　何況於言辭
於三聖弟子　上中下差別　四雙八輩等　第一大導師

身口意業命　畢竟常清淨　是故於此中　不復須防護
自說一切智　心無有疑畏　若人來難我　恐有所不知
自說漏盡相　盡到無漏邊　心無有疑畏　餘漏有不盡
自說障礙法　於中無疑難　雖有用此法　不能爲障礙
所說八聖道　心無有疑畏　有言是八道　不能至解脫
如實知是因　是果及與非　故號一切智　名聞流無量
三世所有業　是諸業定報　及非定果報　種種皆悉知
諸禪三昧中　麤細深淺事　皆悉能了知　禪中無等者
先知衆生根　上中下差別　種種樂及性　隨宜而說法
行道得諸利　兼以化導人　是以弟子衆　如實得善利
宿命知無量　天眼見無邊　一切人中天　無能知其限
住金剛三昧　滅煩惱及氣　又知人漏盡　故名漏盡力

煩惱諸禪障　一切法障礙　三礙得解脫　號無礙解脫
四十不共法　功德不可量　無能廣說者　我已略說竟
世尊若一劫　稱說此佛法　猶尚不能盡　況我無此智
世尊大慈音　無量業善集　四功德處故　得佛無量法
世尊所稱說　四功德勝處　我今還以此　稱讚於如來
三十二相具　相有百福德　八十種妙好　三界誰能有
三千大千界　衆生所有福　果報爲百倍　相有如是德
如此諸福德　并及其果報　復以爲百倍　成一白毫相
三十相一一　福德及果報　復以爲千倍　成一肉髻相
世尊諸功德　不可得度量　如人以尺寸　量空不可盡
從初發大心　爲度衆生故　堅心無量劫　是故成佛道
精勤欲成滿　如此之大願　無量劫數中　行諸難苦行

如諸往古佛　說四功德處　無量劫乃成　今得安住中
本爲獲實諦　捨身及親愛　財寶諸富樂　是故得具足
無量劫數中　見聞覺知法　每先善思惟　而後爲人說
若於不見等　及於中有疑　而能如實說　所益無有量
不說他匿事　譏刺而拒逆　念常在安慧　順化令安隱
第一眞妙諦　涅槃實爲最　餘者皆虛妄　世尊得具足
飲食臥具等　堂閣妙樓觀　名好乘馬車　端嚴諸婇女
金銀珍寶等　聚落諸城邑　國土及榮位　并以四天下
愛子并親婦　支節及頭目　割肉出骨髓　及以舉身施
憐愍諸衆生　悉施無所惜　爲求出生死　不以求自樂
虛空諸星宿　地上所有沙　世尊菩薩時　布施數過是
終不以非法　求財而布施　無有不知施　無侵惱人施

不貪惜好物　而以惡者施　無諂曲心施　無惜而強施
無恚無疑心　無邪無輕笑　無厭無不信　顰面等布施
無有分別心　此應彼不應　但以悲心故　平等而行施
不輕於衆生　以爲非福田　見聖心恭敬　破戒者憐愍
不自高其身　卑下於他人　亦不爲稱讚　不求報等施
無悔無憂愁　無惡賤心施　無待急恨心　無法應當施
無不敬心施　無棄著地施　無惱求者施　無妬競勝施
無戲弄求者　無不自手施　不輕於少物　以多自高施
不以聲聞乘　辟支佛乘施　不限一世施　無有非時施
世尊無數劫　行諸希有施　皆爲無上道　不爲求自樂
於諸佛法中　出家行遠離　修習諸佛法　爲諸人天說
說如是施法　於諸施中上　猶如日光明　星月中殊勝

如是勝捨處　超越諸天人　猶亦如世尊　一切世間上
是故能具足　如是勝捨處　名聞無量劫　流布無窮已
世尊無量劫　護持清淨戒　開諸禪定門　爲得深寂處
先離於五相　後行八解脫　入淨三三昧　亦住三解脫
世尊善分別　六十五種禪　無有一禪定　先來不生者
於此諸定中　亦不受其味　世尊因諸禪　得三種神通
以此度衆生　是故一切勝　世尊無量劫　等心弘慈化
阿僧祇衆生　令住於梵世　能以巧方便　善說禪定故
世尊菩薩時　常於無量世　無貪煩惱纏　而往來世間
過去得値者　無量生天上　過去諸菩薩　所可行寂滅
世尊菩薩時　亦等無有異　是故於寂滅　勝處悉充滿
世尊菩薩時　所有諸智慧　以慧求菩提　今成是慧報

一切所資食　如人依地生　世尊於世世　捨十闇惡道
常行十善道　斯由慧氣力　捨五欲五蓋　得種種禪定
無量劫數世　不從他人受　善哉大聖尊　悉是慧施力
衆生因世尊　無量生六天　亦令至梵世　斯皆由慧力
世尊於生死　苦樂所迷悶　不失菩提心　斯皆是慧力
世尊於生死　不樂而常在　樂涅槃不取　斯皆是慧力
安坐道場時　降魔及軍衆　度脫諸群生　斯皆是慧力
本求菩提時　集無量助法　聞者常迷悶　何況能受行
世尊能堪忍　斯皆是慧力　經書諸技術　世世生自知
亦能兼教人　斯皆是慧力　親近無量佛　悉飲甘露教
種種諮請問　亦隨而分別　經法智慧中　未曾有悋惜
乃至僕僮奴　亦諮受善語　世尊以是故　慧勝處流布

世尊於前世　求是菩提時　於諸衆生中　行大慈悲心
以第一智慧　常出大勢力　悉作無量種　希有諸難事
一切諸世間　盡共無量劫　說之不可盡　亦非算數及
如是等諸事　超越於人天　一切世間中　奇特無有比
大業所獲果　具足一切智　能破生死王　安住法王處

十住毗婆沙論卷十

十住毗婆沙論卷十一

龍樹菩薩造
姚秦三藏法師鳩摩羅什譯

助念佛三昧品第二十五

菩薩應以此　四十不共法　念諸佛法身　佛非色身故

是偈次第略解四十不共法六品中義。是故行者先念色身佛。次念法身佛。何以故。新發意菩薩。應以三十二相八十種好念佛。如先說。轉深入得中勢力。應以法身念佛。心轉深入得上勢力。應以實相念佛而不貪著。

不深著色力　法身亦不著　善知一切法　永寂如虛空

是菩薩得上勢力。不以色身法身深貪著佛。何以故。信樂空法故。知諸法如虛空。虛空者無障礙故。障礙因緣者。諸須彌山由乾陀等十寶山。鐵圍山黑山石山等。如是無量障礙因緣。何以故。是人未得天眼故。念他方世界佛。則有諸山障礙。是故新發意菩薩。應以十號妙相念佛。如說。

新發意菩薩　以十號妙相　念佛無毀失　猶如鏡中像

十號妙相者。所謂如來應正遍知明行足善逝世間解無上士調御丈夫天人師佛世尊。無毀失者。所觀事空如虛空。於法無所失。何以故。諸法本來無生寂滅故。如是一切諸法皆亦如是。是人以緣名號增長禪法。則能緣相。是人爾時於禪法得相。所謂身得殊異快樂。當知得成般舟三昧。三昧成故得見諸佛。如鏡中像者。若菩薩成此三昧已。如淨明鏡自見面像。如清澄水中見其身相。初時隨先所念佛見其色像見是像已後。若欲見他方諸佛。隨所念方得見諸佛無所障礙。是故此人。

雖未有神通　飛行到於彼　而能見諸佛　聞法無障礙

是新發意菩薩於諸須彌山等諸山。無能爲作障礙。亦未得神通天眼天耳。未能飛行從此國至彼國。以是三昧力故。住此國土得見他方諸佛世尊。聞所說法。常修習是三昧故。得見十方眞實諸佛。

問曰如是大定以何法能生。云何可得。

答曰親近善知識　精進無懈退　智慧甚堅牢　信力不妄動

以是四法能生是三昧。親近善知識者。能以是三昧教誨人者。名爲善知識。應加恭敬勤心親近。莫有懈怠廢退捨離。則得聞是深三昧義利智通達智不失智。名爲堅牢信根深固。若沙門婆羅門若天魔梵。及餘世人無能傾動。名爲信力不可動。如是四法。能生三昧。復次。

慚愧愛恭敬 供養說法者 猶如諸世尊 能生是三昧

慚愧愛恭敬者。於說法者深生慚愧。恭敬愛樂供養如佛。如是四法能生是三昧。復次。初四法者。一於三月未常睡眠。唯除便利飲食坐起。二於三月乃至彈指不生我心。三於三月經行不息。四於三月兼以法施不求利養。是爲四。復有四法。一能見佛。二安慰勸人聽是三昧。三常不貪嫉行菩提心者。四能集菩薩所行道法。是爲四。復有四法。一造作佛像。乃至畫像。二當善書寫是三昧經。令信樂者得以誦讀。三教增上慢人。令離增上慢法。使得阿耨多羅三藐三菩提。四當護持諸佛正法。是爲四。復有四法。一少語言。二在家出家不與共住。三常繫心取所緣相。四樂遠離空閑靜處。是爲四。初五法者。一無生法忍。厭離一切諸有爲法。不樂一切諸所生處。不受一切諸外道法。惡厭一切世間諸欲。乃至不念何況身近。二心常修習無量諸法定在一處。於諸衆生無有瞋礙。心常隨順行四攝法。三能成就慈悲喜捨不出他過。四能多集佛所說法如所說行。五清淨身口意業及見是爲五。復有五法。一樂如經所讚布施無有慳心。樂說深法無所恪惜亦能自住。二忍辱柔和同住歡喜。惡口罵詈鞭捶縛等。但推業緣不恚他人。三常樂聽是三昧讀誦通利爲人解說。令流布增廣勤行修習。四心無妒嫉。不自高身不下他人。除眠睡蓋。五於佛法僧寶信心清淨。於上中下座深心供奉。他有小恩常憶不忘。常住眞實語中。是爲五。復次。

出家諸菩薩　所學三昧法　在家菩薩者　是法應當知

若在家菩薩欲修習是三昧。一當深以信心。二不求業果報。三當捨一切內外物。四歸命三寶。五淨持五戒無有毀缺。六具足行十善道。亦令餘人住此法中。七斷除婬欲。八毀訾五欲。九不嫉妒。十於妻子中不生愛著。十一心常願出家。十二常受齋戒。十三心樂住寺廟。十四具足慚愧。十五於淨戒比丘起恭敬心。十六不慳恪法。十七於說法者深愛敬心。十八於說法者生父母大師想。十九於說法者以諸樂具敬心供養。二十知恩報恩。如是在家菩薩住如是等功德者。則能學是三昧。出家菩薩修習是三昧法者。所謂一於戒無瑕疵。二持戒不襍汙。三持戒不濁。四清淨戒。五無損戒。六不取戒。七不依戒。八不得戒。九不退戒。十持聖所讚戒。十一持智所稱戒。十二隨波羅提木叉戒。十三具足威儀行處。十四乃至微小罪心大怖畏。十五淨身口意業。十六淨命。十七所有戒盡受持。十八信樂甚深法。十九於無所得法心能忍。空無相無願法中心不驚。二十勤發精進。二十一念常在前。二十二信心堅固。二十三具足慚愧。二十四不貪利養。二十五無嫉妒。二十六住頭陀功德。二十七住細行法中。二十八不樂說世間俗語。二十九遠離聚語。三十知報恩。三十一知作恩報恩。三十二於和尚阿闍黎所恭敬忌難心。三十三破除憍慢。三十四降伏我心。三十五善知識難遇故勤心供給。三十六所從聞是法處。若得經卷若口誦處。於此人所生父母想。善知識想。大師想。大慚愧愛敬想。三十七常樂阿練若。三十八不樂住城邑聚落。三十九不貪著檀越善知識家。四十不惜身命。四十一心常念死。四十二不存利養。四十三於諸物中心不染著。四十四無所渴愛。四十五守護正法。四十六不著衣鉢。四十七不畜遺餘。四十八但欲乞食。四十九次第乞食。五十常知慚愧心常有悔。五十一不畜金銀珍寶錢財。離諸不善悔。五十二心無纏垢。五十三常行慈心。五十四除斷瞋恚。五十五常行悲心。五十六除斷愛著。五十七常求利安一切世間。五十八常憐愍一切眾生。五十九常樂經行。六十除卻睡眠。出家菩薩住如是等法中。應修習是三昧。復次。

餘修三昧法　亦應如是學

能生是般舟三昧。餘助法亦應修習。何等是。一緣佛恩常念在前。二不令心散亂。三繫心在前。四守護根門。五飲食知止足。六初夜後夜常修三昧。七離諸煩惱障。八生諸禪定。九禪中不受味。十散壞色相。十一得不淨相。十二不貪五陰。十三不著十八界。十四不染十二入。十五不恃族姓。十六破憍慢。十七於一切法心常空寂。十八於諸眾生生親族想。十九不取戒。二十不分別定。二十一應勤多學。二十二以是多學而不憍慢。二十三於諸法無疑。二十四不違諸佛。二十五不逆法。二十六不壞僧。二十七常詣諸賢聖。二十八遠離凡夫。二十九樂出世間論。三十修六和敬法。三十一常修習五解脫處。三十二除九瞋惱事。三十三斷八懈怠法。三十四修八精進。三十五常觀九想。三十六得大人八覺。三十七具足諸禪定三昧。三十八於此禪定無所貪無所得。三十九聽法專心。四十壞五陰想。四十一不住事想。四十二深怖畏生死。四十三於五陰生怨賊想。四十四於諸入中生空聚想。四十五於四大中生毒蛇想。四十六於涅槃中生寂滅想。安隱樂想。四十七於五欲中生涎唾想。心樂出離。四十八不違佛教。四十九於一切衆生無所諍訟。五十教化衆生令安住一切功德。復次。

如是三昧報　菩薩應當知

菩薩行是般舟三昧。果報亦應知。

問曰。修習是三昧得何果報。

答曰。於無上道得不退轉報。復次。如經所說果報。佛語跋陀婆羅

菩薩。譬如有人能摧破三千世界地皆如微塵。又三千大千世界
中。所有草木華葉一切諸物皆爲微塵。跋陀婆羅。以一微塵爲一
佛世界。有爾所世界。皆滿中上妙珍寶以用布施。跋陀婆羅於意
云何。是人以是布施因緣。得福多不。甚多世尊。佛言跋陀婆羅。我
今實語汝。若有善男子。得聞諸佛現前三昧。不驚不畏。其福無量。
何況信受持讀誦諷爲人解說。何況定心修習。如一犂牛乳頃。跋
陀婆羅。我說此人福德尚無有量。何況能得成是三昧者。佛又告
跋陀婆羅。若有善男子善女人。受持讀誦爲他人說。若劫盡時設
墮此火。火即尋滅。跋陀婆羅。持是三昧者。若有官事。若遇怨賊師
子虎狼惡獸惡龍諸毒蟲等。若夜叉羅刹鳩槃茶毗舍闍等。若人
非人等。若害身若害命若毀戒。無有是處。若讀誦爲人說時亦無
衰惱。唯除業報必應受者。復次。跋陀婆羅。菩薩受持讀誦是三昧

時。若得眼耳鼻舌口齒病風寒冷病。如是等種種餘病。以是病故
而失壽命無有是處。唯除業報必應受者。復次。跋陀婆羅。若人受
持讀誦是三昧者。諸天守護。諸龍夜叉摩睺羅伽人非人四天王
帝釋梵天王諸佛世尊皆共護念。復次。是人皆爲諸天所共愛念。
乃至諸佛皆共愛念。復次。是人皆爲諸天所共稱讚。乃至諸佛皆
共稱讚。復次。諸天皆欲見是菩薩來至其所。乃至諸佛皆欲見是
菩薩來至其所。復次。是菩薩受持是三昧者。所未聞經自然得聞。
復次。是菩薩得是三昧者。乃至夢中皆得如是諸利益事。跋陀婆
羅菩薩。若我一劫若減一劫。說受持讀誦是三昧者。功德不可得
盡。何況得成就者。跋陀婆羅。如人於百歲中。身力輕健其疾如風。
是人百歲行不休息。常至東方南西北方四維上下。於汝意云何。
是人所詣十方。有人能數知里數不。跋陀婆羅言。不可數。唯除如

來舍利弗阿惟越致。餘不能知。跋陀婆羅。若有善男子善女人。以是人所行處滿中眞金布施。若有人但聞是三昧。以四種隨喜。迴向阿耨多羅三藐三菩提。常求多聞。如過去諸佛行菩提道時隨喜是三昧。我亦如是。如今現在菩薩。隨喜是三昧。我亦如是。如未來諸佛行菩薩道時隨喜是三昧。我亦如是。如過去未來現在菩薩所行三昧。我亦隨喜皆爲得多聞。我亦如是求多聞故。隨喜是三昧。跋陀婆羅。是隨喜福德。於上福德百分不及一。百千萬億分不及一。乃至算數譬喻所不能及。是三昧得如是無量無邊果報。

復次。

是三昧住處　少中多差別　如是種種相　皆當須論議

是三昧所住處。少相中相多相。如是等應分別。知是事應當解釋住處者。是三昧或於初禪可得。或第二禪或第三禪或第四禪可得。或初禪中間得勢力能生是三昧。或少者人勢力少故。名爲少。又少時住故。名爲少。又見少佛世界故。名爲少。中多亦如是。說是三昧。或說有覺有觀。或無覺有觀。或無覺無觀。或喜相應。或樂相應。或不苦不樂相應。或有入出息。或無入出息。或定是善性。或有漏。或無漏。或欲界繫。或色界繫。或無色界繫。或非欲界。或非色界。或非無色界繫。是三昧是心數法。心相應隨心行法共心生法。非色非現。能緣非業業相應。隨業行非先世業果報。除因報。可修可知可證。亦以身證亦以慧證。或可斷或不可斷。有漏應斷。無漏不可斷。知見亦如是。不與七覺合。如是一切諸分別三昧義。皆應此中說。復次。修習是三昧得見諸佛。如說。

得見諸佛已　勤心而供養　善根得增長　能疾化衆生

供養名心意清淨。恭敬歡喜。念佛有無量功德。以種種讚歎。名曰供養。敬禮華香等。名身供養。是故福德轉更增長。如穀子在地雨潤生長。疾教化者。令衆生住三乘中。如是菩薩增長善根。

以初二攝法　攝取諸衆生　後餘二攝法　未盡能信受

初二者。布施愛語。利益同事。名爲後二。是菩薩在初地。不能具解故。但能信受。

爾時諸善根　迴向於佛道　如彼成練金　調熟則堪用

智慧火所練故。於菩薩所行事中善根成熟。則堪任用。

譬喻品第二十六

是菩薩應聞　地相得修果　爲得諸地分　故勤行精進

相者是相貌。因以得知。得者。成就以是法故。名成就是法。修名得修行修。常念果者。從因有事成名爲果。是菩薩欲得十地行。應善聞相得修果。聞者從諸佛菩薩所聞。及勝己者。爲得諸地分者。爲得是地分故。勤行精進。此中初地相者。如先說。

菩薩在初地　多所能堪受　不好於諍訟　其心多喜悅
常樂於清淨　悲心愍衆生　無有瞋恚心　多行是七事

是故堪受不諍。喜悅清淨。悲心無瞋等七法。是初地相。成就此堪受等七法名爲得。復次堪受等七法相。即是初地得。如偈說。

若厚種善根　善行於諸行　善集諸資生　善供養諸佛
善知識所護　具足於深心　悲心念衆生　信解無上法
具此八法已　當自發願言　我已得自度　當復度衆生
爲得十力故　入於必定聚　則生如來家　無有諸過咎
即轉世間道　入出世上道　以是得初地　此地名歡喜

是故當知。爲菩提故。所得決定心。名爲初地得修名。從初發心。乃至成諸佛現前三昧。於其中間且說諸地功德。能生是諸功德。生已修集增長。名爲初地。修果者。先已處處說得若干福德。不迴向聲聞辟支佛地。今當更說。菩薩得初地。果能得菩薩數百定等。初地分者。所有諸法合成初地。名爲諸分。如麴米等合能成酒故。名酒因緣。所有諸法能成初地。名爲初地分。所謂。

　信力轉增上　成就大悲力　慈愍衆生類　修善心無倦
　喜樂於妙法　常近善知識　慚愧及恭敬　柔輭和其心
　樂觀法無著　一心求多聞　不貪於利養　離奸欺諂誑
　不汙諸佛家　不毀戒欺佛　深樂薩婆若　不動如大山
　常樂修習行　轉上之妙法　樂出世間法　不樂世間法
　即治歡喜地　難治而能治　是故常一心　勤行此諸法
　菩薩能成就　如是上妙法　是則爲安住　菩薩初地中

問曰。菩薩何用聞是初地相等爲。

答曰是菩薩初地相等法中。應善知方便。是故應聞。

問曰菩薩但應於此法中。善知方便。更於餘法中。善知方便。

答曰是諸法中應善知方便。亦於餘法善知方便。

問曰若爾者可略說。

答曰有法能助地　有法違於地　有法能生地　有法能壞法
有諸地根果　有諸地中得　諸地清淨分　從地至一地
住地轉增益　無能令退者　從菩薩淨地　至無量佛地
於此諸事中　應善知方便　請問諸善智　除破於憍慢

助初地法者。所謂信戒聞捨精進念慧等。如是等及餘諸法。隨順初地者。是名助法。相違法者。不信破戒少聞慳貪懈怠亂念無慧等。及餘不隨順。不能助初地者。是滅地法者。能令此地退失障礙不現。如劫盡時萬物都滅。何者是。所謂能偷奪菩提心法。是先已說。生地法者能生能成初地。所謂不偷奪菩提心法。是先已說。地相得果地分上已說。清淨法者。用是法能淨初地。所謂如先說初地中七法。

菩薩在初地　多所能堪受　不好於諍訟　其心多喜悅
常樂於清淨　悲心愍衆生　無有瞋恚心　多得是七事

如是七法能淨治初地。從初至一地者。如從初地至二地。從二地至三地。餘亦如是。從初地至二地。得不諂曲等十心故。從二地至三地。得信樂等十心故。得如是等種種心種種法故。能從一地至一地。住地轉增益。如初地中檀波羅蜜多。第二地中尸波羅蜜多。又信等諸法。轉得勢力。第三地中多聞多。又布施持戒信等。轉得勢力。餘地中亦如是。無能令退者。住是地中。若沙門婆羅門若天魔梵。及餘世間無能轉者。何以故。得大功德力故。深入法性底故。

大信解故。從菩薩淨地。至無量佛地者。若菩薩具足清淨一切地已。則得佛地。於此諸事中。皆應善知方便。請問諸善人者。成就正法故。名爲善人。正法者。略說。一信。二精進。三念。四定。五慧。六身口意律儀。七無貪無恚無癡。除捨於憍慢者。自謂我於勝人中勝。名爲大慢。於與己等中勝而心自高。名爲憍慢。大不如他言小不如。名爲小慢。

問曰。汝說於是諸法中應善知方便。得是方便何用爲。

答曰菩薩若善知　諸地中相得　不得成佛道　終不轉初地

相名助諸地等十法。得名相違法。有八種。滅等八法不應行。若菩薩善知是法。不得佛道。終不退轉。

問曰。菩薩善知是諸法。未得佛道終不退者。其喻云何。

答曰如大力導師　善知好道相　此處與彼處　轉道之所宜

資糧及行具　皆悉令備足　於彼險道中　令衆得安隱
得至大城邑　能令衆無患　由是大導師　善能知道故
善知諸地轉　具足助道法　菩薩善知道　好惡此彼處
自度生死險　兼導多衆生　令自安隱處　無爲涅槃城
悉令於惡道　不遇衆苦患　菩薩方便力　善能知道故

知道相者。多有薪草水。無有寇賊師子虎狼及諸惡獸毒蟲之屬。不寒不熱。無有惡山溝坑絕澗險隘。深榛叢林隈障。亦無高下平直夷通。少於岐道。寬博多。容多人行處。行無厭倦。多有華果可食之物。如是等事名爲好道相。與此相違名爲惡道相。此處名人衆止宿食息之處。彼處名從是處至異處。若二宿中間亦名異處。轉道名見有岐道。至大城者。是道應行餘者應捨。資糧名麨蜜揣等道路所食。大力名大勢力。多有財物善解治法。備足名多有飲食無所乏少。安名無有賊寇恐怖之事。隱名無有疾病苦痛衰患。城名多容人衆。能令多人衆得至大城。導師善解道相自無患難。亦令人衆無有患難。善諳道故。無有寒熱飢渴怨賊。惡獸毒蟲惡山惡水深坑坎等如是過患。何以故。善知道路好惡相故。以此喻歡喜等十地。如人行路。去不休息。能至大城。菩薩如是行是十地。得至佛法。入涅槃大城。如彼好道多有薪草水等。行者無乏。草名如人乘馬路多好草馬力強盛。十地道功德亦如是。諦捨滅慧四勝處。助諸功德故名爲草。何以故。若人貴於實事樂隨諦語。常親近實語者。見實有利樂隨實事。深惡妄語遠離妄語。見妄語過不樂欲聞。如是等因緣得諦勝處。捨等三處亦應如是。如彼好道須諸象馬牛驢等。得至大城草助成其力。如是諦捨滅慧處。能令至佛法入涅槃大城。薪名多聞思修慧能至大智慧業。如薪能令火然亦令猛盛。如是聞思修慧能生大慧。能令增長。如火能燒能煮能照。智慧火亦如是。燒諸煩惱成熟諸善根照四聖諦。如火是智慧薪。是能生智慧等。是能生智慧等諸法。多水名多有諸流河渠。隨意取用充足大衆。泉井及池所不能爾。

復次。多水者。如人乘船隨水至大城。井泉陂池水則不能得爾。如經說。信爲大河福德爲岸。如河除熱除渴除垢能生勢力。善法中信亦如是。能滅三毒熱。除三惡行垢。除三有渴。爲涅槃故。於善法中得勢力。如彼好道多有諸根藥草。則行者無乏。十地道亦如是。根名深心所愛。如有根故則生芽莖葉等及諸果實。深心愛道。生正憶念大願等諸功德。藥草名諸波羅蜜。如藥草能滅諸毒。諸波羅蜜藥草。滅貪恚癡毒諸煩惱病亦復如是。如彼好道不失韋婆陀。則行道安隱。是符檄。如行者不失符檄則在所欲至無有障礙。

十地道亦如是。不失韋婆陀。則所過諸地。所集善根。則能隨意助成。增長現在善根。彼又能教化聲聞道。辟支佛道。欲色界諸天道衆生。令住佛道。若魔若外道不能干亂。是名不失韋婆陀。如彼好道。無有蚊蝱毒蟲之屬。十地道亦如是。無有憂愁啼哭之聲。如彼好道。無有賊難。十地道亦如是。無有五蓋諸惡賊衆。如佛告比丘。聚落賊者。所謂五蓋。如賊先奪人物後乃害命。五蓋賊亦如是。先奪善根後斷慧命。則墮放逸而死。如道中無師子虎狼諸惡獸等。十地道亦如是。無有瞋恚鬥諍。如師子等惡獸好惱害他。瞋恚等爲惱他故生亦復如是。如惡獸等噉肉飲血。瞋恨等食多聞慧肉。飲修慧等血。亦復如是。如彼好道。無有寒熱過惡。十地道亦如是。不墮寒冰地獄故。無有寒過惡。不墮熱地獄故。無有熱過惡。如彼好道。無深坑等諸難。十地道亦如是。無有外道苦行等諸難。所謂炙身入水拔髮日三洗翹一足。日一食二日一食。乃至一月一食默然至死。常舉一臂常行忍辱。五熱炙身臥刺棘上。入火入水自投高巖。深爐中立。牛屎燒身。直趣一方不避諸難。常著濕衣。常水中臥。身苦心苦不至正智。無如是等故名爲無難。如道無邪徑。十地道亦如是。無身口意惡業故。名無邪徑。如道無刺棘者。十地道亦如是。無諸業障刺棘故。名爲無刺棘。如刺刺腳則廢行路。業障刺棘障行佛法入於涅槃。如道正直。十地道亦如是。無一切諂曲欺誑故。名爲正直。如道少岐道。十地道亦如是。少於異道。何以故。發大乘者。少行聲聞辟支佛道。是故少於異道。或有菩薩行二乘道者。當知未到菩薩地。未入正位。行於邊行故。如彼好道。無諸叢林妨礙。十住道亦如是。無有五欲諸惡叢林。

問曰何故不言都無五欲叢林。但言無惡林耶。

答曰發大乘者。福德因緣有第一五欲。是故不得言無。但無惡耳。復次。如深叢林。難入難過多諸艱礙。菩薩五欲則不然。不如凡夫於五欲生諸過惡。如是故但說無叢林。道寬博多容不相妨礙。十住道亦如是。多所容受。無量百千萬億衆生。共發無上道心。而不相妨置。是百千萬億衆生。若一切衆生。若俱發阿耨多羅三藐三菩提心。同行此道不相妨礙。如道多人所行。十住道亦如是。恆河沙等過去現在諸佛。行菩薩道時皆行此道。如彼好道。行不疲厭。十住道亦如是。多有因果諸樂。所謂多生人天中受果報。樂離欲故。受歡喜樂禪定樂無喜樂現在樂。得是諸樂故。無有疲厭。如彼好道。多有華果根。十住道亦如是。多根華果。根者三善根。華者七覺華是。如經說。七華者七覺意是。果者四沙門果。無如是等違好道功德過故。名爲離惡。如導師知道中是中應食是。應宿彼處亦

應宿。菩薩行十地。亦如是。知何處可宿。何處可食。可住宿名有諸
現在佛處。可食名可得修習善法處。如食能利益諸根。亦助壽命。
諸善。法亦如是。能益信等諸根助成慧命。異處宿名從彼佛所至
餘佛所。復次。此佛國土彼佛國土中間。亦名異處。善知道轉者。如
彼導師知道不安隱則便轉還。菩薩亦如是。善知是道至聲聞。是
道至辟支佛。是道至佛。如是知已。捨聲聞道辟支佛道。但行至佛
道。如彼好道。多有飲食。十住道亦如是。多行布施持戒修禪。如彼
導師以多財物善能治法有大勢力。菩薩亦如是。有財物治法故。
有大勢力。財者七財。所謂信戒慚愧捨聞慧。治法者。一切諸魔種
種沙門婆羅門外道論師悉能摧伏。是爲威勢。如彼大城。無有怨
賊疫病暴死種種衰惱故。名爲安隱。涅槃大城亦如是。無有諸魔
外道諸流貪欲瞋恚放逸死憂悲苦惱啼哭故。名爲安隱。如彼大

城多有飲食故。名爲豐饒。涅槃城亦如是。多有諸深禪定解脫三昧故。名爲豐饒。如彼大城多所容受故。名爲大城。涅槃城亦如是。多受衆生故名而大。假令一切衆生不受諸法故。皆入無餘涅槃。而涅槃性無增無減。如彼導師能將多衆普令安隱示好道故。名爲導師。菩薩亦如是。善將衆生示佛正法示涅槃道。從生死險道得至涅槃故。名爲大導師。如彼導師善知道相故。身及餘人皆無有惡。菩薩亦如是。自不行貪瞋恚等諸蓋諸惡苦行老死深坑。亦不墮寒熱地獄餓鬼故。名爲自不得惡。所隨從者亦不得惡。是故偈中說善知道相故。自不得惡餘不得惡。

十住毗婆沙論卷十一

十住毗婆沙論卷十二

龍樹菩薩造
姚秦三藏法師鳩摩羅什譯

略行品第二十七

菩薩歡喜地　今已略說竟　菩薩住是中　多作閻浮王
常離慳貪垢　不失三寶念　心常願作佛　救護諸衆生

初地名歡喜。已略說竟。諸佛法無量無邊是地爲本。若廣說亦無量無邊。是故言略說。菩薩住是地中。多作閻浮提勢力轉輪王。先世修習是地因緣故。信樂布施無慳貪垢。常施三寶故不失三寶念。常念作佛救諸衆生。如是等善念常在心中。復次。

若欲得出家　勤心行精進　能得數百定　得見數百佛
能動百世界　飛行亦如是　若欲放光明　能照百世界

化數百種人　能住壽百劫　能釋數百法　能變作百身
能化百菩薩　示現爲眷屬　利根過是數　諸佛神力故
已說初地相　果力淨治法　今當復更說　第二無垢地

果名得數百定見數百佛等。勢力名能化數百衆生。餘偈義先已說。不復解餘偈。今當復說第二無垢地。

問曰汝欲廣說菩薩所行法。初地義尚多。諸學者恐轉增廣。則懈怠心生不能讀誦。是故汝今應爲不能多讀誦者。略解菩薩所行諸法。

答曰菩薩所有法　是法皆應行　一切惡應捨　是則名略說

如上來諸品中所說。能生能增長諸地法。如上諸品中說。若於餘處說者。皆應令生菩薩過惡事。皆應遠離。是名略說。菩薩所應行。如法句中說。諸惡莫作。諸善奉行自淨其意。是諸佛教。有一法攝佛道。菩薩應行。云何爲一。所謂於善法中。一心不放逸。如佛告阿難。我不放逸故。得阿耨多羅三藐三菩提。如說。

不放逸成佛　世間無與等　若能不放逸　何事而不成

復有二法能攝佛道。一不放逸。二智慧。如說。

不放逸智慧　佛說是利門　不見不放逸　而事不成者

復有三法能攝佛道。一學勝戒。二學勝心。三學勝慧。如說。

戒生上三昧　三昧生智慧　智散諸煩惱　如風吹浮雲

復有四法能攝佛道。一諦處。二捨處。三滅處。四慧處。如說。

諦捨定具足　得慧利清淨　精進求佛道　當集此四法

復有五法能攝佛道。一信根。二精進根。三念根。四定根。五慧根。如說。

信根精進根　念定慧堅牢　是法大悲合　終不退佛道

　　如人得五根　能通達五塵　如得信等根　能通諸法相

復有六法能攝佛道。所謂布施持戒忍辱精進禪定智慧波羅蜜。如說。

　　如所說六度　降伏諸煩惱　常增長善根　不久當得佛

復有七法能攝佛道。所謂七正法。信慚愧聞精進念慧。如說。

　　欲得七正法　當樂定精進　除去七邪法　能知諸功德
　　是人能疾得　無上佛菩提　拔沒生死者　今在安隱處

復有八法能攝佛道。所謂八大人覺。少欲知足遠離精進念定慧樂不戲論。如說。

　　若人決定心　住八大人覺　爲求佛道故　除諸惡覺觀
　　如是則不久　疾能亦度人　如人行善者　必當得妙果

復有九法能攝佛道。所謂大忍大慈大悲慧念堅心不貪不恚不癡。如說。

具足於大忍　大慈及大悲　又能住於慧　念及堅心中
深心入無貪　無恚癡善根　若能如是者　佛道則在手

復有十法能攝佛道。所謂十善道。自不殺生。不教他殺。見殺心不稱讚。見殺心不喜。乃至邪見亦如是。以是福德迴向阿耨多羅三藐三菩提。如說。

不惱害衆生　亦不行劫盜　不婬犯他婦　是三爲身業
不妄語兩舌　不惡口綺語　不貪惱邪見　是七口意行
如是則能開　無上佛道門　若欲得佛者　當行是初門

如是等法菩薩應生。生已應守護。守護已應增長。於一惡事從一轉增。亦應當知。求佛道者。於一惡法應疾遠離。所謂遠離放逸。如說。

若人不能度　生死險惡道　是爲可訶責　最是罪惡事
雖樂於富樂　而生貧賤家　不能種善福　爲人作奴僕
皆由於放逸　因緣之所致　是故有智者　疾遠如惡毒
若未成大悲　無生忍不退　而行放逸者　是則名爲死

復有二過。應疾遠離。一貪聲聞地。二貪辟支佛地。如說。

若墮聲聞地　及辟支佛地　是名菩薩死　亦名一切失
雖墮於地獄　不應生怖畏　若墮於二乘　菩薩應大畏
雖墮於地獄　不永遮佛道　若墮於二乘　畢竟遮佛道
佛說愛命者　斬首則大畏　如是欲作佛　二乘應大畏

復有三過。應疾遠離。一憎諸菩薩。二憎菩薩所行。三憎其深大乘經。如說。

小智以小緣　憎恚諸菩薩　亦憎菩薩道　亦憎大乘經

不解故不信　墮在大地獄　怖畏大驚喚　是事應遠離

復有四過。應疾遠離。一諂。二曲。三急性。四無慈愍。如說。

自言是菩薩　其心多諂曲　急性無所容
不行慈愍心　是近阿鼻獄　離佛道甚遠

復有五過。應疾遠離。一貪欲。二瞋恚。三睡眠。四調戲。五疑。是名五蓋覆心。如說。

若人放逸者　諸蓋則覆心　生天猶尚難　何況於得果
若勤行精進　則能裂諸蓋　若能裂諸蓋　隨願悉皆得

復有六過。與六波羅蜜相違。應疾遠離。一慳貪。二破戒。三瞋恚。四懈怠。五調戲。六愚癡。如說。

慳貪垢汙心　破戒而懈怠　無知如牛羊　好瞋如毒蛇
心亂如獼猴　遠離諸善法　不捨是諸惡　是名惡菩薩

生天爲甚難　何況得佛道

復有七過。應疾遠離。一樂多事務。二樂多讀誦。三樂睡眠。四樂語說。五貪利養。六常欲令人喜。七迷悶於道心隨愛行。如說。

弊人樂事務　樂多誦外經　癡人樂睡眠　樂共聚衆語
雖願欲作佛　而深著利養　是恩愛奴僕　迷悶於佛道
如是諸惡人　自言是菩薩

復有八法。應疾遠離。一邪見。二邪思惟。三邪語。四邪業。五邪命。六邪方便。七邪念。八邪定。如說。

若有愚癡人　行於八邪道　學邪諸經法　好隨逐邪師
遠離八聖道　深妙諸功德　堅染著煩惱　而或願菩提
如是愚癡人　欲度於大海　捨好堅牢船　抱石欲求度

復有九法。應疾遠離。一不聞阿耨多羅三藐三菩提。二聞已不信。

三若信不受。四若受不誦持。五若誦持不知義趣。六若知不說。七若說不如說行。八若如說行不能常行。九若能常行不能善行。如說。

癡人不欲聞　無上正眞道　聞已不能信　又不能誦持
不知義不說　不如所說行　不能常善行　無有念安慧
如是愚癡人　不堪得道果　猶如罪惡人　不得生天上

復有十過。應疾遠離。所謂十不善道。如說。

癡人於少時　貪愛弊五欲　捨離十善道　行十不善道
諸天樂在手　而復自捨棄　如貪小錢利　而捨大寶藏

問曰汝說無上道相時。種種因緣訶罵空發願。菩薩自言菩薩。但名字菩薩。若是三不名爲菩薩者。成就何法名爲眞菩薩。

答曰非但發空願　自言是菩薩　名字爲菩薩

略說能成就　三十二法者　乃名爲菩薩

若人發心欲求佛道。自言是菩薩。空受名號不行功德慈悲心諸波羅蜜等是不名爲菩薩。如土城名寶城。但自誑身亦誑諸佛。亦誑世間衆生。若人有三十二妙法。亦能發願。是名眞實菩薩。何等三十二。一深心爲一切衆生求諸安樂。二能入諸佛智中。三自審知堪任作佛不作佛。四不憎惡他。五道心堅固。六不假僞結託親愛。七乃至未入涅槃常爲衆生作親友。八親疎同心。九已許善事心不退轉。十於一切衆生不斷大慈。十一於一切衆生不斷大悲。十二常求正法心無疲懈。十三勤發精進心無厭足。十四多聞而解義。十五常省己過。十六不譏彼闕。十七於一切見聞事中常修菩提心。十八施不求報。十九持戒不求一切生處。二十於一切衆生忍辱無瞋礙。二十一能勤精進修習一切善根。二十二不隨無色定生。二十三方便所攝智慧。二十四四攝法所攝方便。二十五持戒毀戒慈愍無二。二十六一心聽法。二十七一心阿練若處住。二十八不樂世間種種襍事。二十九不貪著小乘。三十見大乘利益爲大。三十一遠離惡知識。三十二親近善知識。菩薩住是三十二法。能成十法。所謂四無量心。能遊戲五神通。常依於智。常不捨善惡衆生。所言決定事必皆實。集一切善法心無厭足。是爲三十二法。爲七。菩薩成就此者。名爲眞實菩薩。

分別二地業道品第二十八

諸菩薩已得　具足於初地　欲得第二地　當生十種心

諸菩薩已得歡喜初地。爲得二地故生十種心。因是十心能得第二地。如人欲上樓觀。要因梯而上。

問曰何等是十心得第二地方便。

答曰直心堪用心　輭伏寂滅心　眞妙不雜貪　快大心爲十

諸菩薩已具足於初地。欲得第二地。生是十方便心。一直心。二堪用心。三柔輭心。四降伏心。五寂滅心。六眞妙心。七不雜心。八不貪心。九廣快心。十大心。直心者。離諂曲。離諂曲故心轉柔輭。柔輭者。不剛強獷惡。菩薩得是柔輭心。生種種禪定。亦修集諸善法。觀諸法實相。心則堪用。心堪用故生伏心。伏心者。善能降伏眼等諸根。如經中說。何等是善道。所謂比丘降伏眼根乃至意根。以降伏六根故。名爲伏心。心已降伏則易生寂滅心。寂滅心者。能滅貪欲瞋恚愚癡等諸煩惱。先伏心已遮令寂滅。復有人言。得諸禪定是名寂滅心。如經說。若人善知禪定相不貪其味。是名寂滅心。得寂滅心已。必生眞妙心。眞妙心者。於諸禪定神通所願事中如意得用。譬如眞金隨意所用。行者既得直心。乃至眞妙心已。爲守護是心故。樂生不襍心。不襍心者。不與在家出家從事。是人作是念。我得如是等心。皆由禪定力故。以是諸心當得第二地等無量利益。若與衆人襍者則失此利。何以故。若人與衆人襍行。則眼等六根或時還發諸不善法。何以故。親近可染可瞋可癡法故。諸根發動煩惱火然。煩惱火然故則失此利。見此等過故生不襍心。不應與在家出家者襍行。是人得是不襍心已。次生不貪心。不貪心者。於在家出家人中所謂父母兄弟和尚師長等不生貪著。作是念。若我於在家出家生貪著者。必當來往問訊。我則何有不襍心耶。是故我欲令諸禪定等利住不襍心者。當於在家出家捨貪著心。

問曰菩薩法不應捨衆生。不應生捨心。如助菩提中說。

菩薩初精進　所有方便力　應令諸衆生　住於大乘中

若人教恆沙　衆生住羅漢　不如教一人　住大乘爲勝

若人少勢力　不堪發大乘　次當教令住　辟支聲聞乘
若人不堪住　辟支聲聞乘　應教此衆生　令行福因緣
不任住三乘　不堪人天樂　常以今世事　隨而利益之
若有諸衆生　不受菩薩利　於此不應捨　應生大慈悲

汝云何言。菩薩得不襍心生不貪心。若菩薩不貪衆生則爲捨離。何能度耶。

答曰應隨順菩薩道行捨心。何以故。是人因捨心生廣快心。作是念。我若捨是衆鬧當得禪定。因禪定生妙廣快法。得是法已。其後則能利益衆生。勝今千萬倍。是故爲多利益衆生。少時捨心權捨衆鬧。當得禪定五神通等利益衆生。菩薩何故作如是方便。菩薩爲得大心而作是念。大人樂大利益故。不存小利。是故我今當求大人之法隨而修學。應如是勤加精進爲大利益。所謂諸禪定神通滅苦解脫等。是故汝說非也。

問曰初地中已。有直心等法。何故復說菩薩欲得二地生於十心。

答曰初地雖有此法。未得深樂。未有堅固。在此地中。心常喜樂轉深堅固。堪任施用。是故汝難非也。

問曰若深樂堅固此法者得何果事。

答曰若其一時得　深樂堅固心　更不復用功　如使常隨逐

如使一時生常隨逐人。菩薩如是一時得深樂堅固心已。即常隨逐。更不須用功而生。若以少因緣便生。何以故。根深入故莖節相續。

問曰若菩薩得是十種心得何等果。

答曰若得是諸心　正住第二地　具三種離垢　惡業及煩惱

若菩薩得是直等十心。即名住第二菩薩地。一離垢者。地名也。二離垢者。於此地中離十不善道罪業之垢。三離垢者。離貪欲瞋恚等諸煩惱垢故。名爲離垢。復次離垢義者。

菩薩住此地　自然不行惡　深樂善法故　自然行善道

問曰十善道自然不作。自然行十善道。此二種道。幾是身行。幾是口行。幾是意行。

答曰身意各三種。口四善亦爾。略說則如是。此應當分別。不善身行有三種。所謂奪他命劫盜邪婬。不善口行四種。妄語兩舌惡口散亂語。不善意行三種。貪取瞋惱邪見。善身行亦有三種。離奪命劫盜邪婬。善口行亦四種。離妄語兩舌惡口散亂語。善意行有三種。不貪取不瞋惱正見。身口意業道。是善不善應須論議。令人得解。初奪命不善道者。所謂有他衆生知是生故行惱害。因是惱害則失壽命。起此身業。是名初奪命不善道。離此事故。名爲離奪命善行。劫盜者。所謂屬他之物。知是物屬他生劫盜心。手捉此物舉離本處。若劫若盜計是我物生我所心。是名劫盜。行離此事者。名爲離劫盜善行。邪婬者。所有女人。若爲父母所護。親族所護。爲姓所護。世法所護。戒法所護。若他婦知有鞭杖惱害等障礙。於此事中生貪欲心起於身業。或於自所有妻妾。若受戒若懷妊。若乳兒若非道。是名邪婬。遠離此事名爲善身行。妄語者。覆相覆心覆見覆忍覆欲。知如是相而更異說。是名妄語。遠離此事名爲遠離妄語善行。兩舌者。欲離別他。以此事向彼說。以彼事向此說。爲離別他故。和合者令別離。別離者則隨順樂爲別離。喜別離好別離。是名兩舌。離如此事名爲遠離兩舌善行。惡口者。世間所有惡語害語苦語麤語弊語。令他人瞋惱。是名惡口。遠離此事名爲離惡口善行。散亂語者。非時語無利益語。非法語無本末語。無因緣語。是名散亂語。遠離此事名爲離散亂善行。貪取者。屬他之物他所欲。他田塢。他財物。心貪取願欲得。於此事中不貪不妒不願欲得。是名不貪善行。瞋惱者。於他衆生瞋恨心礙心發瞋恚作是念。何不打縛殺害。是名瞋惱。離如此事名爲無瞋惱善行。邪見者。言無布施無有恩報。善惡業無果報。無今世無後世。無父母無沙門婆羅門。能知此世彼世。了了通達自身作證。是名邪見。正見者。爲有施有恩報。有善惡業報。有今世後世。世間有沙門婆羅門。知此世後世。了了通達自身作證。是名正見善行。是菩薩如是入正見道。

善道不善道　各二十分別　知何處起等　十二種分別

菩薩於十不善道十善道等種種別相。知二十種分別。又於是二十種分別。善知從何處起等十二種分別。於此十不善道中。有二十種分別。所謂不離奪他命罪。一是不善。二欲界繫。三有漏。四非心數法。五心不相應。六不隨心行。七或共心生或不共心生。何等共心生。實有衆生知是衆生。以身業故奪其命。是名共心生。云何名不共心生。若人欲殺衆生。捉持牽挽撲著地已然後能死。是名不共心生。又身不動口不言。但生心。我從今日當作殺衆生者。如是奪他命罪。是名不共心生。又是不離奪他命者。若睡若覺常積習增長。亦名不共心生。八或色或非色。初共心生殺罪是色。第二殺罪第三第四非是色。九或作或非作。有色是作。餘者無作。十或有緣或無緣。色是有緣。餘者是無緣。

問曰。是心爲有緣爲無緣。

答曰。非有緣。

問曰。若心非有緣。身不動口不言時。但心生念。我從今日當作殺衆生者。如是罪業。云何名爲非緣。

答曰若殺罪是心。則應有緣。今實殺罪非是心。若心是殺罪。即是身業。而心實非身業。是故殺生罪。不名有緣。但殺生罪共心在身中生。以是無作。故言非緣。十一是業。十二非業相應。十三不隨業行。十四或共業生或不共業生。如共心生無異。但除心與思共生爲異。十五非先世業報。十六不可修。十七應善知。十八應以慧證不以身證。十九可斷。二十可知見。不離劫盜罪。不離邪婬罪。不離妄語罪中。但共一心生二不共心生。一有色二無色。一作二不作。一有緣二無緣。餘如殺中說。不離兩舌不離惡口亦如是。不離散亂語。或不善或無記。從不善心生。是不善從無記心生。是無記或欲界繫。或色界繫。欲界繫者。以欲界身心。散亂語是欲界繫。色界繫亦如是。餘如妄語中說。貪取欲界繫。是有漏心數法。非心相應非隨心行心共生。無色無作。有緣。非業相應。非隨業行。非共業生。

非先世業報。除因報非可修。應善知應以慧證身證可斷可見知瞋惱。或心相應。或心不相應。纏所攝名心相應。使所攝名心不相應。隨心行不隨心行亦如是。共心生不共心生。有覺衆生。與心共生。無覺衆生。不與心共生。如心相應。隨心行共心生業相應。隨業行共業生亦如是。如心不相應。不隨心行不共心生。業不相應不隨業行不與業共生亦如是。餘分別如貪取中說。如瞋惱邪見亦如是。十善道中離奪他命是善性。或欲界繫。或不繫三界。欲界繫離奪他命。是欲界繫。非三界繫者。學無學人。八聖道所攝。離殺生正業。是或有漏或無漏。欲界繫是有漏。非三界繫是無漏。非心數法非心相應非隨心行。或共心生或不共心生。何等是共心生。如行人見蟲而作是念。我當身業遠離不傷害。是名離奪命善行共心生。何等是離殺生善不共心生。有人身不動口不言。但心念。從今日不殺生。是名不共心生。又有人先遠離殺生。若睡若覺心緣餘事。於念念中不殺生。福常得增長。亦不共心生。或是色或非色。一是色二非色。一是作二非作。一有緣二無緣。是業非業相應不隨業行。或共業生或不共業生。如共心生不共心生除生心與思爲異。非先業報。除因報。可修應善知以身證慧證。有漏則可斷。無漏不可斷。可知見亦如是。離劫盜。離邪婬。離妄語。離兩舌。離惡口亦如是。離散亂語。或欲界繫。或色界繫。或不繫三界。欲界繫者。以欲界身心離散亂語。色界繫亦如是。不繫三界者。如不殺中說。或有漏或無漏。有漏者繫。無漏者不繫。餘如離妄語中說。不貪取者是善性。或欲界繫。或非繫三界。欲界繫者。欲界凡夫不貪取。及賢聖不貪取善行。是欲界繫。非三界繫者。諸賢聖不貪取無漏善行。是或有漏或無漏。欲界繫是有漏。不繫三界是無漏。是心數法心相應。隨心行。共心生。無色無作。有緣非業業相應。隨業行。共業生。非先業報。除因報。可修。可善知。可以身證。慧證。或可斷。或不可斷。有漏可斷。無漏不可斷。見知亦如是。離瞋惱是善性。或欲界繫。或色界繫。或無色界繫。或不繫三界。欲界繫者。欲界不瞋惱善根。餘二界亦如是。不繫者。餘不繫。是或有漏或無漏。繫三界者。是有漏。餘是無漏。心數法或心相應。或心不相應與纏相違。不瞋善根與心相應。與使相違。不瞋善根與心不相應。隨心行共心生亦如是。無色無作。或有緣或無緣。心相應是有緣。心不相應是無緣。非業或與業相應。或不與業相應。或隨業行或不隨業行。或共業生或不共業生。亦如心說非業報。除因報可以身證慧證。或可斷或不可斷。有漏可斷。無漏不可斷。可見知亦如是。正見是善性。或欲界繫。或色界繫或無色界繫。或非三界繫。欲界繫者。若凡夫若賢聖。

欲界念相應。正見是色。無色界亦如是。不繫三界者。聖賢無漏。正見。或有漏或無漏。三界繫是有漏。不繫是無漏。心數法。心相應。隨心行。共心生。無色無作。有緣非業。業相應。隨業行。共業生。非先業報。除因報。可以身證。慧證。或可斷。或不可斷。有漏可斷。無漏不可斷。可見可知亦如是。是名善等二十種分別。從何起等十二論者。一從何起。二起誰。三從何因起。四與誰作因。五何緣。六與誰作緣。七何所緣。八與誰作緣。九何增上。十與誰作增上。十一何失。十二何果殺罪。從何起者。從三不善根起。又從邪念起。又隨以何心奪眾生命。從是心起。起誰者從殺罪邊所有諸法。已生今生當生。是因緣亦如是。何所緣者。緣眾生。又因何心奪眾生命。亦緣此心。與誰作緣者。因殺罪邊所有諸法。若已生若今生若當生。是法緣於殺生罪。何失者。今世惡名人所不信等。何果者。墮地獄畜生餓鬼阿修羅等及餘惡處。受苦惱報。增上與誰增上者。如從何處起中說。劫盜邪婬妄語兩舌惡口散亂語貪取瞋惱邪見亦如是。但所緣有異。劫盜罪緣所用物。邪婬緣衆生。妄語兩舌惡口散亂語緣於名字。貪取緣所用物。瞋惱緣衆生。邪見緣名字。餘殘亦如上。不殺生從三善根起。又從正念起。又隨以何心離殺生。從是心起。起誰者。從是法所有諸法。若已生若今生若當生。是因緣亦如是。所緣者。緣於衆生。與誰作緣者。因是不殺生邊所有諸法。若已生若今生若當生。緣於不殺生。增上者。諸善根增上。正念亦增上。隨以何心不殺生。是心亦增上。與誰作增上者。於是不殺生邊所有諸法。若已生若今生若當生。何利益者。與殺罪相違。是名爲利。何果者。與殺生相違。名爲果。不劫盜邪婬妄語兩舌惡口散亂語不貪不恚。正見亦如是。但所緣有異。不劫盜緣所用物。不邪婬緣衆生。

不妄語不兩舌不惡口不散亂語緣名字。不貪取緣所用物。不瞋惱緣衆生。正見或緣名字或緣義。有漏緣於名字。無漏緣於義。是菩薩於善等論及起等十二論。行十善道。應如是分別知。又知。

七種不善處　以貪瞋癡生　及四問分別　業衆生各二

是菩薩知七不善業道以貪恚癡生。而分別於世。又知七種不善業中四問分別。是殺罪或從貪生。或從瞋生。或從癡生。從貪生者。若人見衆生。生貪著心。從是因緣。受用好色聲香味觸。或須齒角毛皮筋肉骨髓等。是人生如是貪心故。奪他命。是名從貪心生殺罪。若人瞋心不喜殺衆生。是名從瞋生。若人邪見不知後世善惡業殺衆生。是名從癡生殺罪。或以爲福德故。或欲使度苦故而殺。如西方安息國等。復有取福德因緣故殺。以是殺業因緣故。欲得生天。如東天竺人於天寺中殺生。以此事故生天上。是名從癡生。

復有人以貪心故。取他物。作是念。以我當隨意得好色聲香味觸。是名從貪生。復有人以瞋心。不喜彼人故。劫盜財物。欲令其惱。是名從瞋生。復有人邪見不知果報。劫盜他物。是名從癡生。如諸婆羅門。說世間財寶皆是我物。我力弱故諸小人等以非法取用。若我取者。自取其物無有過罪。以如是心。劫奪他物者。是亦從癡生。若人貪著色因緣故而邪婬。是名從貪生。若人瞋不喜。作是念。是人犯我母婦姊妹女等。我亦還以婬事。汙彼母婦姊妹女等。是名從瞋生邪婬。若人邪見不知果報而故犯者。是名從癡生。如有人言。人中無有邪婬。何以故。女人皆爲男子故生。如餘所用物。各有所須。若與從事無邪婬罪。以是心作婬欲者。是名從癡生。如劫盜罪妄語亦如是。爲貪財故妄語。是名從貪生。爲欲誑彼令得苦惱。是名從瞋生邪見。不知業果報故妄語。是名從癡生。兩舌惡口散亂語亦如是。三不善道則是根本。從是分別。生七種身口業果報。

問曰不離殺生皆是殺生罪。不若殺生罪皆是不離殺生耶。

答曰有不離殺生即是殺生罪。有不離殺生非殺生罪。何等是不離殺生即是殺生罪。若有衆生知是衆生。故殺奪命起身業。是名不離殺生亦是殺生罪。何等是不離殺生非殺生罪。此人先雖作殺因緣。而衆生不死。又身不動口不說。但心念。我從今日當殺衆生。是名不離殺生非殺生罪。是二問分別爲四種分別。所謂善不善各二種。

不但善不善　身心二種業　亦復應當知　更有餘分別

除身殺生劫盜邪婬。餘殘打縛閉繫鞭杖牽挽等。但不死而已。如是不善身業。非奪命等所攝。善中迎送合掌禮拜恭敬問訊洗浴按摩布施等。善身業。非不殺生等所攝。意業中除貪取瞋惱邪見。

餘所有不守攝心。諸結使等不善法。又意業中除不貪取不瞋惱正見。餘善守攝心信戒聞定捨慧等善法。

七業亦業道　三業道非業

殺生劫盜邪婬妄語兩舌惡口散亂語七。是業即業道。貪取瞋惱邪見。是業道非業。此三事相應思是業。

問曰前七事何故亦是業亦是業道。

答曰習行是七事轉增故。至地獄畜生餓鬼。以是故名爲業道。是七能作故名業。三是業道非業者。是不善業根本。以是故名三業道非業。善中亦如是。所謂離殺生劫盜邪婬妄語兩舌惡口散亂語。亦業亦業道。餘三不貪不取不瞋惱正見。是業道非業。此三相應思是業。

問曰前七事何故是業亦業道。

答曰常修習此事故。能至人天好處名爲道。是七能作故名爲業。

問曰餘三何故但業道非業耶。

答曰三是諸善業根本。諸善業從中行故。名爲業道非業。復次。

　戒法即是業　業或戒非戒　業及於業道　有四種分別

身口業是戒。意業是業非戒。業及於業道四種分別者。有業非業道。有業道非業。有業亦是業道。有非業非業道。業非業道者。三種不善身業。業道所不攝。所謂手拳鞭杖等。及三種善。身業業道所不攝。所謂迎送敬禮等。是三善不善業。非業道所攝。或有人言。亦是業道。何以故。是二業或時至善惡處故。名爲業道。以不定故不說業道。業道非業者。後三不善及三善是煩惱性故。非業能起業故名爲業道。三善是善根性故非業。能起善業故名爲業道。亦業亦業道者。所謂殺生不殺生等七事。是非業非業道者餘法是。復次。

菩薩初地邊　以三種清淨　安住十善道　則生決定心

是菩薩於第二地中。了了分別。知如是十善十不善道。知已以三種清淨住十善道。所謂自不殺生不教他殺。於殺生罪心不喜悅。乃至正見亦如是。

問曰菩薩初地中已住十善道。此中何故重說。

答曰初地中非不住十善道。但此中轉勝增長。以三種清淨故。先初住中雖作閻浮提王。不能行此三種清淨。是故此中說三種清淨。菩薩住是二地。知如是分別諸業。生決定心。

世所有惡道　皆十不善生　世所有善道　因於十善生

世間所有惡道者。所謂三種地獄道。熱地獄冷地獄黑地獄。三種畜生道。水行畜生。陸行畜生。空行畜生。種種鬼道。有飢餓鬼者。食不淨鬼者。火口者。阿修羅夜叉等。皆由行十不善道。有上中下因緣故。出世間所有善道。若天若人。皆由行十善道生。三界所攝。天有二十八人者四天下人是。如是決定知已。作是念。我欲自生善處。亦令衆生生於善處。

是故我自應　住於十善道　亦令餘衆生　即住此善道

若生善處若生惡處。皆屬十善不善道。我知是世間諸業因緣有無。有定主。是故我應先自行十善道。然後令諸衆生亦住十善道。問曰何以故。要先自住十善道後乃令他住耶。

答曰行於惡業者　令他善不易　自不行善故　他則不信受

若惡人自不行善。欲令他行善者則爲甚難。何以故。是人自不行善。他人不信受其語。如偈說。

若人自不善　不能令他善　若自不寂滅　不能令他寂

以是故汝當　先自行善寂　然後教他人　令行善寂滅

是菩薩當如是行善法。

從阿鼻地獄　乃至於有頂　分別十業果　及其受報處

當如是正知。下從阿鼻地獄。上至非有想非無想處。皆是善不善種種業受果報處。於中習修上十不善道故。生阿鼻地獄。小減生大炙地獄。小減生小炙地獄。小減生大叫喚地獄。小減生小叫喚地獄。小減生僧伽陀地獄。小減生大陌地獄。小減生黑繩地獄。小減生活地獄。小減生劍林等。小眷屬地獄中。亦應如是。轉小分別。行中十不善道。生畜生中。畜生中亦應轉少分別。行下不善道。生餓鬼中。如是總相說。是中應廣分別差別。有諸阿修羅夜叉生鬼道中。有諸龍王生畜生中。所受快樂或與諸天同。是諸衆生以不善因緣故生。生已受善業果報。行最下十善道。生閻浮提人中。在貧窮下賤家。所謂旃陀羅邊地工巧小人等。轉勝生居士家。轉勝生婆羅門家。轉勝生剎利家。轉勝生大臣家。轉勝生國王家。於十善道轉復勝者生瞿陀尼。轉勝生弗婆提。轉勝生鬱單越。轉勝生四天王處。轉勝生忉利天燄摩天兜率陀天化樂天。習行上十善道。生他化自在天。於是中亦應種種分別。小大差別。如人中小王大王閻浮提王轉輪聖王。四天王處有四天王。忉利天中有釋提桓因。燄摩天上有須燄摩天王。兜率陀天上有珊兜率陀天王。化樂天上有善化天王。他化自在天上有他化自在天王。過是以上。要行禪定思得生上界。

問曰若以禪定思得生上界者。何以故。說乃至非有想非無想處皆以十善道故得生。

答曰雖修禪定生色界無色界。要當先堅住十善道。然後得修禪定。以是故。彼處以十善業道爲大利益。以是故。說乃至非有想非無想處。皆以十善道因緣故得生。所以者何。先行清淨十善道離欲。修初禪下思得生梵衆天。修初禪中思生梵輔天。修初禪上思故得生大梵天。修二禪下思生少光天。修二禪中思得生無量光天。修二禪上思得生妙光天。修三禪下思得生小淨天。修三禪中思故得生無量淨天。修三禪上思得生遍淨天。修四禪下思故生阿那婆伽天。修四禪中思故生福生天。修四禪上思故生廣果天。修無想定中思得生無想天。以無漏熏修四禪下思故生不廣天。以無漏熏修四禪勝思故生不熱天。以無漏熏修四禪勝思故生喜見天。以無漏熏修四禪勝思故生妙見天。以無漏熏修四禪最上思故生阿迦膩吒天。修虛空處定相應思得生空處天。修識處定相應思得生識處天。修無所有處定相應思得生無所有處天。

修非有想非無想處定相應思得生非有想非無想處天。是名生死世間衆生往來之處。

十住毗婆沙論卷十二

十住毗婆沙論卷十三

龍樹菩薩造
姚秦三藏法師鳩摩羅什譯

分別聲聞辟支佛品第二十九

問曰。是十善業道。但是生人天因緣。更有餘利益耶。

答曰有。

所有聲聞乘　辟支佛大乘　皆以十善道　而爲大利益

凡出生死因緣。唯有三乘。聲聞辟支佛大乘。是三乘皆以十善道爲大利益。何以故。即是十善道能令行者至聲聞地。亦能令至辟支佛地。亦能令人至於佛地。

問曰。是十善道。能令何等衆生至聲聞地。

答曰。隨他無大悲　畏怖於三界　樂少功德分　其志甚劣弱

心樂於厭離　常觀世無常　及知一切法　皆亦無有我
乃至一念頃　不樂於受生　常不信世間　而有安隱法
觀大如毒蛇　陰如拔刀賊　六入如空聚　不樂世富樂
貴於堅持戒　而爲禪定故　常樂於安禪　修習諸善法
唯觀於涅槃　第一救護者　常求盡苦慧　樂集行解脫
但貴於自利　二勝處來者　善道令是人　能到聲聞地

隨他音聲者。聞他所說隨順而行。不能自生智慧。
問曰十善道能令一切從他聞者皆作聲聞耶。
答曰不爾。若無大悲心。十善道能令此人至聲聞地。若有菩薩從諸佛聞法。以有大悲心故。十善道不能令至聲聞地。
問曰一切無大悲心者。十善道皆能令至聲聞地耶。
答曰不然。怖畏三界者。十善道能令此人至聲聞道。餘不怖畏者。

令生人天善處。以樂三界故。

問曰一切怖畏三界者。十善道皆能令至聲聞地耶。若爾者。菩薩亦怖畏三界爲身故。復爲衆生勤行精進求於涅槃。如是十善道。亦應令至聲聞地。

答曰不必一切怖畏三界者盡墮聲聞地。何等爲墮樂習行功德少分者。於佛所教化六波羅蜜中。受行少分。如是之人墮聲聞地。若人能取諸佛功德。遍學智慧十善道。必令此人徑至佛道。隨他聞聲怖畏三界。取佛功德少分。是人有二種十善道。能令至聲聞地者。至辟支佛地者。

問曰是人云何但從他聞。怖畏三界取功德少分。十善道能令至聲聞地至辟支佛地。

答曰志劣弱者作阿羅漢。小堅固者作辟支佛。

問曰十善道令一切志劣弱者至聲聞耶。
答曰不然。何以故。所謂志弱樂厭離生死者。非但志劣無厭離者。
問曰觀何事。得知樂厭離心。
答曰觀有爲法無常一切法無我。當知是必樂於厭離。
問曰已知樂厭離。菩薩亦如是觀有爲無常一切法無我。是十善道何得不令此人墮聲聞地耶。
答曰是人深厭離離大悲故。乃至一念中不樂受生。不信世間有安隱相。如經中說佛告諸比丘。譬如少糞尚臭穢不淨。何況多也。如是一念中受生尚苦。何況多也。諸比丘。當學斷生莫令更受。聲聞人信受是語故。乃至一念中不樂受生。是人復作是念。世間無常。於所作事及受命都無安隱相。死常逐人誰能知死時節。不知死時爲受何業果報。爲生何心。如是事中不安隱故。不可信故。當疾求盡苦。菩薩則不爾。於恆河沙無量阿僧祇劫受生。爲得阿耨多羅三藐三菩提度諸衆生。是故偈中說。乃至一念頃不樂受生。十善道能令是人至聲聞地。

問曰。是人樂修習何事故不樂受生。

答曰。是人觀地水火風四大。喜生瞋恨故。不淨臭穢。不知恩故。生毒蛇想。色受想行識五陰。能奪智慧命故。生怨賊想。眼耳鼻舌身意。入離常離不動不變不壞無我無我所故。生空聚想。若人於世間。一切受生及資生樂具。以無常虛誑無須臾住故。不生喜悅心。如是之人。於一切生處。生無安隱想。但涅槃一法能爲救護。如經中說。諸比丘。世間皆是熾然。所謂眼然色然眼識然眼觸然。及眼觸因緣生。受皆亦是然。以何事故然。所謂貪欲火瞋恚火愚癡火。生老病死憂悲惱火之所熾然。耳鼻舌身意亦如是。觀一切有爲法皆是熾然。涅槃寂滅能爲救護。貴涅槃一法故。捨一切事勤習坐禪。

問曰若觀一切有爲法皆是熾然。唯涅槃寂滅能爲救護者。十善道皆令至聲聞地耶。

答曰不然。佛所結戒。爲禪定故。貴重此戒。有決定心而不毀犯。捨一切事但樂坐禪。求盡苦智常勤修習解脫因緣。於先世中。或從一勝處來。二勝處來者。十善道能令此人至聲聞地。何以故。持戒清淨則心不悔。心不悔故得歡喜。得歡喜故身輕軟。身輕軟故心快樂。心快樂故攝心得定。攝心得定故。生如實智慧。生如實智慧故即生厭。從厭生離。從離得解脫。若一若二勝處來者。如尊者羅睺羅。從諦勝處來。如尊者施曰羅。從捨勝處來。如尊者離跋多。從寂滅勝處來。如尊者舍利弗。從慧勝處來。或從諦捨二勝處來。或從諦寂滅二勝處來。或從諦慧二勝處來。或從捨寂滅二勝處來。或從捨慧二勝處來。或從寂滅慧二勝處來。如是十善道。能令至聲聞地。

問曰十善道令何等人至辟支佛地。

答曰於聲聞所行　十善道轉勝　深禪不隨他　常喜於遠離
恆樂善修習　甚深因緣法　遠離方便力　及以大悲心
少欲及少事　惡賤憒鬧語　常樂遠離處　威德深重人
喜爲福田地　常觀於出性　成辦有理事　恭敬於諸主
已成就繫心　知心在所緣　常樂於禪定　中人之勢力
樂於出家法　善心不縮沒　得慧光明者　或從二勝處
或三勝處來　十善之業道　能令如是人　至於緣覺地

於聲聞所行十善道轉勝者。過聲聞人所行十善道而不及菩薩所行。作是念聲聞人應隨他聞而行道然後得自證智慧。我則不然。不樂隨他人。以是故。我應令十善道轉勝。以是因緣故。我樂不隨他十善道令我至辟支佛地。如是思惟已常樂於遠離。作是念若我常樂憒鬧則爲集諸惡不善法。以近可染可瞋可癡事故。於是遠離中應修習甚深因緣法。復作是念。若我不修習甚深因緣法者則不得不隨他智。我今何故。不常修習甚深因緣。然後可得不隨他智甚深者難得其底不可通達。一切凡夫。從無始生死中所有經書及其技藝皆可得其邊底。唯甚深因緣不可得底。如兔等小蟲不能得大海邊底。若人有方便大悲心及修習甚深因緣。即得阿耨多羅三藐三菩提。若離此二事。修習甚深因緣智。則成辟支佛。方便名於成就教化衆生中。種種思惟而不錯謬。亦於甚深法。不取相大悲名深。憐愍衆生勝聲聞辟支佛。何況凡夫。少欲少事惡賤憒鬧語。如是則得辟支佛地若大欲大事好聚衆人。爲方便大悲所護者。阿耨多羅三藐三菩提。則爲易得。何以故。求辟支人少欲者作是念。但自度身。少事者。但自成就善根。不及餘人。是人捨離教化衆生事故。不親近衆鬧。菩薩大欲大事作是念。我應度一切衆生。以此大欲因緣故則爲大事教化衆生。教化衆生此非小事。若憎惡憒鬧語則不成此事。是故菩薩入憒鬧中。亦用憒鬧之語。但無所著。復次。覆眞實功德故。是爲少欲。少事務故名爲少事。惡賤憒鬧名少欲。樂獨處故名爲少事。如是之人少欲少事。不樂衆鬧語。樂於親近遠離可畏深邃之處。其心深大。是人作是念。若我住遠離可畏深邃之處。人則不來。以遠離處住故。心亦深遠。若人自不深遠喜戲調者。外人往來則不爲難。如是人不與衆生和合。雖捨衆生。亦欲令衆生種諸善根。爲大利益。作是念。我云何不與衆生和合。亦能利益衆生。如是思惟知已。我當爲衆生作福田之利。受其供養。如是雖不與衆生和合。而能作大利益。是人復思惟。我云何當得福田地。即自見知。若我深樂爲福田地。常觀出性。然後福田地法自然而來。及至出性之法。亦自然而來。所謂持戒禪定智慧等。復作是念。我當云何疾至福田地及出性法。我當爲正觀者。於諸現有理趣事中。皆悉成辦供養恭敬諸主。如是福田地及出性法不久疾得。何以故。我當成辦有理之事正觀諸法能得不隨他智。又供養恭敬諸主故。令善根增厚。善根增厚故智慧深厚。智慧深厚故能通達實事。能通達實事故能生厭。從厭則生離。從離得解脫。得解脫故。前後所集善根得爲福田。然後得證出性之法。諸主者。諸佛世尊。是種諸善根時。是最大因緣。是人復思惟。我云何能疾成有理趣事。是人即自知見。若我集繫心一處知其所緣。常樂禪定。是人能繫心一處。則能得三昧。得三昧故。有理事皆能成辦。如經中說。得禪定能如實知如實見。若人已行繫心則疾入三昧。疾入三昧故。名禪定者。常定者若能如是修習諸法。則爲供養恭敬諸佛。若人以香華四事供養佛不名供養佛。若能一心不放逸。親近修習聖道。是名供養恭敬諸佛。如經說。般涅槃時佛告阿難。天雨曼陀羅華及旃檀末香。作天伎樂。不名供養恭敬如來也。阿難。若比丘比丘尼優婆塞優婆夷。一心不放逸。親近修習聖法。是名眞供養佛。是故阿難。汝當修學眞供養佛。如是衆功德。皆是中勢力人樂出家。善心不縮沒者。最上勢力能得成佛。下勢力者作聲聞。以是故中勢力人作辟支佛。樂出家故能成衆功德。何以故。若在居家。則不能少欲少事。不能身心遠離。亦不能禪定。若心縮沒不清淨者。不能成辦衆事。不能知甚深因緣法。不能證出性。不能如法眞供養恭敬諸佛。如是衆生是中勢力。作是念。我中勢力人。常樂出家心不縮沒。諸所願功德事皆自然來。復作是思惟。是中勢力樂爲得何果。即知當得智慧果。何以故。智慧能爲照明。如經中說。諸比丘一切光明中智慧光爲勝。復作是念。我所樂慧光云何當得。即知若從二勝處來。若二勝處來。二勝處者先已說。三勝處者。所謂諦捨寂滅。或諦捨慧或諦寂滅慧。以是故我當修習如是諸勝處。我修習是已。得智慧光明所願智慧自然而至。如是相。如是修習助道法者。十善道能令至辟支佛地。

大乘品第三十

問曰如仁已說。十善道能令人至聲聞辟支佛地。十善業道。復令何等衆生至佛地。

答曰所行十善道　勝於二種人　無量希有修　勝一切世間
發堅善二願　成大悲無礙　善受行方便　忍受諸苦惱
不捨諸衆生　深愛諸佛慧　於佛力自在　樂盡遍行者
能破邪見意　愛護佛正法　健堪受精進　堅心化衆生
不貪著自樂　及無量身命　一切事中上　所作無過咎
一切種清淨　一切勝處來　善道令此人　至十力世尊

所修十善道。勝二種人者。菩薩修十善道。於求聲聞辟支佛者爲轉勝。轉勝者。一心修行常修行。爲自利故修行。爲他利故修行。清淨修行。一心行者用意修行。常修行者不中休息。爲自利故。修行者。生天人因緣。泥洹因緣。爲他利修行者。菩薩修行十善道。迴向利安無量一切衆生故。以是因緣故。能度過算數衆生。清淨修行者。不壞行。無襍行。不濁行。自在行。具足行。不貪著行。智者所讚行。

壞者有行有不行。與此相違名不壞行。穢者自不作令他作。與此相違名不穢行。濁者與煩惱罪業合行。與此相違名爲不濁行。自在者。破戒人爲田業妻子財物所繫不得自在。持戒者無如是事。隨意自在無所繫屬。具足者。盡行一切大小戒。遮止諸煩惱。常憶念守護。爲禪定作因緣。迴向佛道。能令同眞際法性。是名具足。不貪著者。不向世間。不取戒相。自高卑他。智者所讚者。聲聞法中不隨生死。但爲涅槃故。名智者所讚。此大乘法中。尙不迴向聲聞辟支佛乘。何況生死。但向阿耨多羅三藐三菩提。是名智者所讚十善道。

問曰。修有何相名爲善修。

答曰。若菩薩以無量希有修十善道。勝一切世間。是名善修。

問曰。云何菩薩。以此修勝一切世間。

答曰。諸菩薩以五事修故。勝一切世間。一願。二堅心。三深心。四善清淨。五方便。願者。菩薩所行願。一切凡夫人。及聲聞辟支佛人所無。以是故。菩薩所行願勝一切世間。如大智經毗摩羅達多女問中。佛因目犍連說菩薩從初發願乃至道場。能爲一切世間天及人作福田。又勝一切聲聞辟支佛。又如淨毗尼中。摩訶迦葉於佛前說。世尊善說希有。所謂菩薩初一發願。勝一切聲聞辟支佛。又如偈中說。

菩薩初發心　與大慈悲合　爲於無上道
即是心爲勝　是故以此願　住於世間上

堅心者。菩薩於諸苦惱。所謂活地獄。黑繩地獄。合會地獄。小叫喚地獄。大叫喚地獄。小炙地獄。大炙地獄。阿鼻地獄。沸屎劍林灰河。阿浮陀。尼羅浮陀。阿波簸。阿羅邏。休休鬱鉢羅。拘勿陀。須曼陀。分陀利。鉢頭摩。寒熱地獄中種種拷掠。如是苦惱。畜生餓鬼阿修羅人天。共相食噉。互相恐怖。饑餓穀貴從天退失。慳妒瞋惱。恩愛別離。怨憎合會。生老病死憂悲惱等。此六道中。所有諸苦。若見若聞若受。修十善道。爲阿耨多羅三藐三菩提時心終不壞。以是故。此菩薩以堅心修十善道。勝一切世間。如說。

地獄及畜生　餓鬼阿修羅　天人六趣苦　不能動其心
是故諸菩薩　以此堅固心　所修十善道　勝一切世間

深心者。大心用心愛心念心。諸菩薩以如是等心。修十善道。勝一切世間。除諸佛世尊及久行菩薩。如說。

深心及用心　利益世間心　菩薩以是心　勝一切世間

善清淨者。菩薩修十善業道三種清淨。餘人所無。以是故勝一切世間。如說。

菩薩人中寶　具深心淨心　以是善法力　世間所不及

方便者。菩薩以方便力修於善法。餘人所無。是故勝一切世間。無量修者。菩薩以五因緣故。名無量修。一時無量。二善根無量。三緣無量。四究竟無量。五迴向無量。時無量者。諸菩薩修行善業道過於時量。時量過故。所修善業道亦無量。是故勝一切世間。如說。

諸菩薩師子　所修善業道　過諸算數時　故修善最勝

善根無量者。諸菩薩有無量無邊善根。從是善根所修善業道亦無量。是故勝一切世間。如大乘法中淨毗尼經。佛告迦葉。譬如生酥滿四大海。菩薩有爲善根。資糧亦如是。是福德迴向無爲智。則大利益一切衆生。是故菩薩雖處有爲。能勝一切世間。如說。

爲一切衆生　及求佛道故　善根則無量　以是勝世間

緣無量者。菩薩不緣有量衆生故修習善根。而所修善根。不言爲利益若干衆生。不利益若干衆生。菩薩但緣一切衆生故。修習善根。是故菩薩緣無量衆生。所修善業道亦無量。勝一切世間。如淨毗尼經中。佛告諸天子。如大菩薩薄有慈悲心。求利益他。是心能令無量衆生得利樂。深發心菩薩。勤行精進亦如是。能教化無量阿僧祇衆生。令得涅槃樂。如說。

菩薩無量善　功德自莊嚴　皆爲度衆生　無量之大苦

究竟無量者。初地中爲發願故。已說十究竟。是究竟無量故。菩薩所修善業道亦無量。是故勝一切世間。如說。

解大乘品第三十一

菩薩修善道　從十究竟生　是故勝一切　無有能壞者

迴向無量者。如初地中說。菩薩迴向果報無量。以是迴向果報無量。所修善業亦無量。是故勝一切世間。如說。

以無量因緣　修於善業道　迴向佛乘故　是以爲最上

希有者。諸菩薩修善道。以五因緣故名希有。一堪受故。二精進故。三心堅故。四慧故。五果故。堪受者。我當作天人中尊一切智慧者。能如是堪受。是爲希有。若人以指舉三千大千世界。於虛空中令住百千萬劫。是事可成。不足爲難。若發願言。我當作佛。是爲希有甚難。如說。

爲無量佛法　立誓當作佛　是人無有比　何況有勝者

精進者。多有人堪受發阿耨多羅三藐三菩提心。不能精進行六波羅蜜。若人以堪受發阿耨多羅三藐三菩提心。能精進行六波羅蜜。是名實堪受無量功德。精進希有故。所修善業道亦希有。如說。

希有大精進　凡人念已怖　菩薩實行之　何得不希有

心堅者。有人發精進心修習佛道。若有障礙心不堅固則不能成。是故說發精進安住希有。堅心中則成其事壞諸障礙。是爲菩薩修善業道第一希有。如說。

若人無堅心　尚不成小事
何況成佛道　世間無上者

慧者是堪受。精進堅心皆以慧爲根本。是故菩薩慧爲第一希有。能生如是堪受精進堅心故。以慧爲希有。以慧爲希有故所修善業亦希有。如說。

如有人堪受　欲得於佛法
精進得堅心　皆以慧爲本

果者修善業故。得無量無邊諸佛之法。是故希有。如說。

行此善得道　無量功德力
爲諸衆生師　誰聞而不行

堅願者。菩薩以五因緣故。名爲堅願。一於聲聞乘心不轉。二於辟支佛乘不轉。三於外道事不轉。四於一切魔事不轉。五無因緣不轉。如說。

　聞二乘解脫　何不爲此道　若未入於位　則失菩薩道
　又貪外道事　或爲魔所壞　或復無因緣　自捨菩薩道

善願者。菩薩以五因緣故名善願。一先籌量得失者。二知道者。三知道果者。四不貪惜自樂者。五欲滅衆生大苦者。如是作願名爲善願。如說。

　先見世過患　佛道大利益　知行無上道　及其無量果
　捨自寂滅樂　欲除衆生苦　發是無比願　爲諸佛所讚

大悲無礙者。以五因緣故。知菩薩有大悲。一利安無量衆生故。於資生之物不生貪惜。二不惜身。三不惜命。四不觀時久遠。五於怨親中等心利益。如說。

　內外所愛物　於中不貪著　爲利衆生故　及捨於身命

生死無量時　猶如一眴頃　怨親中平等　名菩薩大悲

無礙者。菩薩以五因緣故。悲心有礙。一以地獄苦故。二以畜生苦故。三以餓鬼苦故。四以惡人無返復故。五以生死過惡故。若此五事不障其心。是名無礙大悲。如說。

第一地獄苦　畜生餓鬼苦　惡人及生死
不障名大悲　菩薩能如是　佛說無礙悲

善受行方便者。菩薩以五因緣故。名善受行方便。一知方時。二知他心所樂。三知轉入道。四知事次第。五知引導衆生。

知方時者。知是方處應以如是說法。知是時中應以如是說法。知是等中應以如是說法。知是方處應以如是因緣度衆生。知是時中應以如是因緣度衆生。菩薩先知是事已隨順而行。如說。

若以世尊意　爲他人解說　先應知二事　後隨時方說

若不知時方　而欲說佛慧　不得所爲利　而更有過咎

知他心所樂者。知他深心爲在何事爲何所樂。菩薩先知已。入衆生所知所樂。隨順起發度脫方便。如是則不虛也。如說。

菩薩知衆生　深心難測意　先知其意已　漸令住佛慧
遍知世間事　自利亦利他　若能如是者　說名善方便

知轉入道者。能轉外道。凡夫意令入佛道。亦轉衆生惡事令住善事中。亦知轉聲聞辟支佛道令入大乘中。已在佛法者不令入外道。先知是事已隨順而修行。如說。

若人令衆生　遠離外道法　及諸不善者　入佛上寂滅
善知諸衆生　上中下之心　知已能引導　是名善方便

知是次第者。如聲聞乘中。初說布施。次持戒。次生天。次五欲過患。次在家苦惱。次出家利樂。次說苦諦。次集諦。次滅諦。次道諦。次須陀洹果。次斯陀含果。次阿那含果。次阿羅漢果。次不壞解脫。次說諸無礙。辟支佛乘中亦說。我我所物多有過患。捨此過患之物得大利益。在家爲過惡。出家爲利益。次衆鬧亂語爲過惡。獨行爲善利。聚落爲過惡。阿練若處爲善利。厭離多欲多事。樂少欲少事。守護諸根飲食知節。初夜後夜隨時覺悟。觀緣取相樂住空舍。貴於持戒禪定智慧不現奇異。令他歡喜但自利益。樂於深法不隨他智。知大乘中次第者。初說檀波羅蜜。次尸羅波羅蜜。羼提波羅蜜。毗黎耶波羅蜜。禪波羅蜜。般若波羅蜜。初說諦勝處。次說捨勝處。滅勝處慧勝處。復次。初讚歎發菩提心。次十種願。次十究竟。次讚歎遠離退失菩提心法。次修習不退失菩提心法。次堅心精進。次堅固堪受。次堅誓。復次。初說能得諸地法。次說能住諸地法。次說能得諸地底法。次說遠離諸地垢法。次能作地淨法。次說諸地久住法。次能到諸地邊法。次說能作不退失諸地法。次說諸地果。次說諸地果勢力。復次。或初說歡喜地。次說離垢地。次說明地。次說焰地。次說難勝地。次說現前地。次說深遠地。次說不動地。次說善慧地。次說法雲地。如說。

初施次持戒　果報得生天　無常在家過　出家爲大利
次無上四諦　斷結證四果　是方便次第　令人住初乘
初說生死過　次說涅槃利　守護於諸根　持戒及禪定
不隨他智慧　功德樂獨處　自依不依他　樂求自利樂
亦不捨他人　深行頭陀法　其求中乘者　教法相如是
以四十不共　說佛無量德　亦說菩薩時　一切所行法
爲利衆生故　次第說是法　自利及利他　說種種功德
亦說諸佛子　所樂十種地　求於大乘者　如是次第度

引導者。隨衆生所樂門。知是門已。以是門引導衆生。隨其所樂任其勢力。而令得度。如說。

或有諸衆生　可以深經書　難事及工巧　咒術以愛語
善說及資財　布施戒定慧　如是籌量已　引來入大乘
或現於女身　引導諸男子　復現男子身　引導於女人
示現五欲樂　然後說欲過　而令一切人　得離於五欲

善行是五事。是名菩薩善受行方便。能心苦惱者。若有人過算數劫。於生死中能忍諸苦惱。十善業道能令此人住於阿耨多羅三藐三菩提。

問曰。一切人皆樂樂惡苦。是人云何能忍苦惱。

答曰。以五因緣故。一樂無我。二信樂空。三籌量世法。四觀業果報。五念過算數劫唐受苦惱。如說。

樂無我空法　又知業果報　利衰等八法　處世必應受
亦念過去世　空受無量苦　何況爲佛道　而當不受耶

不捨於一切者。或有衆生第一弊惡。無有功德不可利益。菩薩於此終不生捨心。

問曰若是惡人不可度者。云何不捨。

答曰以五因緣故。一賤小人法故。二貴大人法故。三畏誑諸佛故。四知恩故。五爲是事故。出世間。如說。

欲度衆生故　生心持重擔　於惡怨賊中　心常不應捨
惡小貴大人　是小大差別　不應衆生中　愍憐心還息
於諸急難中　無事而利益　擔於重擔時　而不中懈廢
若發無上心　或有捨衆生　若自心疲苦　及惡人所害
即爲欺誑於　十方三世佛　諸佛世中尊　爲利益衆生

行種種苦行　修習於佛道　佛於恆沙劫　捨樂作福業
若捨一惡人　則爲背佛恩　是故惡衆生　不應於中捨
若人於無量　阿僧祇劫中　所修習佛道　大悲爲根本
若以貪欲心　瞋恚怖畏心　捨一可度者　是斷佛道根
是故善業道　能令不捨者　至阿耨多羅　三藐三菩提

深樂佛慧者。若人深樂佛慧。便疾得阿耨多羅三藐三菩提。以五因緣故。深樂佛慧。一佛慧無與等。二佛智能令人爲世中尊。三佛以佛智自度其身。四佛智亦度他人。五佛智是一切功德住處。如說。

諸佛之智慧　天上及世間　一切無與等　何況而得勝
諸佛以此智　爲天阿修羅　一切世間人　恭敬而作禮
佛以智自度　亦度於他人　若得是佛智　是功德藏者

於諸佛力及自在法中。樂盡遍行者。遍行名久習。一切行力名十種智力。自在名隨意所作。若人深樂佛十力及自在法中盡遍行。如是人阿耨多羅三藐三菩提。不久疾得。以五因緣故。樂盡遍行。一尊重諸佛教敕。二諸佛有大弟子故。三身證一切法故。四攝取墮落者。五已墮落者能拔濟之。如說。

尊佛教無比　佛子有四八　及以六三種　堪爲諸天師
以佛智慧眼　見諸法現前　逆惡斷善根　及諸破戒等
如是墜落人　攝取而濟度　若人於佛力　自在中遍行
涅槃及天福　當在此人手

於是中。諸佛以佛力能爲五種事。一令衆生學聲聞乘。二者令衆生學辟支佛乘。三令衆生學大乘法。四力具足者令得解脫。五力劣者令住世樂。如說。

諸佛以佛力　令厭離衆生　或令學小乘　中乘及大乘
有力具足者　令其得解脫　力不具足者　生天今世樂

自在者。諸佛於五事中自在。一諸神通自在。二自心中得自在。三滅盡中得自在。四聖如意中得自在。五壽命中得自在。如說。

飛行等自在　自心得自在　於滅禪定中　如入出自舍
一切淨不淨　隨心而能轉　命不爲他害　自緣亦無盡
如是等自在　一切法亦爾　是故人師子　名爲自在者

能破惡意者。所謂遠離正道。凡夫九十六種外道等。略說惡意者。說五陰爲我。或言我有五陰。或言五陰中有我。或言我中有五陰。或言離五陰有我。如說。

若五陰是我　即爲墮斷滅　則失業因緣　無功而解脫
餘殘有四種　異陰無有相　無相無有法　皆應如是破

復次。五邪見名爲惡意。所謂邪見身見邊見見取戒取。如說。

破因果邪見　二十種身見　有見及無見　下事以爲最
但以戒力故　而得於解脫　如先一異破　此見如是破
正意八道破　說名得解脫

守護諸佛正法者。若人能守護諸佛所教法。所謂十二部經。以其心能信能受。十善業道能令此人至阿耨多羅三藐三菩提。以五因緣故。應愛護正法。一知報諸佛恩故。二令法久住故。三以最上供養。供養諸佛故。四利益無量衆生故。五正法第一難得故。如說。

若人欲施作　諸佛所愛事　亦令法久住　以上供養佛
爲欲療治於　衆生之重病　亦知諸世尊　從苦得是法
以是因緣故　知法爲難得　是故有智者　應當愛護法

於是中。以五因緣故。名爲愛護正法。一如所說行。二令他人如法行。三除破佛法刺棘故。四離四黑印。五行四大印。如說。

自於佛法中　如佛所教住　悲心不悋法　亦令他得住
又破於魔衆　及外道論師　若憎佛法者　以無瞋心破
遠離四黑印　受行四大印　如是則名爲　愛護於正法

勇健者。菩薩以五因緣故。名爲勇健。一破魔賊故。二破外道賊故。三破煩惱賊故。四破諸根賊故。五破五陰賊故。如說。

惡魔起兵衆　道樹欲害佛　常求於佛便　惱亂聽者心
佛日出世時　魔請令涅槃　常亂受學者　破於解脫道
乃至於今日　其心猶不息　是憎涅槃者　善人之大賊
應以戒定慧　摧破魔力怨　自謂有智慧　常輕慢於佛
以種種因緣　滅佛法故出　常憎佛弟子　自失教他失
是諸外道輩　世間之大賊　當以無瞋心　應以多聞慧

及以大心力　摧破外道怨　煩惱力起業　輪轉墮惡道
煩惱力障故　不能行大道　以煩惱力故　墮種種邪見
以煩惱力故　不行甘露道　以是因緣故　煩惱最大賊
以正念定慧　破此煩惱賊　若爲根賊牽　令人墮惡道
又墮天人中　不得至涅槃　今此諸根賊　何不以慚愧
正念及智慧　摧破諸根賊　譬如世間人　以輭語欺誑
財物及刀矟　以此四除賊　以此五陰故　受生老病死
亦墮大怖畏　得諸急苦惱　五陰因緣故　憂悲及啼哭
五陰因緣故　受種種諸苦　是故汝當知　應以知見法
摧破此五陰　猶如破怨賊

堪受者。心志力強有大人相。見事深遠以五因緣故。名爲堪受者。一所願事成其心不高。二所願不成心亦不下。三苦惱切已其心不動。四樂事加身心亦不異。五其心深遠。若瞋若喜難可得知。如說。

身心辛苦至　其意亦不動　隨意樂事至　大智心不異
若瞋喜怖畏　他人不能測　如是深心相　是說堪受者

勤精進者。於五事中勤行精進。一未生惡法爲不生故。勤行精進。二已生惡法爲斷滅故。勤行精進。三未生善法爲令生故。勤行精進。四已生善法爲增長故。勤行精進。五於世間事中有所作。無能障礙故。勤行精進。如說。

斷已生惡法　猶如除毒蛇　斷未生惡法　如預斷流水
增長於善法　如溉甘果栽　未生善爲生　如鑽木出火
世間善事中　精進無障礙　諸佛說是人　名爲勤精進

堅心化衆生者。若菩薩於五乘中教衆生時。供養輕慢憎愛怖畏苦樂疲極等事中其心不轉。是名堅心化衆生。五乘者。一者佛乘。二者辟支佛乘。三者聲聞乘。四者天乘。五者人乘。如說。

汝應以一心　一切諸力勢　依種種方便　離於憎愛心
教化諸衆生　離垢心清淨　令得無量世　難得無上乘
若人無勢力　不堪住大乘　次教辟支佛　聲聞天人乘

不貪自樂者。所謂不著一切諸樂。菩薩以五因緣故。不貪自樂。一樂視無常如水泡。二世樂變苦。三從衆緣生故。四從渴愛起故。五少樂如蜜滴故。如說。

樂少住如泡　變苦如毒食　三合從觸有　貪欲癡故生
若離於貪愛　更無有別樂　如枯井蜜滴　樂少而苦多
利益衆生者　不應有貪著

及無量身命者。菩薩以五因緣故。不貪惜身。一身不從先世來。二不去至後世。三不堅牢。四是身無我。五無我所。如說。

汝身衆穢聚　不淨遍充滿　不從先世來　不持至後世
雖久好供養　而破大恩分　是身不堅固　如沫不久壞
緣生無定性　無性不自在　是故應當知　非我非我所
是身無量過　不應有貪惜

菩薩以五因緣故。不貪惜壽命。一樂慧命故。二怖畏罪故。三念無始生死中無量死故。四與一切衆生共受故。五不可免故。如說。

從多聞正論　生貪慧命故　怖畏失命時　而起於罪惡
又見一切人　無脫死生者　不可以財智　方便力所免
修習善法者　何得惜是命

一切事中上者。若人有所作事必能究竟。是名爲上人。菩薩應以五事發必得究竟。一者財物。二者布施。三持戒。四修定。五道德。如說。

勤求聚財利　慇懃行布施　次第淨持戒　精勤求禪定
行種種方便　生八道解脫　是名諸事中　名之爲上人

所作無過咎者。是菩薩所作智者不訶。以五因緣故。所作無過智者不訶。一作可作事。二得大果利。三不壞法。四次後無過。五大名聲。如說。

先種種籌量　自作易作事　從是事所得　無量大果利
不妨於善法　作已無惡隨　善人所讚歎　名聞廣流布
智者所起業　名爲無過咎　所作及易作　自屬於己身
無量大功德　疾得果利益　智者如是知　後無有過咎
應加勤精進　而作如是事

一切種清淨一切勝處來者。以五因緣故。諸勝處一切種清淨。一深心清淨。二迴向清淨。三自如說行勝處。四令他人行。五離諸勝處相違法。所謂妄語慳貪戲調愚癡。如說。

菩薩深淨心　遠離於諂曲　皆以四勝處　迴向於佛道
先自修善法　後令他人行　菩薩如是者　四勝處清淨

十善道能令至十力世尊者。如是修習十善業道。能令人至十力。十力者。名爲正遍知。正遍知者則是佛。以五道因緣故。名世尊。一斷過去世疑。二斷未來世疑。三斷現世疑。四斷過三世法疑。五斷不可說法疑。如說。

無始過去世　通達無有疑　無邊未來世　知通達無疑
十方無有邊　現在一切世　出過於三世　無爲微妙法
十四不可說　亦通無有疑　是故功德藏　諸佛名世尊

如是功德成就者十善業道。能令菩薩至阿耨多羅三藐三菩提。

是故求佛道者。應如是修十善業道。

十住毗婆沙論卷十三

十住毗婆沙論卷十四

龍樹菩薩造
姚秦三藏法師鳩摩羅什譯

護戒品第三十二

是菩薩如是行諸善道。

於善不善道　總相及別相　各各分別知　有二種果報

十善業道總相果報者。若生天上。若生人中。別相果報者。離殺生善行。有二種果報。一者長壽。二者少病。離劫盜善行。有二種果報。一者大富。二者獨有財物。離邪婬善行。有二種果報。一者妻婦貞良。二者不爲外人所壞。離妄語善行。有二種果報。一者不爲人所謗毀。二者不爲人所欺誑。離兩舌善行。有二種果報。一者得好眷屬。二者不爲人所壞。離惡口善行。有二種果報。一者得聞隨意所樂音聲。二者無有鬥諍。離散亂語善行。有二種果報。一者人信受其語。二者所言決定。離貪取善行。有二種果報。一者知足。二者少欲。離瞋惱善行。有二種果報。一者在所生處常求他好事。二者不喜惱害衆生。正見善行。有二種果報。一者離諂曲。二者所見清淨。十不善道亦如是。總相果報者。上行墮地獄。中行墮畜生。下行墮餓鬼。別相果報者。殺生不善行。有二種果報。一者短命。二者多病。劫盜不善行。有二種果報。一者貧窮。二者共財。邪婬不善行。有二種果報。一者得醜惡妻婦。又不貞良。二者爲他所壞。妄語不善行。有二種果報。一者人所謗毀。二者爲人欺誑。兩舌不善行。有二種果報。一者得惡眷屬。二者眷屬可壞。惡口不善行。有二種果報。一者耳聞惡聲。二者常有鬥諍。散亂語不善行。有二種果報。一者語不信受。二者言無本末。貪取不善行。有二種果報。一者心不知足。

二者多欲無厭。瞋惱不善行。有二種果報。一者惡性。二者喜惱衆生。邪見不善行。有二種果報。一者其心諂曲。二者墮在邪見。

知已愛樂法　於法心不動　於諸衆生中　慈悲心轉勝

愛法者。但愛於法更無勝事。此中法者。先說十善業道。樂法者。但樂於法更無餘事。於法心不動者。乃至失命終不捨法。菩薩行如是法。於衆生中慈悲轉勝。初地中雖有慈悲。不及此地。以通達罪福業因緣故。衆生可愍。皆屬於業不得自在。則無瞋恨憎恚之心。如是行者慈悲轉勝。作是念。

咄哉諸衆生　深墮於邪見　我應說正見　令得入正道

菩薩通達罪福業因緣。於諸衆生深行慈悲。作是念。衆生可愍。不知諸法實相故。多行妄想。生諸邪見。因邪見故起諸煩惱。因煩惱故而起諸業。起業因緣故輪轉生死。我先發心求阿耨多羅三藐三菩提。為度眾生故。當說正見。是諸眾生是我應度。今當為說正見。令入眞道。使得度脫。如是念已。知諸眾生有種種煩惱。所謂。

觀所起煩惱　及諸煩惱垢　種種黑惡業　受種種苦惱
愍念諸眾生　多有所闕少　種種觀察已　是皆如我有
即時以悲心　方便發大願　云何令眾生　得滅是諸苦

煩惱煩惱垢者。使所攝名為煩惱。纏所攝名為垢。使所攝煩惱者。貪瞋慢無明身見邊見見取戒取邪見疑。是十根本。隨三界見諦思惟。所斷分別故。名九十八使。非使所攝者。不信無慚無愧諂曲戲悔堅執懈怠退沒睡眠恨慳嫉憍不忍食不知足。亦以三界見諦思惟。所斷分別故。有一百九十六纏垢。有人言。煩惱在深心。垢在淺心。有人言。諸障蓋名為纏垢。餘皆名煩惱。黑惡業者。即是十不善業道。及貪取瞋惱邪見相應思。能生苦報。種種苦惱者。身中種種惡事名爲苦。心中種種惡事名爲惱。又今世苦名爲苦。後墮惡道名爲惱。多有所少者。或諸根支體。或資生所須。或信戒等諸功德不具。故名爲少。餘句易解。如偈中所說。不復須釋。如是思惟已。

衆生甚可愍　墮在於二乘
我當爲發願　令住於大乘

是事如十地經中金剛藏菩薩自說。是菩薩離十不善業道亦令衆生住十善業道。爲衆生深求勝心。好心。樂心。憐愍心。慈悲心。利益心。守護心。我所有心。大師心。攝取心。受取心。作是念。此諸衆生。甚可憐愍。墮種種邪意邪見行邪險道。我今應令住在眞實正見道中。是諸衆生。種類不同。互相諍競。常懷忿恚瞋惱熾盛。然我當令住無上大慈。是衆生無有厭足。貪求他利。邪命自活。我當令住清淨身口意業。是諸衆生。在貪欲瞋恚愚癡因緣中。常起種種煩惱結使。而不方便求欲自出。我當滅其諸苦惱事。令住無苦惱處。是諸眾生。為無明所翳。入黑闇稠林不能自出。離智慧明。入在諸見險惡道中。我應救之。使得無礙智慧之眼。以是慧眼不隨他人。於一切法知如實相。是諸眾生。墮在生死長流。欲墮地獄畜生餓鬼阿修羅坑。入邪曲網中。種種煩惱惡草所覆。無有導師。不生出心。道言非道。非道言道。魔民怨賊。常共隨逐。無有善師。隨順魔意遠離佛法。如是眾生。我應令度此諸生死險惡道。得住無畏無衰一切智慧城。是諸眾生。為欲流有流見流無明流所漂。種種罪業濤波所覆沒。在愛河隨生死波浪。為洄澓所轉不能自出。為欲覺瞋覺惱覺鹹水淹爛。為身見羅剎之所執持。入五欲深林為喜染所著吹。在我慢陸地。甚可憐愍。無洲無救。於六入空聚落不能動發。無善度者。如是眾生。我今應以大悲牢堅智慧之船。載至諸安隱。無怖畏。一切智洲。是諸衆生。多苦可愍。閉在生死憂悲苦惱牢獄。多懷貪恚愛憎。墮四顛倒。爲四大毒蛇所害。爲五陰怨家所殘。喜染詐賊所陷。在六入空聚。受無量苦惱。我應破其生死牢獄。令得自在無礙涅槃。安隱快樂。是諸衆生。甚可憐愍。狹劣小心。樂於少利。縮沒無有一切智心。設求出者則樂聲聞辟支佛乘。我應令得大心。使樂佛廣大之法。

菩薩如是行　則得持戒力　善知起善業
使令得增長　是則爲佛子　深入離垢地

持戒力者。一心清淨具足十善道戒。則得修集福德力。能起善業者。善知自身增長善道。亦令他衆生深入者。所行轉遠盡其邊底。佛子者。能隨法行名爲佛子。於初地始生。至二地增長。是菩薩應如是勤行精進。

菩薩若得至　離垢地邊際　爾時則得見　百種千種佛

初地中已說。般舟三昧。見現在佛助三昧法。所謂以三十二相八十種好。四十不共法念佛。於一切法無所貪著。亦說利益三昧。能成就果報勢力。

問曰若菩薩於初地中。已到其邊能見諸佛。初入第二地。即應見諸佛。云何言乃至第二地邊乃見諸佛。若爾者。入第二地初中應失此三昧。至後乃得。

答曰初入第二地中。亦見諸佛亦不退失。是三昧汝不能善解偈義故作此難。第二地初中。但見百種佛。乃至其邊得見百種千種佛。見諸佛已。心大歡喜。欲得佛法故。勤行精進。

即能以四事　供養於諸佛　能於諸佛所　復受十善道

四事者。衣服飲食臥具醫藥。餘義則可知。

作如是行已　從佛受善道　至百千萬劫　不毀亦不失

不毀者。不令戒羸弱。或以清淨事名不毀。都不復行名爲不失。是菩薩如是。過初地住第二地已。如說。

善離慳貪垢　樂行清淨捨　善離慳貪垢　深愛清淨戒

清淨名但以善心行捨。不襍諸煩惱。深愛名堅住其中。究竟不捨。此地中慳貪垢。破戒垢。無有遺餘。是故此地名爲離垢。菩薩如是無慳貪破戒心。於四攝法中愛語偏利。六波羅蜜中戒度偏利。利名多行勢力轉深。

問曰若第二地中。尸羅波羅蜜已得勢力。今此地中。應解說尸羅波羅蜜分。生力淨差別。

答曰略說尸羅度　有六十五分　生力淨差別　處處論中說

尸羅波羅蜜無量無邊。但略說有六十五分。餘戒生戒力戒淨戒差別。論中先後處處說相。如寶頂經中和合佛法品中。無盡意菩薩於佛前。說六十五種尸羅波羅蜜分。尸羅名不惱。一切衆生於他物中。無劫盜想。不著外色。不誑衆生。眷屬具足故。不兩舌。多忍惡言故。無有惡口。常思惟籌量利益語故。無散亂語。喜人樂故。心無貪取。忍諸苦故。無有瞋惱。不稱譽師故。名爲正見。信淨心故信佛。知法眞實故信法。樂尊重恭敬賢聖衆故信僧。念佛以五體投地供養禮敬。乃至小戒深心怖畏故。戒不羸弱。不依餘乘故。不毀戒。離邪行故。戒不缺損。不起惡煩惱故。名不襍戒。畢竟常樂增長善法故。名不濁戒。隨意行故。名自在戒。不爲智者所訶故。名爲聖所讚戒。常在念安慧故。名爲易行戒。一切無過故。名不可訶戒。守護諸根故。名爲善護戒。諸佛所念故。名爲名聞戒。如法物中知量取故。名爲少欲戒。斷慳貪故。名知足戒。身心遠離故。名遠離戒。離衆閙語故。名阿蘭若戒。不視他面。望有所得故。名爲具足聖種戒。屬善根故。名細行頭陀戒。生人天中故。名隨說行戒。救一切衆生故。名爲慈戒。忍一切苦故。名爲悲戒。心不退沒故。名爲喜戒。離憎愛故。名爲捨戒。降伏心故。名爲自見過戒。護彼心故。名爲不錯戒。善護戒故。名爲善攝戒。成熟衆生故。名爲布施戒。無所願故。名忍辱戒。不懈退故。名精進戒。集助禪法故。名爲禪戒。多聞善根無厭足故。名爲智慧戒。從多聞得智慧故。名爲求多聞戒。集助七覺法故。名親近善知識戒。捨邪道故。名離惡知識戒。觀無常故。名不貪身戒。勤集善根故。名不信命戒。深心清淨故。名不悔戒。行清淨故。名不假僞戒。深心無垢故。名無熱戒。善起業故。名無憂戒。不自高故。名無慢戒。離染欲故。名不戲調戒。心質直故。名不高戒。心調和故。名有羞戒。惡心不發故。名調善戒。滅諸煩惱故。名爲寂滅戒。如說行故。名爲隨所教戒。行四攝法故。名教化衆生戒。不失自法故。名爲護法戒。本來清淨故。名一切願滿戒。迴向無上道故。名至佛法戒。等心一切衆生故。名得佛三昧戒。大德舍利弗是六十五分。諸菩薩清淨戒。則爲無盡。生戒者處處說。略說有八種生戒。四從身生。四從口生。從身生者。離奪命。離苦惱衆生。離劫盜。離邪婬。從口生者。離妄語。兩舌。惡口。散亂語。是名八。是八種戒從受生。是受法。若以身若以口若以心。受和合爲二十四。教他受亦二十四。隨喜受亦二十四。修習行時亦二十四。合九十六。皆是欲界繫。從是晝夜生。何以故。初受心已滅。是第二心晝夜常生。用福德亦如是。所以者何。初布施心滅已。從第二心後。用時常生。是名善身業。有十善業道所攝。有不攝。欲界所繫如是。色界繫有二種。一從身生。一從口生。從身生者。離十不善道。所不攝罪。從口生者。離散亂語。

是戒以身受口受心受。二三爲六。教他亦六。隨喜亦六。習行時亦六。四六二十四。先說九十六合爲百二十。如是從行生戒。復有證道時生戒。退道時生戒。初生時生戒。以事廣故。今但略說。戒力者。隨波羅蜜增長。戒轉得力。隨所得地戒亦堅固得力。戒淨者。不毀壞缺減等。如先說。復次。戒淨不淨相。七梵行法中說。如經說。以七種婬欲名戒不淨。一者雖斷婬欲。而已染心受女人洗浴按摩。二以染心聞女人香。共語戲笑。三以染心目共相視。四雖有障礙。以染心聞女人音聲。五先共女人語笑。後雖相離憶念不捨。六自限爾所時斷婬欲然後當作。七期生天上受天女樂及後身富樂。是故斷婬欲。是名不淨。離此七事名戒清淨。戒差別者。有二種。一有漏。二無漏。三種欲界繫。色界繫不繫。四種正命所攝。二種正語正業正命所不攝。亦二種正語正業五種。凡夫戒菩薩戒聲聞戒辟支佛戒無上佛戒。六種欲界。正命所攝身口。一正命所不攝。二色界繫正命所攝身口業。三正命所不攝。四無漏正命所攝身口。五正命所不攝。六七種七善業道。八種。如先說。身四種口四種九種。七欲界繫七善業道二種。如先說。十種道戒三種。對治戒三種。但戒三種。是九種。無漏戒有漏戒爲十。如是等種種分別差別。

問曰聲聞乘中。說身業口業名爲尸羅。此二善業名好。二不善業名惡。是善身口業名尸羅。此論中即以此爲尸羅。爲更有尸羅。

答曰不但身口業　名之爲尸羅　修親近樂行　亦名爲尸羅

此三事一義。所謂修習親近樂行。

問曰若以修習親近樂行。名爲尸羅者。一切法皆應名尸羅。何以故。常修習親近樂行故。汝今應說最勝修習尸羅。

答曰若無我我所　遠離諸戲論　一切無所得　是名上尸羅

若不知內外法實相。即因尸羅生憍慢貪著。心生憍慢貪著故。開諸罪門。是故若於內法不見有我。於外法中不得我所。知內外法畢竟空無所得。亦於畢竟空不取相戲論。是名最勝尸羅。何以故。如是尸羅中尚無心錯。何況身口。是故諸佛菩薩。第一能行尸羅者。於一切法無所得。名爲上尸羅。如迦葉經中。佛告迦葉。尸羅名無我無非我無作無所作。無作者。無行無不行。無名無色無相無無相。非善非非善。非寂滅非非寂滅。非取非捨。無衆生無衆生因緣。無身無口無心。無世間無世間法。不依世間。不以尸羅自高。不以尸羅下人。不以尸羅起增上慢。不以尸羅分別此彼。迦葉。是名諸賢聖尸羅。離於三界無漏無繫。如無盡意菩薩尸羅品中。語舍利弗。尸羅名不分別。是衆生不說是我。不說是壽者命者。不說是人。不說是養育者。不說是色陰受想行識陰。不說是地種。水火風種尸羅名不分別。是眼相不分別。是色相不分別。是耳相聲相鼻相香相舌相味相身相觸相意相法相尸羅。名不分別。是身是口是心。尸羅名攝心故。是一心相。選擇諸法故。是慧相。尸羅名到空。至無相際不襍三界。無作無起無生忍。尸羅名不從先際來。不至後際。亦不住中際。尸羅名不住。心意識不與念和合。尸羅名不依欲界不依色界不依無色界。尸羅名離貪塵除瞋垢滅無明闇。非常非斷不違衆緣生相。尸羅名離我心捨我所心不住身見。尸羅名不貪著名相不與名色和合。尸羅名不爲結使。所使不爲諸纏所覆。不住障礙疑悔中。尸羅名貪不善根所不住過瞋不善根斷疑不善根。尸羅名無急無熱倚心快樂。尸羅名不斷諸佛種。故不破法身。不分別法性。故不斷法種。無爲相故不斷僧種。舍利弗。是名諸菩薩最勝無上尸羅。如是尸羅則不可盡。唯除諸佛尸羅皆有盡也。所謂。

從凡夫尸羅　後至辟支佛　是皆有盡相　菩薩則無盡

從凡夫來。所有尸羅。雖久受果報。終歸於盡。諸阿羅漢辟支佛。所有尸羅。皆亦有盡。菩薩尸羅無我無我所。離一切所得滅諸戲論。是故無盡。如無盡意菩薩尸羅品中說。諸凡夫尸羅隨生處盡故。尸羅則盡。外道五通退轉時盡故。尸羅則盡。人以十善業道盡故。尸羅則盡。欲界諸天福德盡故。尸羅則盡。色界諸天四禪四無量盡故。尸羅則盡。無色界諸天隨定生處盡故。尸羅則盡。諸學無學人入涅槃盡故。尸羅則盡。諸辟支佛無大悲故。尸羅則盡。大德舍利弗。但諸菩薩尸羅無有盡。何以故。從菩薩尸羅。出諸尸羅差別。因無盡故果亦無盡。菩薩尸羅無盡故。如來尸羅亦無盡。是故諸大人尸羅名爲無盡。

問曰汝解麤尸羅時。說六十五種尸羅。聲聞中有八種尸羅。四種從身生。四種從口生。如是事者何得不相違。

答曰不相違也。何以故。

雖非尸羅體　益故名爲分　八種身口業　即是尸羅體

雖六十五種分非尸羅體。而利益身口八種麤尸羅故。名尸羅分。凡能有所利益皆名爲分。如象馬扇蓋名爲王分。是故禪定智慧等。雖非尸羅體。以利益尸羅故。亦名尸羅分。

解頭陀品第三十三之一

菩薩如是行尸羅法。

見十利應著　二六種衣法　又以見十利　盡形應乞食

比丘欲具足行持戒品。應著二六種衣。以見十利故。何等十。一以慚愧故。二障寒熱蚊虻毒蟲故。三以表示沙門儀法故。四一切天人見法衣。恭敬尊貴如塔寺故。五以厭離心著染衣非爲貪好故。六以隨順寂滅非爲熾然煩惱故。七著法衣有惡易見故。八著法衣更不須餘物莊嚴故。九著法衣隨順修八聖道故。十我當精進行道。不以染汙心於須臾間著壞色衣。以見是十利故。應著二種衣。一者居士衣。二者糞掃衣。六種者。一劫具。二芻摩。三憍奢耶。四毿衣。五赤麻衣。六白麻衣。見有十利盡形乞食者。一所用活命自屬不屬他。二衆生施我食者。令住三寶然後當食。三若有施我食者。當生悲心。我當勤行精進。令善住布施作已乃食。四隨順佛教行故。五易滿易養。六行破憍慢法。七無見頂善根。八見我乞食。餘有修善法者亦當效我。九不與男女大小有諸因緣事。十次第乞食故。於衆生中生平等心。即種助一切種智。

佛雖聽請食　欲以自利己　亦利他人故　則不受請食

自利者．能具諸波羅蜜．利他者．教化衆生令住三寶．行者如是自利利他．

見有十利故　常不捨空閑　問疾及聽法　教化乃至寺

受阿練若處比丘．雖增長種種功德．略說見十利故．盡形不應捨．何等爲十．一自在來去．二無我無我所．三隨意所住無有障礙．四心轉樂習阿練若住處．五住處少欲少事．六不惜身命．爲具足功德故．七遠離衆鬧語故．八雖行功德不求恩報．九隨順禪定易得一心．十於空處住易生無障礙想．問訊病等來至寺者．

若有因緣事　來在塔寺住　於一切事中　不捨空閑想

比丘雖受盡形阿練若法．有因緣事至則入塔寺．佛法有通有塞．非如外道阿練若．名常樂空閑靜處．於一切法不捨空想．以一切法體究竟皆空故．

問曰有何因緣故。來至塔寺。

答曰一供給病人。二爲病者求醫藥具。三爲病者求看病人。四爲病者說法。五爲餘比丘說法。六聽法教化。七爲供養恭敬大德者。八爲供給聖衆。九爲讀誦深經。十教他令誦讀深經。有如是等諸因來至塔寺。

精進行諸覺　隨阿練若法　比丘已住於　阿練若處者
常應精勤生　種種諸善法　大膽心無我　滅除諸怖畏

阿練若精進者。若比丘斷貪。不惜身命利養故。晝夜常勤精進。如救頭然。及身依隨阿練若。覺者所謂出覺不瞋覺不惱覺等諸善覺。復次。念佛是正遍知者。衆生中尊。佛法是善說。弟子衆隨順正行。復次。隨順空隨順無相隨順無願諸覺。名隨阿練若覺。復次。隨順四勝處。隨順六波羅蜜諸覺。是名隨順阿練若覺。復次。如佛爲郁伽長者說。在家出家菩薩行。若出家菩薩。受阿練若法。應如是思惟。我何故住阿練若處。我非但住阿練若處故。名爲沙門。而阿練若處。多有衆生多惡不善。不護諸根不精進。不修習善法者。如麞鹿猨猴衆鳥惡賊旃陀羅等。不名爲比丘。我今爲何事故。住阿練若處。應成辦其事。長者何等爲事。一謂念不散亂。二得諸陀羅尼。三行慈心。四行悲心。五自在住五神通。六具足六波羅蜜。七不捨一切智心。八修習方便智。九攝取衆生。十成就衆生。十一不捨四攝法。十二常念六思念。十三爲多聞故不捨精進。十四正觀擇諸法。十五應正解脫。十六知得果。十七住於正位。十八守護佛法。十九信業果報故。名正見。二十離一切憶想分別思惟故。名正思惟。二十一隨衆生所信樂爲說法故。名爲正語。二十二滅諸業故。起業名爲正業。二十三破煩惱氣故。名爲正命。二十四得無上道故。名正精進。二十五觀不虛妄法故。名正念。二十六得一切智慧故。名正定。二十七於空不怖。二十八於無相不畏。二十九於無願不沒。三十故以智受身。三十一依義不依語。三十二依智不依識。三十三依了義經不依不了義經。三十四依法不依人。長者如是等。名爲出家菩薩比丘。利益事應生。隨順阿練若法者。所謂四禪四無量心。天耳天眼他心智宿命智神通等。滅諸怖畏者。是人以三因緣能滅怖畏。一見無我我所法相。故能除怖畏。二以方便力故。三以心膽力故。能除怖畏。見無我我所者。如初地中所說。除五種怖畏方便力者。此論中念正思惟業果報故。名方便力。應作是念。諸大國王在深宮殿。象馬車步四兵防衛業因緣盡。亦受種種諸衰惱事。又業因緣守護者。雖行險道中入大海水在大戰陣亦安隱無患。我先世業因緣若在聚落。若在阿練若處。業因緣必受其報。如是思惟已除滅怖畏。復作是念。若我爲守護身故。入城邑聚落。捨阿練若處者。無有能勝善身業善口業善意業守護者。如佛告波斯匿王。若人行身善業。行口善業。行意善業。是名爲人善自守護。是人若言我善自守護者。是爲實說。大王。是人雖無四兵衛護。亦可名爲善好守護。何以故。如是守護名內守護。非外守護。是故我以身業善行口業善行意業善行故名爲善自守護。復作是念。是諸鳥獸腹行蟲等。在阿練若處。身不行善口不行善意不行善。以遠聚落住故而無所畏。我之心智。豈不如此鳥獸等耶。如是思惟。除諸怖畏。又以念佛故。在阿練若處。能破一切諸怖畏事。如經說。汝諸比丘阿練若處。若在樹下若在空舍。或生怖畏。心沒毛竪者。汝當念我。是如來應正遍知明行足善逝世間解無上士調御丈夫天人師佛世尊。如是念時怖畏即滅。大膽名心不怯弱。

決定求道。如說。

比丘住空閑　當以心膽力　除滅諸怖畏　念佛無畏者
若人自起業　怖畏不得脫　不怖亦不脫　怖則失正利
如是知不免　而破餘利者　則行小人事　比丘所不應
若有怖畏者　應畏於生死　一切諸怖畏　生死皆爲因
是故行道者　欲脫於生死　亦救於他人　不應生怖畏

如佛離怖畏經中說怖畏法。有沙門婆羅門。住阿練若處。應如是念。以不淨身業故。不淨口業故。不淨意業故。念不清淨故。自高卑人故。懈怠心故。妄憶念故。心不定故。愚癡故怖畏。與此相違。身業清淨等則無怖畏。又佛爲郁伽長者說。出家菩薩在阿練若處。應作是念。我何故在此。即時自知。欲離怖畏故。來至於此。怖畏於誰。畏衆憒鬧。畏衆語言。畏貪欲瞋恚愚癡。畏憍慢恚恨嫉他利養。畏色聲香味觸。畏五陰魔。畏諸愚癡障礙處。畏非時語。畏不見言見。畏不聞言聞。畏不覺而覺。畏不知而知。畏諸沙門垢。畏共相憎惡。畏欲界色界無色界一切生處。畏墮地獄畜生餓鬼及諸難處。略說畏。一切惡不善法故。來在此住。若人在家樂在衆鬧不修習道。住在邪念不能得離如是怖畏所。有過去諸菩薩。皆在阿練若處。離諸怖畏。得無畏處。得一切智慧。所有當來諸菩薩。亦在阿練若處。離諸怖畏。得一切智慧。今現在諸菩薩。住阿練若處。離諸怖畏。得無畏處。成一切智慧。以是故。我怖畏一切諸惡。度諸怖畏故。應住阿練若處。復次。一切怖畏皆從著我生。貪著我故。愛受我故。生我想故。見我故。貴我故。分別我故。守護我故。若我住阿練若處。不捨貪著我者。則爲空在阿練若處。復次。長者見有所得者。則不住阿練若處。住我我所心者。則不住阿練若處。住顚倒者。則不住阿練若處。長者乃至生涅槃想者。尚不住阿練若處。何況起煩惱想者。長者譬如草木在阿練若處。無有驚畏。菩薩如是。在阿練若處。應生草木想。瓦石想。水中影想。鏡中像想。於語言生響想。於心生幻想。此中誰驚誰畏。菩薩爾時則正觀身。無我無我所。無衆生無壽者命者。無養育者。無男無女。無知者見者。怖畏名爲虛妄分別。我則不應隨虛妄分別。菩薩如是應如草木住阿練若處。又知一切法皆亦如是。斷鬥諍名阿練若處。無我無我所無所屬名阿練若處。不應樂在家出家衆鬧處住。諸佛不聽阿練若處比丘。與在家出家者和合。

問曰。佛不聽與一切衆人和合耶。

答曰不然。

佛聽四和合　餘者則不聽
是故應親近　餘者則遠離

菩薩在阿練若處。聽與四衆和合。所謂入聽法衆。教化衆生供養於佛。不離一切智心和合。是故唯聽此四事和合。餘者不應親近。復次。菩薩應作是念。云何諸佛所聽阿練若住處。我當親近。我或非阿練若住處。謂是住阿練若處。或有錯謬。

問曰何等是阿練若住處。菩薩應當知。

答曰佛自經中說。阿練若住處。名不住一切法。不緣諸塵。不取一切法相。不貪色聲香味觸。一切法平等故。無所依止住名阿練若處住。息心善故。不相違住處。名阿練若住。捨一切擔倚樂住故。名阿練若住。脫一切煩惱。無怖畏住故。名阿練若住。度諸流住故。名阿練若住。住聖種故名阿練若住。知足趣得故。名阿練若住。易滿易養少欲住故。名阿練若住。智慧足住故。名阿練若住。正行多聞住故。名阿練若住。空無相無願解脫門現前故。名阿練若住。斷諸縛得解脫住故。名阿練若住。順十二因緣隨順住故。名阿練若住。畢竟寂滅所作已作住故。名阿練若住。阿練若住處者。隨順戒品住助定品。利益慧品。易得解脫品。易得解脫知見品。易行諸助菩提法。能攝諸頭陀功德。阿練若住處通達諸諦。阿練若處見知諸陰。阿練若處。諸性同爲法性。阿練若處出離十二入。阿練若處不忘失菩提心。阿練若處觀空不畏。阿練若處能護佛法。阿練若處求解脫者不失功德。阿練若處能得一切智者。則能增益阿練若處。

菩薩如是行　疾得具六度

何以故。若菩薩在阿練若處住。不貪惜身命。是名檀波羅蜜行。三種善業清淨。人細頭陀行法。是名尸波羅蜜。不瞋恨心。於諸衆生慈心普遍。但忍樂薩婆若乘。不在餘乘。是名羼提波羅蜜。自立誓願於阿練若處。不得正法忍終不捨此處。是名毗梨耶波羅蜜。得禪定故不觀生處修習善根。是名禪波羅蜜。如身阿練若亦如是。如身菩提亦如是。如實中無差別。是名般若波羅蜜。

　佛聽有四法　住阿練若處

何等四。如佛告長者。一者多聞。二善知決定義。三樂修正憶念。四隨順如所說行。如是人應住阿練若處。復有菩薩煩惱深厚。是人若在衆鬧則發煩惱。應在阿練若處住。降伏煩惱。復次。菩薩得五神通。是人欲教化成就天龍夜叉乾闥婆故。應住阿練若處。復有菩薩作是念。諸佛所讚聽處。是阿練若處。復次。住阿練若處。助滿一切善法增長善根。然後入聚落。爲衆生說法。成就如是功德。乃可住阿練若處。復次。

　決定王經中　佛爲阿難說　阿練若比丘　應住四四法

菩薩住阿練若處者。一遠離在家出家。二欲讀誦深經。三引導衆生使得阿練若處功德。四晝夜不離念佛。復有四法。一乃至彈指頃。於衆生中不生瞋恨心。二不應一時頃使眠睡覆心。三於一念頃不應生衆生想。四於一念頃不應忘捨菩提心。復有四法。一常應閑坐不應聚衆。二常樂經行。三常觀諸法。無新故想。四不應離深空無相無願法。復有四法。一行四禪不行世間禪。行四無量緣衆生。生悲心而不取衆生相。二雖行慈心。而不緣衆生。雖行喜心。而不貪樂。雖行捨心。而不捨衆生。三自見身有四聖種行。而不自高卑下他人。四自行多聞如所聞行。是爲四復次。

無智無精進　而住空閑處　即得於四法
復得餘四法　又復得三事　如是佛所說

阿練若比丘。於諸功德中應勤修習。何以故。阿練若功德中此二事能生諸功德故。若比丘愚癡懈怠。在阿練若處住者。則得四非法。一多眠睡。二多貪利養。三以此因緣現矯異相。四現不樂阿練若處。復有四法。一增上慢未得謂得。二於深經心懷憎惡。三壞空無相無願法。四於持深經者心生瞋恨。復有三事。一若在阿練若處。不精進無智慧。或值女人墮在非法。若得僧殘。若得重罪。若反戒還俗。是爲三。

十住毗婆沙論卷十四

十住毗婆沙論卷十五

龍樹菩薩造
姚秦三藏法師鳩摩羅什譯

解頭陀品第三十三之二

復次。

廣說空閑法　及與乞食法　餘十頭陀德　皆亦應廣說

十二頭陀法。上來已廣解二事。餘十頭陀功德。亦應如是知。何以故。是二則爲開十頭陀門。餘則易解。十頭陀者。一著糞掃衣。二一坐。三常坐。四食後不受非時飲食。五但有三衣。六毳衣。七隨敷坐。八樹下住。九空地住。十死人間住。糞掃衣者。人所棄捨受而後著。受者。若心生。若口言。一坐者。先受食處更不復食。常坐者。夜常不臥。食後不飲漿者。食後不受非時飲。石蜜等可食之物。但有三衣者。唯受三衣更不畜餘衣。毳衣者。從毳所成麤毛毳衣氎旃欽婆羅等。隨敷坐者。隨所得坐處不令他起。樹下住者。樂住樹下不入覆處。空地坐者。露地止住。住死人間者。隨順厭離心故。常止宿死人間法。是名十二頭陀。令戒清淨。糞掃衣有十利。一不以衣故與在家者和合。二不以衣故現乞衣相。三亦不方便說得衣相。四不以衣故四方求索。五若不得衣亦不憂。六得亦不喜。七賤物易得無有過患。八不違順行初受四依法。九入在麤衣數中。十不爲人所貪著。一坐食亦有十利。一無有求第二食疲苦。二於所受輕少。三無有所用疲苦。四食前無疲苦。五入在細行食法。六食消後食。七少妨患。八少疾病。九身體輕便。十身快樂。常坐亦有十利。一不貪身樂。二不貪眠睡樂。三不貪臥具樂。四無臥時脇著席苦。五不隨身欲。六易得坐禪。七易讀誦經。八少睡眠。九身輕易起。十求坐臥具衣服心薄。食後不受非時飲食。亦有十利。一不多食。二不滿食。三不貪美味。四少所求欲。五少妨患。六少疾病。七易滿。八易養。九知足。十坐禪讀經身不疲極。但三衣亦有十利。一於三衣外無求受疲苦。二無有守護疲苦。三所畜物少。四唯身所著爲足。五細戒行。六行來無累。七身體輕便。八隨順阿練若處住。九處處所住無所顧惜。十隨順道行受。毳衣亦有十利。一在麤衣數。二少所求索。三隨意可坐。四隨意可臥。五浣濯則易。六染時亦易。七少有蟲壞。八難壞。九更不受餘衣。十不失求道。隨敷坐亦有十利。一無求好精舍住疲苦。二無求好坐臥具疲苦。三不惱上座。四不令下座愁惱。五少欲。六少事。七趣得而用。八少用則少務。九不起諍訟因緣。十不奪他所用。樹下坐亦有十利。一無有求房舍疲苦。二無有求坐臥具疲苦。三無有所受疲苦。四無有受用疲苦。五無處名字。

六無鬥諍事。七隨順四依法。八少而易得無過。九隨順修道。十無衆鬧行。死人間住亦有十利。一常得無常想。二常得死想。三常得不淨想。四常得一切世間不可樂想。五常得遠離一切所愛人。六常得悲心。七遠離戲調。八心常厭離。九勤行精進。十能除怖畏。空地坐者亦有十利。一不求樹下。二遠離我所有。三無有諍訟。四若餘去無所顧惜。五少戲調。六能忍風雨寒熱蚊虻毒蟲等。七不爲音聲刺棘所刺。八不令衆生瞋恨。九自亦無有愁恨。十無衆鬧行處。

　如五空閑說　餘功德亦爾　自讀誦教他　得捨空閑處

阿練若比丘有五種分別。一以惡意欲求利養。二愚癡鈍根故行阿練若。三狂癡失意作阿練若。四爲行頭陀行故作阿練若。五以諸佛菩薩賢聖所稱讚故。作阿練若。於此五阿練若中。爲行頭陀行故作阿練若。以諸佛菩薩賢聖所稱讚故。作阿練若。是二爲善。餘三可訶。如五種分別阿練若法。餘十一頭陀行。亦應如是分別知見。

問曰佛說已受阿練若法。終不應捨。若有因緣得捨去不。

答曰讀誦經因緣　可捨阿練若

若比丘欲從他受誦經法。若欲教他讀誦。應從阿練若處來入塔寺。以是因緣可得捨離。

　教他讀誦時　不應望供給　即時應念佛　佛尚有所作

阿練若從空閑處來。教他讀誦。不應求敬心供給。應當念佛。佛尚自有所作。何況於我。念佛者。佛是多陀阿伽度三藐三佛陀。諸天龍神乾闥婆阿修羅迦樓羅緊那羅摩睺羅伽釋提桓因四天王人非人所供養。一切眾生無上福田。尚不求他供給。身自執事。我今未有所知。始欲求學。云何受他供給。復應作是念。

　我應善供給　一切諸衆生　不望彼供給　自利利他故

云何爲自利。若貴供給則失法施功德。若不貴供給者。則得法施功德。云何爲利他。若貴彼供給而教令讀誦者。彼則生念師。直以世利故而教誨我。不以法故。是人若以是心供給師者。則不得大利。若但恭敬法故。尊重師者則得大利。是名利他。

　從他求智慧　應不惜身命

若行者。欲從他伏（求）智慧。應捨身命。捨者爲智慧故。勤心精進。恭敬於師不惜身命。

問曰。何以故。爲智慧恭敬師而不惜身命。

答曰。若一字一心　以此爲劫數　恭敬於師所　能說是論者

離諸諂曲心　深愛而供給　晝夜不休息　盡於爾所劫

隨師所教論議字數及爾所心念。若受法者。心無諂曲不惜身命。晝夜恭敬始終無異。雖能如是。猶不報師所益論議智慧之恩。是故弟子應離諂曲心。捨貪惜身命破於憍慢。若師輕懱。及以敬愛心無有異。當生深愛心。第一恭敬心。應生父母心。應生大師心。應生善知識想。應生能爲難事想。應生難報心。若師聽。則受常所行事。不須師敕餘事。則相望師意。隨事而行。師所愛重隨而愛重。不應因師求於世利。莫求師讚歎。莫求名聞。但求智慧法寶。師有謬失。常應隱藏。若師過釁若彰露者。當方便覆之。師有功德稱揚流布。深心愛樂聽受持解。思惟義趣如所說行。求自利利他者。莫爲咎弟子。莫爲殃弟子。莫爲垢弟子。莫爲衰弟子。莫爲無益弟子。無如是等過。但住善弟子法中。供給於師。如般舟經說。佛告跋陀婆羅。若菩薩欲得是三昧者。應勤精進。於諸師所生尊重心難遭心。

若從口聞。若得經卷處。於是師所。應深心恭敬生父母心。善知識心大師心。以能說如是法助菩提故。跋陀婆羅。若求菩薩道者。若求聲聞者。所從師讀誦是法處。不生深恭敬心父母心善知識心大師心。能得通利是法。令不忘失久住不滅者。無有是處。何以故。跋陀婆羅以不恭敬因緣故。佛法則滅。跋陀婆羅。若求菩薩道者。若求聲聞者。於所從聞。讀誦書寫是法處。生恭敬心父母心。善知識心大師心者。於所讀誦書寫。未得者令得。已得久住則有是處。何以故。以恭敬心故佛法不滅。是故跋陀婆羅。我今告汝。於是師所。應生深恭敬心。父母心。善知識心。大師心。是則隨我所教。

助尸羅果品第三十四

如是菩薩。爲求多聞知多聞義已。隨說行故。能令尸羅清淨。清淨尸羅法應當修行。

問曰何等法能令尸羅清淨。

答曰護身口意業　亦不得護法　終不令我見
及以餘見㙛　迴向薩婆若　此四淨尸羅

行者修此四法。尸羅自然清淨。護身口意業者。常應正念身口意業。乃至小罪不令錯謬。譬如龜鼈常護頭足。此人深樂空故。於第一義中。而亦不得護三業法。有人雖見法空。謂知空者在。是故說不離我見衆生見人見壽者見命見知者見。迴向薩婆若者。持戒果報不求餘福。但爲度一切衆生。以求佛道。是爲四。復有四法。能令尸羅清淨。所謂。

無我我所心　亦無斷常見　入於衆緣法　則能淨尸羅

無我我所心者。不貪著我我所心。但知此心虛妄顚倒。而無我法。無斷常見者。以斷常見多過故。入衆緣法者。知諸法從衆緣生無有定性。行於中道。如是四法能淨尸羅。復有四法。能淨尸羅。所謂。

行四聖種法　及十二頭陀　亦不樂衆閙　念何故出家

四聖種者。所謂趣得衣服而足。趣得飲食而足。趣得坐臥具而足。樂斷樂修行。十二頭陀者。所謂受阿練若法。受乞食法。糞掃衣。一坐。常坐。食後不受非時飲食。但有三衣。毛毳衣。隨敷坐。樹下住。空地住。死人間住。亦不樂衆閙者。不與在家出家者和合。有人雖行阿練若法。多知多識故。多人往來。是故說不樂衆閙。若至餘處。若心不與和合。何故。出家者。行尸羅者。作是念。我何故而出家。念已。隨出家事。欲成就故。如所說行。是爲四。復有四法。能淨尸羅。所謂。

五陰無生滅　六性如法性　見六情亦空
不著世俗語　如是之四法　亦能淨尸羅

五陰無生滅者。思惟五陰本末故。見五陰無生滅見地等。六性如法性。如法性不可得。六性亦不可得。知六情雖是苦樂等。心心數法因緣。以正智推求。亦知是空。了達三種皆知是空。有行者貪著於空。則還妨道。是故說莫貪著空。隨於世俗說空名字。如是法者能淨尸羅。

問曰若爾者。云何言五陰諸法。

答曰以空故。五陰諸法空。最後言莫著於空者。空亦應捨。如是無有邪疑法妨礙尸羅。

問曰五陰諸法。以有相可相故。決定有。如說色是苦惱相。覺苦樂是受相。現有如是等諸相。云何言非空非不空。

答曰惱壞是色相　何等爲是色　若惱是色相　離相無可相

此相在何處　無相無可相　世界終無有　無相有可相

相與及可相　非合非不合　其來無所從　去亦無所至

若有合非合　成於相可相　如是則爲失　相及可相相
以相成可相　相亦不自成　相自不能成　云何成可相
世界甚可愍　分別相可相　迷惑諸所經　邪師所欺誑
相可相則是　無相無可相　如是眼見事　如何不能知
隨計相可相　有如是戲論　隨起戲論時　則墮煩惱處

復次。行者。以不來不去門。觀諸陰性入空。如說。

生老病死法　生時無從來　生老病死法　滅時無所去
諸陰界入性　生時無從來　滅時無所去　佛法義如是
如火非人功　亦不在鑽木　和合中亦無　而因和合有
薪盡則火滅　滅已無所去　諸緣合故有　緣散則皆無
眼識亦如是　不在於眼中　不在於色中　亦不在中間
不在和合中　亦不離和合　亦不從餘來　而因和合有

和合散則無　諸法亦如是　生時無從來　滅時無所至
如彼龍心力　而有陰雲現　不從龍身出　亦不餘處來
而此大陰雲　雨流滿世界　然後乃消滅　亦無有去處
如雲無來去　諸法亦如是　生時無從來　滅時無所去
如壁上畫人　不在一一綵　亦不在和合　壁中亦復無
畫師所亦無　畫筆中亦無　不從餘處來　而因和合有
和合散則無　諸法亦如是　有時無從來　無時無所去
燈焰不在油　亦不從炷出　亦不餘處來　而因油炷有
因緣盡則滅　滅時無去處　諸法來去相　皆亦復如是

復有四法。能淨尸羅。所謂。

能自思量身　不自高下他　此二無所得
心倚無有慢　觀諸法平等　是四淨尸羅

能自思量者．行者作是念．我身不淨無常死相爲何所直．如是念已．即不自高下於他人．信解身及他無我我所故．無所得倚者．得如是法故．心輕柔輭堪任受法．以此倚樂心不自高．觀諸法平等者．以空觀有爲無爲法一切悉等．無上中下差別．如說．

若當因於下　而有中上者　下不作中上　云何因下有
下自作下者　中上先定有　若當因於中　而有下上者
中不作下上　云何因中有　中自作中者　下上先定有
若當因於上　而有中下者　上不作中下　云何因上有
上自作上者　中下先定有　因下不得作　不因亦不得
若先定有者　不應因於下　若先定無者　云何成中上
因中不得作　不因亦不得　若先定有者　不應因於中
若先定無者　云何成下上　因上不得作　不因亦不得

若先定有者　不應因於上　若先定無者　云何成中下

復次。以空一相故。觀諸法皆平等。衆生亦如是。如說。

智者於空中　不說分別相　空一而無異　能如是見空
是則爲見佛　佛不異空故　說言諸佛一　一切衆生一
一切法一法　無上中下別　一切佛世尊　離自性他性
一切諸衆生　亦離自他性　一切法亦爾　離自性他性
以是因緣故　是故名一相　有諸佛則非　無諸佛亦非
有諸衆生非　無諸衆生非　有諸法則非　無諸法亦非
離於有無故　名之爲平等　一切佛世尊　衆生及諸法
一切不可取　名諸法平等　一切佛衆生　及法無差別
不可分別故　名之爲平等　諸佛與衆生　并及一切法
入生住滅中　寂滅無所有　亦無所從來　亦復無所去

以無來去故　名之爲平等　諸佛與衆生　并及一切法
悉皆無所有　過一切有道　此三非是等　亦復非非等
非等非非等　非非等不等　如是說諸法　皆等無差別

復有四法。能淨尸羅。如說。

善能信解空　不驚無相法　衆生中大悲　能忍於無我

如是之四法。亦能淨尸羅。

行者了達諸法。無自性無他性故。名爲信解空。如說。

一切所有法　終不自性生　若從衆緣生　則應從他有
不從自性生　云何從他生　自性已不成　他性亦復無
若離自性相　則無有自性　若離於自性　則無有自相
自性自性相　不以合故有　不以散故有　二定有則無
他不能生法　自亦不能生　自他亦不能　離二亦不生

若無有自者　云何從他生　離於世俗法　則無有自他
若他從他生　他即無生體　無體則非有　以何物生他
以無自體故　他生亦復無　四種皆空故　無法定生滅

不驚無相者。信樂遠離諸相故不驚。如是說。

一切若無相　一切即有相　寂滅是無相　即爲是有法
若觀無相法　無相即爲相　若言修無相　即非修無相
若捨諸計著　名之爲無相　取是捨著相　則爲無解脫
凡以有取故　因取而有捨　離取取何事　名之以爲捨
取者所用取　及以可取法　共離俱無有　是皆名寂滅
若法相因成　此即爲無性　若無有性者　此即無有相
若法無有性　此即無相者　云何言無性　即名爲無相
若用有與無　亦遮亦應聽　雖言心不著　是則無有過

何處先有法　而後不滅者　何處先有然　而後有滅者
此有相寂滅　同無相寂滅　是故寂滅語　及寂滅語者
先來非寂滅　亦非不寂滅　亦非寂不寂　非非寂不寂

衆生中大悲者。衆生無量無邊故。悲心亦廣大。復次。諸佛法無量無邊無盡如虛空。悲心是諸佛法根本。能得大法故。名爲大悲。一切衆生中最大者。名爲佛。佛所行故名爲大悲。忍無我法者。信樂實法故。諸佛皆一涅槃道故。名爲無我法。若入此法中心則不忍。如小草入火則燒盡。若眞金入火能堪忍無失如是。若凡夫人不修習善根。入無我中不能堪忍。即生邪疑。是菩薩無量世來。修習善根智慧猛利諸佛護念。雖未斷結使。入無我法中心能忍受。無我法者。陰界入十二因緣等諸法是。破我因緣如先說。是故欲淨尸羅。當行此四法。復次。

　有四破尸羅　而似持尸羅　行是當精進　自制愼莫爲

寶頂經迦葉品中。佛告迦葉。四種破戒比丘。似如持戒比丘。何等四。迦葉。有比丘。於經戒中盡能具行而說有我。迦葉。是名破戒似如持戒。復次。迦葉。有比丘。誦持律經守護戒行。於身見中不動不離。是名破戒。似如持戒。復次。迦葉。有比丘。具行十二頭陀。而見諸法定有。是名破戒。似如持戒。復次。迦葉。有比丘。緣衆生行慈心。聞諸行無生相心則驚畏。是名破戒。似如持戒。迦葉。此四破戒人。似如持戒。復次。

　世尊之所說　沙門有四品　應爲第四者　遠離前三種

迦葉品中說。四種比丘行者。應學第四沙門。不應爲三。何等爲四。佛告迦葉。有四種沙門。一者形色相沙門。二者威儀矯異沙門。三者貪求名利沙門。四者眞實行沙門。云何名爲形色相沙門。有沙門形沙門色相。所謂著僧伽梨剃除鬚髮執持黑鉢。而行不淨身業。不淨口業。不淨意業。不淨寂滅。不善慳貪懈怠行惡法。破戒不樂修道。是名形色相沙門。云何威儀矯異沙門。有沙門具四種威儀。審諦安詳趣得衣食。行聖種行。不與在家出家和合。少於語言。以是所行。欲取人意心不清淨。如此威儀不爲善。不爲寂滅。而見諸法定有。於空無所有法。畏如墮坑。見說空者生怨家想。是名威儀矯異沙門。云何爲貪求名利沙門。有沙門雖強能持戒。作是念。云何令人知我持戒。強求多聞。云何令人知我多聞。強作阿練若法。云何令人知我是阿練若。強行少欲知足遠離。云何令人知我少欲知足行遠離法。非爲厭離心故。非爲滅煩惱故。非以求八直聖道故。非爲涅槃故。非度一切衆生故。是名求名利沙門。云何眞實行沙門。有沙門尙不貪惜身。何況惜名利。聞諸法空無所有。心大歡喜隨說而行。尚不貪惜涅槃而行梵行。何況貪惜三界。尚不著空見。何況著我人衆生壽者命者知者見者見。但於諸煩惱中而求解脫。不於外求。觀一切法本來清淨無垢。此人但依於身不依於餘。以諸法實相尚不貪法身。何況色身。見法離相不以言說。尚不分別無爲聖衆。何況衆會。不爲斷不爲修習故。不惡生死。不樂涅槃。無縛無解。知諸佛法無有定相。知已不往來生死。亦復不滅。迦葉。是隨眞實行沙門。迦葉。汝等應勤行眞實行沙門。莫爲名字所害。復次。

不爲王等法　而持於尸羅　亦不依生等　而持於尸羅

行者欲淨尸羅。不應爲王等法。王等法者。佛爲淨德力士說。善男子。菩薩尸羅者。乃至失命因緣猶不破戒。不期爲國王故持戒。不期生天故持戒。不期爲釋提桓因。不爲梵天王。不爲富樂自在力故持戒。不爲名聞稱讚故。不爲利養故持戒。不爲壽命故。不爲飲食衣服。臥具醫藥資生物故持戒。不依生等法者。不爲生天人持戒。不自依持戒。不依他持戒。不依今世持戒。不依後世持戒。不依色。不依受想行識。不依眼不依入。不依耳鼻舌身意故持戒。不依欲界色界無色界故持戒。不爲得脫地獄畜生餓鬼阿修羅惡道故持戒。不爲畏天中貧故持戒。不爲畏人中貧故持戒。不爲畏夜叉貧故持戒。

問曰若不爲如此等法者。爲何法故持戒。

答曰爲欲令三寶　久住故持戒　爲欲得種種　利益故持戒

三寶久住者。爲不斷佛種故持戒。爲轉法輪故持戒。爲攝聖衆故持戒。爲脫生老病死憂悲苦惱故持戒。爲度一切衆生故持戒。爲令一切衆生得安樂故持戒。爲令衆生到安隱處故持戒。爲修禪定故持戒。爲智慧解脫解脫知見故持戒。是事如淨德經中廣說。

菩薩能如是　成就於尸羅　不失於十利　及餘種種利
亦復不墮於　四難處邪道　不得四失法　不值四壞法
又得不欺誑　諸佛等四法　能過墮地獄　十事諸怖畏

不失於十利者。不失常爲轉輪聖王。常於彼中不失不放逸心。不失常作釋提桓因。常於彼中不失不放逸心。常不失求諸佛道。常不失諸菩薩所教化事。常不失樂說辯才。常不失種諸善根福德滿足所願。常不失爲諸佛菩薩賢聖所讚。常不失疾能具足一切智慧。是爲十。種種利者。於種種功德不退失。如經中說。菩薩善守持戒。常爲諸天所讚。諸龍王善護。諸人供養。常爲諸佛所念。常爲世人大師。愍念衆生。不墮四難處等。邪道者。菩薩能如是成就尸羅者。不墮四難處。一不生無佛處。二不生邪見家。三不生長壽天四不墮一切惡道。得四不失法者。一不失菩提心。二不失念佛。三不失常求多聞。四不失念無量世事。不値四壞法者。一不値法壞。二不値刀兵。三不値惡毒。四不値飢餓。得四不誑法者。一不欺誑十方諸佛。二不欺誑諸天神等。三不欺誑衆生。四不自欺誑身。又過十怖畏者。菩薩如是清淨持戒。能過墮地獄等。十怖畏。何等十。一能過地獄怖畏。二能過畜生怖畏。三能過餓鬼怖畏。四能過貧窮怖畏。五能過誹謗訶罵惡名怖畏。六能過諸煩惱所覆怖畏。七能過聲聞辟支佛正位怖畏。八能過天人龍神夜叉乾闥婆阿修羅迦樓羅緊那羅摩睺羅伽等怖畏。九能過刀兵惡毒水火師子虎狼他人所害怖畏。十能過邪見怖畏。菩薩如是淨持於戒。則能住諸佛法。所謂四十不共法。堪任爲法器。

讚戒品第三十五

菩薩如是淨持尸羅。能攝種種功德諸利。如無盡意菩薩說。復次。略讚尸羅少分。尸羅者。是出家人第一所喜樂處。如年少富貴最可喜樂。能增長善法。如慈母養子。能防護衰患。如父護子。尸羅能成就諸出家者一切大利。如白衣多財。尸羅能救一切苦惱。如正行順理。尸羅善人所敬。如報恩法。尸羅人所愛重。猶如壽命。尸羅智者所貴。如智慧求解脫者善護尸羅。如王密事大臣守護。樂道利者。愛重尸羅。如樂涅槃愛重佛法。智慧之人善守尸羅。如惜壽者護安身法。救死時急。尸羅爲最。如遇急難得善知識。尸羅清淨莊嚴賢人。如貴家女慚愧無穢。尸羅即是功德門。如不諂曲開諸善利。尸羅最是梵行之本。如直心則是正見之本。諸大人法以尸羅爲本。如求重位以直心爲本。尸羅即是功德寶藏。如不放逸。亦如正念能生諸利。亦如賢友初中後善。學正法者不得過越。如海常限。尸羅即是功德住處。亦如大地萬物依止。尸羅潤益諸善功德。亦如天雨潤益種子能成五根。如火熟物能生諸利。如風成身。尸羅能受一切道果。亦如虛空含受萬物。亦如吉瓶隨願皆得。亦如美膳利益諸根。尸羅善能通利諸道。能令諸根清淨無礙。智慧壽命以尸羅爲本。猶如身命以氣息爲本。尸羅即是最上依處。如民依王。尸羅即是諸功德主。如軍大將。尸羅得衆快樂。如隨意婦能稱夫心。若求涅槃及生天上。尸羅即是學道資用。如彼遠行必持衣糧。尸羅將人令至善處。如經險路得善導師。尸羅度人從生死過。猶如牢船能渡大海。尸羅能滅諸煩惱患。猶如良藥能消衆病。尸羅器仗能禦魔賊。如善兵器能對敵陣。如所愛親經難不捨。尸羅將人諸衰惱中隨護不捨。尸羅能照後世癡冥。如大燈明能除黑闇。尸羅度人出諸惡道。如渡深水得好橋梁。尸羅能除煩惱熱急。如清涼室能除毒熱。欲墮惡趣。尸羅能救。如勇士持刀救人怖畏。諸凡夫人應深愛尸羅。如諸菩薩學諦勝處。行者善行尸羅。如諸菩薩行捨勝處。得果之人善修尸羅。亦如菩薩修滅勝處護持。尸羅令人得果。亦如菩薩修慧勝處不壞法者。能淨尸羅。如諸菩薩清淨無垢。諸惡人等捨離尸羅。如彼諂曲捨離直心。放逸之人不行尸羅。如慳貪者不行慧施。放逸之人捨離尸羅。如戲論者離寂滅法。愚癡之人無有尸羅。猶如盲者不見五色。無思惟者。去尸羅遠。如離八道。去涅槃遠。善愛身者。深樂尸羅。如阿羅漢深愛樂法。尸羅能使無悔善法。相續不斷。如佛出世善事不絕。尸羅能令諸道果住。如佛神力令法久住。尸羅如佛自利利人。尸羅善護諸善功德。如王知時能護國界。尸羅安行者心。如須陀洹果。如時發事後則無悔。尸羅究竟必得涅槃。如菩薩願究竟得佛。尸羅亦如良田好澤。投之以種。疾得增長。尸羅是正行之因。如知時方等是成諸事因。如人端嚴福德智慧。人所尊貴。尸羅如是自他所敬。如福德熟時心則安隱。尸羅能使心得安隱受諸利報。尸羅能令行者歡喜。猶如好兒令父心悅。尸羅則是無有過失無畏之法。如人無過心則無畏。尸羅令人今世後世無有怖畏。無諸罪惡。供養稱讚持尸羅者。餘者亦喜自知有分。尸羅親愛衆生。如修慈定。尸羅滅苦。如修悲定。尸羅與喜。如修喜定。尸羅無憎無愛。如修捨定。尸羅爲人所信。如四種善語。能令人信。尸羅樂行。如世法中常歡喜心。如多聞是樂說因。尸羅則是言行相應因。尸羅是無畏因。如辯才無畏。尸羅是名聞因。如通諸經有好名稱。尸羅是能救法。如易與語者爲人所救。尸羅能成明解脫法。如隨所說行。尸羅是諸佛相。如阿耨多羅三藐三菩提。尸羅助修道法。如定助慧。尸羅令人無所畏難。如大心膽無所畏懼。尸羅是諸功德聚處。猶如雪山寶物積聚信等功德。諸希有事依止。尸羅猶如大海有諸奇異。亦如美果依止於樹。尸羅與人隨所樂果。如隨正智慧者如行即得。尸羅名爲無水而淨。尸羅則是最上妙香。不從根莖枝葉華果中出。尸羅莊嚴過諸寶飾常住其身無能卻者。尸羅大樂不從五欲生。後世亦有諸妙樂報。尸羅是一切世間天人魔梵沙門婆羅門所讚歎者。尸羅快樂自在身中不從他得生天涅槃之善方便。尸羅即是信河正濟。無有泥陷瓦石刺棘。隨意可入善渡無礙。尸羅是寶財無諸衰惱。尸羅是淨道無能壞者。猶如平路行者無難。尸羅是好田。不種不穫自然獲實。尸羅是甘露果。不從樹草生。香美無比。尸羅是好華不從水陸生。常不萎壞。尸羅除煩惱熱。如冷水洗浴。尸羅善守護勝諸刀仗行。尸羅者不以人畏故而得恭敬。尸羅是自在處無有諍競。尸羅是好寶不從山生。不從大海出。而寶價無量。尸羅能過不活畏入衆畏考掠畏墮惡道畏。尸羅常隨逐人。今世後世。如影隨形。

戒報品第三十六

菩薩離垢地　清淨具說已　菩薩住此地　常作轉輪王

第二地於十地中名爲離垢。慳貪十惡根本永盡故。名爲離垢。菩薩於是地中。深行尸羅波羅蜜。是菩薩若未離欲。此地果報因緣故。作四天下轉輪聖王。得千輻金輪種種珍寶莊嚴。其輞眞瑠璃爲轂。周圓十五里。百種夜叉神所共守護。能飛行虛空導四種兵。輕捷迅疾如金翅鳥王。如風如念。所詣之處滅諸衰患。降伏怨賊。一切小王皆來歸伏。親族人民莫不愛敬。普能照明。聖王姓族種種華鬘瓔珞間錯莊校。五種伎樂常隨逐之。以奇妙寶蓋羅覆其上。行時有種種華香碎末栴檀常雨供養。燒眞黑沈水牛頭栴檀黃栴檀以塗其身。其輪兩邊天女執持白拂侍立。種種珍寶以爲其蓋。其輪有種種希有之事而用莊嚴。是名金輪寶。具足一切象相。身大而白。如眞銀山生出神嶽。大象家中能飛行虛空。伊羅婆那安闍那王摩那等諸大象王。皆能摧卻。是名白象寶。具足馬相色。如孔雀頸。其體輕疾。如金翅鳥王飛行無礙。是名馬寶。貴家中生身無疾病。有大勢力形體淨潔。憶念深遠直心柔輭。持戒堅固深敬愛王。能通達種種經書伎術。是名主兵臣寶。如財主天王富相具足。千萬億種諸寶伏藏。常隨逐行。千萬億種諸夜叉神眷屬隨從。皆是先世行業之報。善知分別金銀帝青大青金剛摩羅竭硨磲碼碯珊瑚玻瓈摩尼眞珠瑠璃等。種種寶物。悉能善知出入多少。隨宜能用。能滿王願。是名居士寶。光明如日月照十六由旬。

形如大鼓。能滅種種毒蟲惡氣疾病苦痛。人天見者莫不珍愛。好華瓔珞以爲莊嚴。處在高幢威光奇特。能令衆生發希有心。生大歡喜。是名珠寶。其手爪甲紅赤而薄。其形修直高隆。潤澤不肥不瘦。身肉次第肌膚厚實細密薄皮不堪苦事。身安堅牢如多羅樹。身上處處吉字明了。吉樹文畫莊嚴其身。象王牛王馬王。畫文旛蓋文魚文園林等文。現其身上。踝平不現。足如龜背。足邊俱赤。足跟圓廣。蹲傭柔輭。膝圓不現。髀如金柱。如芭蕉樹。如象王鼻。輭澤光潤。傭圓而直。横文有三。腹傭不現。臍圓而深。脊背平直。乳如頻羅果。如雙鴛鴦圓起不垂。柔輭鮮淨。又其臂纖傭圓直長節隱不現。其鼻端直不偏。現出不大不小。孔竅不現。兩頰不深。平滿不高。兩邊俱滿。額平而長有吉畫文。耳輭而垂著無價環。齒如珍珠貫。如月初生。如雪如珂。脣如丹霞。如頻婆果。上下相當。不麤不細。如赤珍珠貫。眼白黑睛二色分明。莊嚴長廣光明清淨。其睫青緻長而不亂。眉毛不厚不薄不高不下。如月初生。高曲而長兩邊相似。髮輭而細潤澤不亂。其身芬馨常有香氣。如開種種上好香奩。身諸毛孔常出眞妙栴檀名香。能悅人心。口中常有青蓮華香。身體柔輭如迦陵伽。天衣細滑之事一切具足。心無諂曲直信慚愧深愛敬王。知時知方。善有方便。攝取王心。坐起言語。能得王意。隨王意行常出愛語。如人間德女衆好具足。色如提盧多摩天女清淨分明。如月十五日晝文炳現。如帝釋夫人舍脂。著天衣天鬘天香。多以天光明金摩尼珠莊校其身。善知歌舞伎樂娛樂戲笑之事。善有方便隨意。能令王發歡喜。一切女中是女爲最。是名玉女寶。又轉輪聖王。有四如意德。一者色貌端嚴。於四天下第一無比。二無病痛。三人民深愛。四壽命長遠。教誨衆生以十善業。能令諸天宮殿充滿。能滅阿修羅衆。能薄諸惡趣。增益善處。能爲衆生多求利事。有所施作。不用兵仗以法治化天下安樂。外無敵國畏。內無陰謀畏。又其國內無疫病飢餓。及諸災橫衰惱之事。一切邊生皆所歸伏。多有眷屬能疾攝人。更無有能侵害國界。其四種兵勢力具足。諸婆羅門居士庶人皆共愛敬。甘香美食自然而有。國界日增。無有損減。善能通達經書技藝算數呪術。皆悉受持。巧能論說分別義趣。群臣具足。悉有威德。常行財施無能及者。千子端嚴。如諸天子威德勇健能破強敵。所住宮殿堂閣樓觀。如四天王帝釋勝殿。王所教誨無有能壞。於四天下唯有此王威相具足故。無能及者。音聲深遠。易聽易解。不散不亂。如迦羅頻伽鳥美輭和雅。聞者悅耳。眷屬同心。不可沮壞。所住之處。地水虛空。無有障礙。威力猛士能堪大事。念問於耆老不欺誑人。心無妒嫉。不忍非法。無有瞋恨。威儀安詳而不輕躁。所言誠實未曾兩舌。行施持戒常修善心。進止知時不失方便。神色和悅言常含笑。未曾皺眉惡眼視人。退失利者爲之作利。已有利者令深知報。懷慚愧心。有大智慧。威德尊嚴而能忍辱。大丈夫相。其性猛厲。諸所爲事。疾能成辦。先正思量。然後乃行。王有法眼所爲殊勝。善思量者乃與從事。若不任者更求賢明。善集福德財物。清淨能自防護。不破禁戒。多饒財寶。如毗沙門王。有大勢力如天帝釋。端嚴可愛。猶如滿月。能照如日。能忍如地。心深如海。不爲苦樂之所傾動。如須彌山王風不能搖。諸寶妙事之所住處。諸善福德之所依止。是諸一切世間親族。諸苦惱者之所歸趣。無歸作歸。無舍作舍。有怖畏者與不怖畏。轉輪聖王有如是等相。

能轉破戒者　令住於善法　其餘所行事　如初地中說

轉破戒者。能令衆生捨惡行善。得安樂事。令住善法者。能轉衆生惡身口意業。令行善身口意業。此事如初地中說。所謂見諸佛得諸三昧。但彼數百。此地數千。以爲差別。

十住毗婆沙論卷十五

十住毘婆沙論

作者：龍樹菩薩 造
譯者：姚秦三藏鳩摩羅什 譯
出版／發行：方廣文化事業有限公司
連絡住址：台中市西屯路二段二五九之三號十六樓之一
電話：（〇四）二二五三—〇一三六
傳真：（〇四）二二五八—三〇四八
劃撥帳號：一七六二三三四六三
永久通訊處：台北郵政五三—五三〇號信箱
出版日期：西元二〇〇二年元月 一版二刷
定價：新台幣四〇〇元整（平裝）
經銷商：[redacted]
地址：[redacted]
電話：[redacted]
傳真：[redacted]
行政院新聞局出版登記證：局版臺業字第六〇九〇號

NO.H202A

ISBN：957-9451-66-4

總經銷：飛鴻國際行銷公司
電話：02-8218-6688
傳真：02-8218-6458
方廣文化事業有限公司
電話：04-2703-0136
傳真：04-2708-3048
台北門市：02-2392-0003
方廣網址：www.fangoan.com.tw

E-mail：fangoan@ms37.hinet.net

國家圖書館出版品預行編目資料

十住毘婆沙論/龍樹菩薩造；（姚秦）鳩摩羅什譯，
－－－版．臺中市：方廣文化，2002
(民91)印刷
面；　　公分
ISBN：957-9451-66-4(平裝)
1.大乘經典

222.5　　　　　　　　　　　90019505

方廣文化佛教經論叢書目錄（一）

書　名	作（譯）者	平(精)裝	定價
●密宗系列			
M001　菩提道次第略論釋	宗喀巴大師著 昂旺朗吉堪布口授　郭和卿譯	25K(平) 四冊附書盒	NT：1200
M002　勝集密教王五次第論	宗喀巴大師著　法尊法師譯	25K(平)	NT：500
M003　入中論釋	宗喀巴大師著 法尊法師譯　妙因法師錄	25K(精)	NT：360
M004　大乘寶要義論	寂天菩薩著 北宋法護、惟淨等譯	25K(平)	NT：200
M006　菩提道次第略論	宗喀巴大師著　大勇法師講譯 昂旺朗吉堪布口授校正	25K(精)	NT：400
M007　寂天菩薩全集	寂天菩薩著 北宋法護等譯	25K(精)	NT：420
M008　菩提道次第廣論	宗喀巴大師著　法尊法師譯 (現代標點版、附宗喀巴大師傳)	25K(精)	NT：680
●論頌系列			
L101　四部論頌	彌勒菩薩、世親菩薩、法稱論師造 三藏法師玄奘等譯	25K(平)	NT：250
L101-A1 釋量論頌	法稱論師造　法尊法師譯	中摺本	NT：400
L101-A2 現證莊嚴論頌	彌勒菩薩造　能海上師譯	中摺本	NT：200
L101-A3 入中論釋	月稱論師造　法尊法師譯	中摺本	NT：300
L101-A4 俱舍論頌	世親菩薩造　三藏法師玄奘譯	中摺本	NT：300
L102　中觀論頌	龍樹菩薩造　鳩摩羅什譯	中摺本	NT：250
L103　入菩薩行論頌	寂天菩薩造　三藏法師天息災譯	中摺本	NT：300
L104　彌勒菩薩五部論頌	彌勒菩薩造	25K(平)	NT：200
L105　龍樹菩薩論頌集	龍樹菩薩造	25K(平)	NT：200
L106　中觀論頌釋	梵志青目釋　鳩摩羅什譯	25K(平)	NT：220
●華嚴系列			
H201　華嚴十地經論	天親菩薩造 後魏北印度三藏菩提流支等譯	25K(平)	NT：360
H202A 十住毘婆沙論	龍樹菩薩造 姚秦三藏鳩摩羅什譯	25K(平)	NT：400
H207　大方廣佛華嚴經 (八十華嚴)	唐于闐國三藏沙門實叉難陀譯 (全套精裝八冊)	25K(精)	NT：2600

2001.11

⊙郵購劃撥九折優待　折扣後金額未滿NT:800元，請加附35元掛號郵資。
劃撥帳號：17623463　戶名：方廣文化事業有限公司

方廣文化佛教經論叢書目錄（二）

書　名	作（譯）者	平(精)裝	定價
●能海上師系列			
N601　現證莊嚴論名句頌解	彌勒菩薩造頌　能海上師頌解	25K(精)	NT：500
N602　菩提道次第論科頌講記	宗喀巴大師著　能海上師講授	25K(平)	NT：360
N603　戒學	能海上師講授	25K(平)	NT：220
N604　定學	能海上師講授	25K(平)	NT：220
N605　慧學	能海上師講授	25K(平)	NT：220
N606　能海上師傳	釋定智法師著	25K(平)	NT：150
N607　現證莊嚴論清涼記	能海上師講授	25K(平)	NT：400
N608　菩提道次第心論	能海上師講授	25K(平)	NT：200
●天台系列			
T301　法華三經	（妙法蓮華經・觀普賢菩薩行法經・無量義經）	中摺本(精)四冊一套	NT：1200
T302　摩訶止觀	隋智者大師說　門人灌頂記	25K(精)	NT：600
●地藏系列			
D502　占察木輪	純檀香木附錦盒及操作手冊	專款使用恕無折扣	NT：1500
D503　地藏三經（地藏十輪經・地藏菩薩本願經・占察善惡業報經）	唐三藏法師玄奘等譯	25K(精)	NT：390
D505　占察經行法	(拜懺本)附錄音帶	中摺本	NT：300
●其他系列			
Q701　單老居士文集	單培根居士著	25K(平)	NT：240
Q702　肇論講義	單培根居士著	25K(平)	NT：220
Q703　影　塵　(電腦打字校正版)	倓虛法師說　大光記述	25K(平)	NT：360
Q704　阿毗達磨俱舍論	世親菩薩造　唐玄奘法師譯	25K(精)二冊	NT：800
Q705　佛學小辭典	竺摩法師鑑定　陳義孝居士編	菊32K隨身版	NT：300

⊙郵購劃撥九折優待　折扣後金額未滿NT:800元，請加附35元掛號郵資。
劃撥帳號：17623463　戶名：方廣文化事業有限公司

方廣文化佛教經論叢書目錄（三）

書　名	作（譯）者	平(精)裝	定價
●部派論典系列			
S901　阿毘達磨法蘊足論	印度大目乾連造　唐玄奘譯	25K(平)	NT：300
●般若系列			
B402　小品般若經	後秦鳩摩羅什譯	25K(平)	NT：260
B403　大乘理趣六波羅蜜多經	三藏法師般若譯	25K(平)	NT：260
B404　能斷金剛經了義疏	北京三時學會韓清淨口授 董紹明筆受　（書法版）	25K(平)	NT：250
B408　摩訶般若波羅蜜經	姚秦三藏法師鳩摩羅什譯	25K(精)	NT：1200
（中品般若）	(全套精裝三冊)		
●南傳佛教系列			
SE01　從身體中了悟解脫的真相《內觀基礎》	緬甸 馬哈希大師著	25K(平)	NT：160
SE02　炎炎夏日的雨水（一位緬甸佛教修行人的忠告）	緬甸 班迪達大師著	32K隨身版	NT：120
SE03　阿羅漢的足跡	緬甸 雷迪大師著	25K(平)	NT：200
●瑜伽、唯識系列			
U801　瑜伽師地論	彌勒菩薩說　三藏法師玄奘譯	25K(精) 全套精裝四冊	NT：2000
U802　大乘阿毘達磨集論	彌勒菩薩說　三藏法師玄奘譯	25K(平)	NT：200
B803　成唯識論	印度護法等論師造　三藏法師玄奘譯 歐陽竟無「藏要」校正本	25K(精)	NT：400
B804　大乘百法明門論解疏	印度天親菩薩造　三藏法師玄奘譯 窺基、普光、德清、智旭等四家解疏	25K(平)	NT：220
B805　攝大乘論暨隨錄	無著菩薩造　唐三藏法師玄奘譯 歐陽竟無「藏要」校正本	25K(精)	NT：360

⊙郵購劃撥九折優待　折扣後金額未滿NT：800元，請加附35元掛號郵資。
劃撥帳號：17623463　戶名：方廣文化事業有限公司

方廣文化佛教經論叢書目錄（四）

書　名	作（譯）者	平(精)裝	定價
●夢參老和尚系列			
H203　華嚴經淨行品	夢參老和尚講述	25K(平)	NT：280
H204　華嚴經梵行品	夢參老和尚講述	25K(平)	NT：120
H205　華嚴經普賢行願品	夢參老和尚講述	25K(平)	NT：300
B401　般若心經	夢參老和尚講述	25K(平)	NT：150
B406　金 剛 經	夢參老和尚講述	25K(平)	NT：250
S902　修　行	夢參老和尚講述	25K(平)	NT：260
H206　華嚴經疏論導讀	夢參老和尚講述	25K(平)	NT：280
D504　占察善惡業報經新講	夢參老和尚講述	25K(平)	NT：260
Q903　老和尙的叮嚀	夢參老和尚講述	32K隨身版	NT：120
Q904　向佛陀學習	夢參老和尚講述	25K(平)	NT：180
D506　地藏菩薩本願經講記	夢參老和尚講述	25K(平)	即將出版
D507　地藏十輪經講記(1)	夢參老和尚講述	25K(平)	即將出版
H203、H204、H205三本合購附贈華嚴三品經文小摺本一本			三本合購 NT：700
●夢參老和尚(錄音帶)系列			
P-01　占察善惡業報經新講	夢參老和尚講	90分　11卷	NT：980
P-02　地藏菩薩本願經	夢參老和尚講	90分　18卷 60分　1卷	NT：1600
P-03　八大人覺經	夢參老和尚講	90分　3卷	NT：300
●木刻版線裝書			
C－3　常用佛典 A01　金剛經・心經 A02　阿彌陀經・普門品 A04　藥師經 A05　地藏菩薩本願經 A10　六祖大師法寶禪經		(5冊一函)	NT：1200
B　四書讀	(論語・中庸・大學・孟子)	(附函套)	NT：980

⊙郵購劃撥九折優待　折扣後金額未滿NT：800元，請加附35元掛號郵資。
劃撥帳號：17623463　戶名：方廣文化事業有限公司

方廣文化佛教經論叢書目錄（五）

書　名	作（譯）者	平(精)裝	定價
＊課誦用佛典(精緻小摺本・隨身版) 13.7cm×7.8cm			
F001　金剛經・心經		小摺本	NT：150
F002　普門品・大悲咒		小摺本	NT：150
F003　阿 彌 陀 經		小摺本	NT：150
F004　藥 師 經		小摺本	NT：150
F005　地藏菩薩本願經		小摺本	NT：180
F006　華嚴三品 (淨行品、梵行品、普賢行願品)		小摺本	NT：160

⊙郵購劃撥九折優待　折扣後金額未滿NT：800元，請加附35元掛號郵資。
劃撥帳號：17623463　戶名：方廣文化事業有限公司